중국의 역사

대명제국

KB207629

지은이 | **데라다 다카노부** 寺田隆信 1931년 효고 현兵庫縣 히메지 시姬路市에서 출생. 교토京都 대학 대학원 문학연구과 박사과정 수료. 도호쿠東北 대학 문학부 교수를 거쳐 도호쿠 대학 명예교수, 이와키明星 대학 교수. 저서로 『永樂帝』, 『鄭和』, 『山西商人の硏究』등이 있다.

옮긴이 | **서인범** 徐仁範 1983년 동국대학교 사학과 졸업 및 동 대학원 석사과정 졸업. 1991년 일본 도호쿠東北 대학 대학원 동양사학과에 진학하여 『明代兵制史の硏究』로 박사학위 취득. 현재 동국대학교 사학과 교수로 동양사 강의. 역주서로 『표해록』(최부 지음, 한길사, 2004)과 논문으로 「명 중기의 매첩제 연구」등이 있다.
　　　　송정수 宋正洙 1975년 연세대학교 문과대학 사학과 졸업, 동 대학원 석사, 박사과정 수료, 문학박사. 현재 전북대학교 사회교육학부에서 동양근세사를 강의하고 있다. 논저로 「明末·淸初 鄕村統治制度의 變遷」(1983), 「明淸 時代 鄕約의 成立과 그 推移」(1985), 『中國中世 鄕村社會史 硏究』(1990) 등이 있다.

중국의 역사 **대명제국**

데라다 다카노부 지음 | 서인범·송정수 옮김

초판 1쇄 발행 · 2006년 11월 2일
발행처 · 도서출판 혜안
발행인 · 오일주
등록번호 · 제22-471호
등록일자 · 1993년 7월 30일
주소 · ⑦ 121-836 서울시 마포구 서교동 326-26번지 102호
전화 · 3141-3711~12 | 팩시밀리 3141-3710
이메일 · hyeanpub@hanmail.net

값 13,000 원
ISBN 89-8494-283-9 93910

이 책은 고단샤講談社의 『중국의 역사』中國의 歷史 제6권 원元·명明을 저본으로, 2004년 12월 제5쇄를 비교 판본으로 삼아 저자 데라다 다카노부 선생과 고단샤의 허가를 받아 번역 발간하였다.

중국의 역사

대명제국

데라다 다카노부 지음 | 서인범·송정수 옮김

혜안

차 례

제1장 원말의 반란과 중화제국의 부활 9

1. 원말의 반란 11

하남행성의 백련교도 *11* | 대반란의 단서 – 한산동·한림아의 반란 *12* | 반란집단 홍건군의 추이 *14* | 진·주·장 세 군웅의 정립 *18* | 원조의 자멸 *20*

2. 홍건적 23

한민족 정권의 부흥 *23* | 비밀결사의 확대 *24* | 걸식승 – 주원장 *25* | 홍건왕국 송의 건설 *26* | 주원장의 대명황제 즉위 *28*

3. 명제국의 창업 30

주원장의 지향 *30* | 주 군단의 지주계급적 성격 *32* | 장사성 토벌의 격문 *35* | 민족혁명 색채의 약화 *38* | 전통왕조의 성격을 띤 명조 *39*

4. 구중국 체제의 확립 40

한조·당조를 상회하는 한민족 대제국 *40* | 몽골색의 일소와 원조의 계승 *42* | 농촌부흥과 농업의 장려 *44* | 장량과 편심 *46* | 이갑제에 의한 농민지배와 육유 *48* | 강력한 전제적 중앙집권 체제 *49*

5. 고독한 독재자 51

호·남의 옥 *51* | 혈연의 제왕봉건 *54* | 문자의 옥 *55* | 황제 절대권의 완성 *56* | 홍무제의 죽음 *58*

제2장 찬탈극의 주역 성조 영락제 61

1. 정난의 변 63

연왕 주체의 위세 63 | 파란을 몰고올 연왕에 대한 기대 64 | 황태손 건문제의 즉위 66 | 연왕이 제위를 찬탈하다 – 성조 영락제 69

2. 북경천도 72

건문제의 지위를 박탈 72 | 방효유의 장렬한 최후 73 | 도연의 귀향 75 | 제국의 정치·경제 중심의 분리 76 | 쿠빌라이칸의 계승자 77

3. 사막과 대해 78

막북친정 – 몽골 토벌 78 | 총력을 쏟아부은 다섯 차례의 출정 81 | 쿠빌라이 후계자의 좌절 82 | 정화와 남해원정 83 | 북경 궁정의 아프리카 기린 87 | 화교의 발생 90

4. 동아시아의 여러 나라들 91

여진족이 거주하는 동시베리아의 지배 91 | 티베트·안남·서역과의 관계 92 | 명·일 무역의 성쇠와 왜구의 발생 94 | 조공국이 된 일본 96 | 30여 국에 달하는 대명 조공국 98 | 성조와 환관 99

제3장 수성(守成)의 시대 101

1. 내각과 환관 103

대외적극책의 후퇴와 황제지위의 강화 103 | 문관 재상제의 부활 – 내각대학사 105 | 내각을 뛰어넘는 권위 – 환관의 사례감 108 | 대몽골전의 패배 – 토목의 변 110 | 탈문의 변 – 영종의 복벽 111

2. 농민의 반항 113

농민을 압박하는 세량의 은납화 113 | 폭발의 도화선, 은산 광부의 반란 114 | 항조투쟁 – 등무칠의 난 115 | 사상 최초의 새로운 농민투쟁 117

3. 중흥의 시대 119

농민에 의한 상품생산의 전개 119 | 유망 개척농민의 반란 121 | 수비를 견고히 한 헌종과 중흥의 영주 효종 123 | 무종의 퇴폐와 전국적 인민봉기 127 | 국도를 뒤흔든 유 형제의 반란 129

4. 양명학의 성립 132

양명학 이전의 주자학 일색 132 | 거성의 탄생 – 용장의 돈오 133 | 주관유심론 심즉리 136 | 체제와의 항상적 대립 137 | 메이지 유신과 일본의 양명학 139 | 신 중국에서도 혁명의 적 140

제4장 자금성의 석양 143

1. 북로와 남왜 145

만 3년을 허비한 대례의 의 *145* | 몽골침입의 격화－경술의 변 *146* | 마시＝명·몽 정기교역장의 설치 *148* | 후기왜구의 약탈 *150* | 화남 해역에 뒤섞인 각국 상인 *152*

2. 재상정치 155

세종의 국정포기와 엄숭의 농단 *155* | 토지집중화의 진행과 유능한 관료 해서 *156* | 대지주의 중앙정부 고관 *158* | 장거정의 신정 *159* | 명재상의 죽음 *161*

3. 항왜원조 163

만력 삼대정벌 *163* | 도요토미 히데요시의 조선침공 *165* | 원조군의 잇단 패배 *166* | 제2차 명·일전쟁 *169* | 조선 전토의 황폐와 명조 재정의 파국 *170*

4. 유럽인의 내항 172

유럽 상선의 동양진출 *172* | 선교사 마테오 리치와 명 조정 *173* | 아담 샬의 신학술과 지식 *176* | 선교사에 의한 대포와 역·지도 *178* | 곤여만국전도 *179*

제5장 변모하는 사회 183

1. 농가의 생활 185

이갑제의 붕괴－이농자의 속출 *185* | 농가경영의 실태 *188* | 면업에 의한 가계보충 *189* | 면화·면포의 생산과 유통 *190* | 견직물의 상품화와 그 생산기구 *191*

2. 초에서 은으로 193

초의 휴지화 *193* | 세량의 은납화 *195* | 대외무역과 은수입 *196* | 은경제의 보급과 부역제도의 동요 *197* | 새로운 징세체계－일조편법의 시행 *199*

3. 도시와 상인 202

진·시－농촌 정기시장의 도시화 *202* | 소설『성세항언』의 생산자 농민 *204* | 생산도시의 탄생과 발달 *206* | 산서상인과 신안상인 *209* | 유통기지인 대도시의 형성 *211*

4. 서민의 문화 213

새로운 시대의 문화 *214* | 통속문학의 전성시대 *216* | 다양한 학술－질보다도 양의 확대 *221* | 실용주의의 소산－다양한 백과전서 *222* | 서양문화 흡수의 한계성 *224*

제6장 저물어 가는 노제국   227

1. 삼안과 당쟁   229

광세의 화와 신종의 죽음   *229* | 신종의 후계를 둘러싼 세 가지 괴사건   *231* | 환관파와 반환관파의 싸움   *233* | 환관 위충현의 공포정치   *235* | 위충현의 몰락과 반환관파의 무능   *236*

2. 민변과 항조 – 신시대의 태동   237

직용의 변에서 본 도시시민의 폭동   *237* | 반세투쟁의 승리   *239* | 도시시민의 정치투쟁 – 개독의 변   *241* | 민변과 소농민의 항조   *243* | 명말의 항조 = 소작쟁의의 특징   *245*

3. 여진인의 흥기   246

아이신기요로 누르하치의 만주정복   *246* | 후금 누르하치의 명국 압박   *250* | 대청국을 칭하고 북경에 입성한 후금   *251*

4. 이자성의 난   255

병사도 참가한 기아농민의 반란   *255* | 이자성 군단의 성장   *256* | 명 최후의 황제 의종의 자살   *258* | 이자성 정권의 내부붕괴   *260*

부록 | 명제국 연표   263

옮긴이 후기   271

찾아보기   277

제1장 |
원말의 반란과 중화제국의 부활

1. 원말의 반란

하남행성의 백련교도

하남행성河南行省은 원조元朝 통치하의 중국내지 중에서도 백성들의 생활이 가장 불안정한 지역이었다. 이 곳은 오랫동안 송宋・금金・몽골蒙古 3국의 각축장이 되어 토지는 황폐해지고 백성들은 향리를 떠나 타향으로 떠도는 극도로 피폐한 상태에 놓여 있었다. 이러한 상태가 원조에 들어서면서 차츰 좋아졌다고는 하지만, 그 실상을 살펴보면 그렇지 못하였다. 왜냐하면 넓은 관전경영官田經營 하에서는 여력이 없었던 관전호官佃戶가 대다수를 차지하고 있었기 때문이다. 백성들의 생활을 염두에 두지 않는 사당私黨정치는 계속 가혹한 수탈을 자행하였고, 통화의 하락과 물가 등귀 현상은 해마다 심해져 갔다. 그러다 보니 하남행성 지역에서 가장 먼저 비명소리가 들린다 해도 전혀 이상할 것이 없었다. 결국 하남에서 일어난 백련교도의 소규모 반란은 원말 반란의 도화선이 되었다.

미륵불彌勒佛이 하생下生한다는 유언비어를 퍼뜨리고 세상을 바로잡는다고 외치는 백련교白蓮敎의 반란이 원조에 들어와 처음 시작된 것은 아니다. 또한 이것이 원말의 순제順帝 치세에 특별히 일어난 것도 아니다. 원조의 하남행성에서는 이미 진종晉宗 태정泰定(1323~1328) 연간에 식주息州(하남성河南省 광주光州 식현息縣)에서 조축사趙丑斯・곽보살郭菩薩을 도사導師(민중을 이끌어 불도佛道를 터득케 하는 자를 가리킨다 | 역주)로 삼은 전례가 있다.

그런데 종교반란은, 백련교만이 아니라 황건적黃巾賊과 오두미도五斗米道, 명교明敎(=마니교摩尼敎, Manicheism) 교도인 방랍方臘의 난에서 보이듯이 일반적으로 강력한 정치적 성격을 띤다. 그렇다고는 해도 이들 난에는 매우 관념적이기는 하나 모두 종교적 이상세계를 현실세계에 실현시키려고 하는, 또는 실현할 수 있다는 기대감이 포함되어 있기 때문에, 그저 경제적 욕구만을 충족시키고자 하는 도적집단이 약탈을 계속하며 유적화流賊化하는 것과는 당연히 그 양상을 달리한다.

백련교에 따르면, 미래불未來佛(=구세주救世主)인 미륵불彌勒佛은 석가釋迦가 입멸入滅하고 46억 년이 지나 남겨진 불경이 전부 없어지게 될 때 이 세상에 나타나 불타佛陀의 교법敎法을 다시 일으킨다고 한다. 그리고 지금이야말로 미륵불이 출현할 시기라고 하면서 고뇌하는 민중을 끌어들여 현실사회의 타파를 확신하며 행동에 나선다. 따라서 그들에게는 현실사회가 타파될 때 나타나는 이상사회를 운영할 준비가 초보적이나마 갖추어져 있어야 했다. 순제 지원至元 3년(1337) 2월 신양주信陽州(하남성河南省 나산현羅山縣)에서 봉기한 호윤아胡閏兒를 수령으로 한 백련교도는 약 1개월 만에 진압된 미약한 소집단이었다. 그럼에도 이들은 이미 천자의 칙勅(명령)을 칭하고 시금인柴金印(천자가 사용하는 가장 질 좋은 금으로 만든 도장)과 양천척量天尺(천자가 특권으로 반포한 달력을 작성하기 위해 사용하는 천체관측기)을 사용하는 등 얼핏 보기에 소국가로서의 체제를 갖추고 있었다. 그러나 이러한 준비는 너무나 도식적이고 단순한 것이어서, 현실에 맞지 않아 실패로 끝난다. 이러한 집단은 대개 조직이 조잡하고 느슨해서 통제를 할 수 없기 때문에 보통 목적한 바를 달성하지 못한다.

그러나 공상적인 구제설은 빈곤 속에서 고통스러워하고 있던 무지한 대중을 유혹하여 원말 하남에서는 이 설이 잇달아 널리 유포되어 때로는 빠른 속도로 집단의 확대가 이루어지기도 하였다. 그렇지만 앞서 지적한 이유들 때문에 모두 허망하게 진압되어 버렸다.

대반란의 단서 - 한산동·한림아의 반란

그러나 하남의 경우는 백련교도의 반란을 진압해도 근절되지 않고 계속 대두되었다는 것이 특별한 점이다.

식주의 조축사, 곽보살의 한 군단이 탄압되고 약 10년 후 이번에는 신양주信陽州에서 호윤아胡閏兒 집단이 난을 일으켰다. 이 난이 평정되자 역시 같은 정도의 시간 간격을 두고 지정至正 11년(1351)에 영주潁州(안휘성安徽省 부양현阜陽縣)의 요인妖人 유복통劉福通이 두준도杜遵道, 나문소羅文素, 성문욱盛文郁 등의 무리와 내통하여 백련교의 종사宗師인 한산동韓山童을 송나라 휘종徽宗 8세의 자손으로 꾸며 그를 옹립하고 원조의 전복을 기도하였다. 이 음모는 미연에 탄로나 한산동은 포박되어 죽임을 당하였다. 그렇지만 각지로 도망하여 흩어진 잔당이 다시 한산동의 어린 아들 한림아韓林兒를 옹립하고 거병하여 하남성의 전 지역을 아수라장으로 몰아넣었다.

한산동은 세상 사람들로부터 '한학구'韓學究라 불렸다. 이로 보건대 그는 무지한 민간의 미신 지도자는 아니고 저급하지만 당시 지식인계층에 속했던 것 같다. 그런 까닭에 그가 말한 "원조의 천하는 확실히 대란의 징조를 보이고 있다. 지금이야말로 구세주인 미륵불이 출현할 시기임에 의심의 여지가 없다."라고 한 신의 계시는 광범위한 계층의 신봉을 얻을 수 있는 슬로건이었다. 때마침 황하의 제방을 수리하는 대공사에 하남 백성들이 대량으로 징발되자 이를 호기로 삼아 미리 하도河道에 "고작 애꾸눈의 돌인형이라고 깔보지 마라. 이 돌사람이 세상에 나올 때 반드시 천하는 대란이 일어날 것이다"休道石人一隻眼, 此物一出天下反라고 새긴 석인石人을 파묻고 이를 파낸 민중들을 한꺼번에 격렬히 일어나도록 부추기려던 유복통의 계략은 감쪽같이 들어맞았다.

더욱이 이들 도당 가운데에는 두준도 같은 불평불만을 품고 있던 서생書生도 가담하여 북송 재건이라는 민족부흥의 슬로건을 내세워 대중을 규합하고, 한림아를 옹립하여 국호를 송宋, 연호를 용봉龍鳳으로 칭하는 한편, 재빨리 백관百官을 임명하는 조직력을 보이는 등, 다른 집단에서는 보이지 않는 배려가 있어서 장차 이들은 대세력으로 성장할 가능성을 충분히 갖추고 있었다.

그런데 한산동·한림아의 반란이 대동란의 단서가 되는 데 중요한 요인으로서 당시의 상황이 주목된다. 지정至正 4년(1344) 근래에 보지 못한 황하의 대범람이 일어났다. 정월부터 산동, 하남에서 두 차례에 걸쳐 제방이 파손되어 응급처치가 이루어졌지만, 5월에 연속 호우가 내려 결정적인 피해를 입게 되었다. 하남의 백모제白茅堤, 김제金堤를 무너뜨린 황하의 물은 최대 6m의 수심으로 하남과 산동 유역에 넘쳐흘렀다. 이후 7년간 계속된 정부의 치수사업은 순조롭지 않아 침수 상태가 계속되었다. 지정 11년에 이르러 공부낭중工部郎中 가로賈魯가 치수治水의 최고책임자로 임명되어 약 8개월의 시간을 들여 성공을 거두었는데, 이 공사에 동원된 역부役夫 15만 명과 군부軍夫 2만 명은 대부분 하남행성에서 징발된 사람들이었다.

본래 관전호官佃戶가 많았던 하남의 백성들은 수년에 걸친 수해로 극도로 피폐한 상태였다. 게다가 황하 치수에 무상으로 노동을 제공해야 했다. 자연히 난을 일으키려고 했던 사람들은 미륵불의 하생에 희망을 걸고 줄지어 한산동 일파에 가담하였다. 하남의 백련교비白蓮敎匪는 한 지역에서 진압되면 이번에는 다른 지역에서 봉기하였다. 하남에서 쫓겨나도 유적流賊이 된 그들은 사천·섬서·하북으로부터 몽골·고려로까지 확산되어 실로 원조를 소란케 하였던 것이다.

반란집단 홍건군의 추이

백련교주 한산동을 추대한 유복통 등의 집단은 일당이라는 표시로서 붉은 두건을 둘렀는데 이 때문에 세상 사람들이 이들을 '홍건적'紅巾賊이라고 불렀다. 후한 말기 장각張角이 이끄는 반란군이 토덕土德을 표시하는 황색 두건을 두르고 스스로 한왕조漢王朝의 화덕火德을 대신한다고 했던 것과 마찬가지로, 한산동을 송 휘종徽宗의 8세손이라 칭하고 옹립한 홍건 도당은 송의 화덕을 부흥시키겠다는 의도를 이렇게 내외에 선언했던 것이다.

영주潁州에서 일어난 홍건군은 관헌의 탄압을 받고 짧은 시간에 한산동을 잃는 심각한 타격을 입었다. 그러나 한산동은 원래 명목적인 수령이었기 때문에 각지로 도망친 잔당들은 시간을 벌면서 다시 세력을 회복하였다. 이들이 세력을 회복할 수 있었던 것은 역시 하남행성에서는 수년 동안 수해水害와 세역稅役(관전官田에 매기는 고율의 세량[官田糧]과 황하 제방을 수리하기 위한 대징발)이라는 두 가지 요인이 작용하여, 억눌리고 피폐해진 가난한 백성들이 절망의 늪에 빠져 반란을 꾀할 소지가 있었기 때문이다.

홍건군의 소란이 하남 여러 지역으로 파급되자, 기회를 엿보고 있던 불평세력들이 이를 기회로 홍건군에 호응하였고, 그렇지 않더라도 자기보전을 위해 어쩔수없이 홍건군의 명령에 따르는 자들이 계속 출현하였다. 지정 11년(1351) 요인妖人 팽영옥彭瑩玉·추보승鄒普勝의 추대를 받아 나전현羅田縣(호북성 황주黃州 나전현)에서 난을 일으켜 홍건군의 일당으로 칭한 서수휘徐壽輝·조군용趙君用·팽이랑彭二郎 등과 함께 향 피우는 의식을 행하고 소현蕭縣(강소성江蘇省 서주徐州 소현)에서 민중을 모아 군사를 일으켜 홍건군에 호응한 지마리芝麻李 등은 전자의 예다. 지정 12년 유복통과 왕래한 정원定遠(안휘성 봉양부鳳陽府 정원현定遠縣)의 토호土豪 곽자흥郭子興(?~1355)과 그의 부하인 주원장朱元璋(1328~98) 등은 후자의 예에 속한다.

명 태조 주원장을 부장 副將으로
두었던 정원현의 토호 곽자흥郭子
興

　지정 11년 이후 하남행성에 급속히 만연한 홍건군의 반란에 직면한
원조가 물론 이를 좌시할 리 없었다. 하남행성은 원조의 중국지배 근거지
인 기내畿內(=복리腹裏)의 안전을 보장하는 매우 중요한 일종의 울타리였기
때문에 국초부터 이미 상당한 방위체제를 갖추고 있었다. 넓은 군둔전軍屯
田을 개발하고 많은 한군호漢軍戶를 배치하는 특수한 조치를 취했던 것이다.
그것은 한 줄기 띠처럼 좁은 강으로 둘러싸인 강남을 자유자재로 통제할

16

수 있는 동시에 기내畿內를 방위하기 위해 계획된 일석이조의 방책이기도 했다. 따라서 유복통 등을 주축으로 한 홍건군의 반란을 단순한 난민으로 과소평가하여 초기 진압에 실패함으로써 이들이 하남행성 일대에 큰 세력을 형성하게 되었음을 깨달은 원조는 사태의 심각성을 통감하고 본격적인 토벌에 나섰다.

과연 한지漢地는 강남과는 다르게 원조의 지배력이 침투해 있었다. 차칸 테무르察罕帖木兒, Chaghan Temur, 톡토脫脫, Toghto 등의 재상급 장군들이 진압에 나서면서 점차 그 효과가 나타나기 시작했다. 반란군은 한산동의 아들 한림아를 박주亳州(안휘성 봉양부 박현亳縣)에 옹립하여 국호를 송宋, 연호를 용봉龍鳳이라 하였다. 궁전을 조영하고 백관을 임명하여 한때 마치 소규모 왕조의 모습을 띠었던 유복통 집단은 차칸 테무르의 공격에 패하여 안풍安豊(안휘성 임회현臨淮縣)에서 변량汴梁(하남성 개봉부開封府)으로 전전하다가 지정 23년에 결국 궤멸 당하게 된다.

그러나 하남에 만연한 홍건적이라 해도 그들이 본래 일률적으로 유복통과 함께 한 것은 아니었고, 실은 각각의 개별집단이 유복통 집단의 명성과 위세를 빌어 제휴한 것에 불과하다. 원조의 토벌이 성공을 거둔 데는 이러한 점도 기여를 하였다. 예를 들어 서수휘 등은 일찍이 국호를 천완天完, 연호를 치평治平으로 하고, 한림아가 송국宋國을 선언한 후에도 그 국호와 연호를 바꾸려 하지 않았다. 요컨대 한때는 타오르는 불길처럼 하남행성 전역을 덮칠 듯 보였던 홍건군도 내면적으로 결합된 통일집단이 아니었기 때문에, 일단 열세에 놓이게 되자 그 뒤는 지리멸렬해져 토벌군에게 평정 당하거나 쫓겨나게 되었다.

지정 16년 이후, 한림아를 추대한 유복통의 본군本軍은 여러 차례 패퇴하였다. 형세가 불리해진 홍건군은 관선생關先生·파두반破頭潘·이희희李喜喜

등의 부장들 지휘 하에 산서·섬서로 도망하고 나아가 감숙에서 내몽골·요양遼陽·고려까지 침략하여 약탈하였다. 요컨대 하남에서 쫓겨난 홍건군은 도처에서 관헌에게 토벌을 당해 유적화流賊化되고 그 상태에서 소멸해 버렸던 것이다.

이렇게 하여 하남행성의 여러 반란집단에 대한 토벌이 진행되면서 일찍이 홍건군을 칭했건 혹은 아니었건 하남에 살아남은 반란집단은 관군에게 격파 당하지 않기 위해 차례차례 다른 곳으로 이동하기 시작했다. 이 경우 같은 하남행성의 경계에서 벗어난 외곽 지역 중에서도 장강長江을 사이에 둔 강남이 그들에게는 세력을 키우는 데 가장 적합하였다. 그 전형적인 예로 진우량·주원장·장사성張士誠 등을 들 수 있다.

진·주·장 세 군웅의 정립

진우량陳友諒은 면양沔陽(호북성 안륙부安陸府 면양현沔陽縣)의 어부 출신으로 현리縣吏가 되었는데, 서수휘의 홍건군이 인접한 황주黃州에서 세력을 확대하고 기수현蘄水縣에 근거를 두고 천완국天完國을 칭하자 여기에 가담하였다. 그 후 천완국의 내분을 틈타 재상 예문준倪文俊을 죽이고 재상 직에 올라 부내部內에서 자신의 기반을 쌓아 갔다. 그는 강서와 호남지방을 경략하여 실력을 쌓고 지정 19년 말에는 강주江州(강서성 구강九江)에 도읍하여 스스로 한왕漢王이라 칭하였다. 이어 다음 해에는 명목상의 지위를 가질 뿐 실권은 없었던 서수휘를 시해하고 천완국을 빼앗아 국호를 대한大漢, 연호를 대의大義라 고쳤다. 마침내 강서, 호남 외에 호북까지 세력권으로 넣은 진우량의 한국漢國은 이렇게 하여 강남 강주江州를 도읍으로 삼고 의연히 독립국으로 발전하였다.

주원장, 즉 후에 대명大明왕조의 창설자가 된 그는 종리鍾離(안휘성 봉양부鳳陽府 임준현臨淮縣)의 한 빈농의 막내아들로 태어났다. 지정 4년(1344), 17세 되던 해 황하의 대범람이 가져온 기근으로 부모형제는 굶어 죽었다. 그는 주린 배를 채우기 위해 황각사皇覺寺에 들어갔고 그 수년 후인 지정 12년에 정원定遠의 토호 곽자흥에게 몸을 의탁하였다. 곽자흥은 이미 서술한 것처럼 유복통과 친분을 맺었다. 하지만 그 사실만 가지고 곧바로 그를 백련교도라고 판단하는 것은 너무 성급한 생각이다. 아마도 주변에 세력을 떨치고 있던 홍건군에게 핍박을 당해 자기보전을 위해 기치를 들었을 것이다. 그렇기 때문에 그는 멋대로 저양왕滁陽王이라 자칭하고, 유복통에게 적극적인 협력을 하지 않았던 것이다.

지정 15년(1355) 곽자흥이 죽자, 그의 부하들을 이끌게 된 주원장도 한림아로부터 받은 관직을 버리고 그 영향에서 벗어나기 위해 근거지를 버리고 남쪽으로 이동하기 시작하였는데, 이 역시 같은 현상이라고 할 수 있다. 같은 해, 주원장은 장강을 건너 원조 치하의 태평로太平路(안휘성 당도현當塗縣)를 탈취하고, 다음 해에는 강남의 요충지인 집경로集慶路(지금의 남경시南京市)를 함락시켜 이 곳을 도읍으로 삼고 스스로 오국공吳國公이라 칭했다. 이후 그의 세력은 강소·안휘 2성의 강남부로부터 절강성 서부에까지 뻗치게 되어 주오국朱吳國의 기반은 순조롭게 잡혀 갔다.

장사성은 태주泰州(강소성 양주揚州 태현泰縣)에서 관염官鹽을 배로 운반하는 운반업자였다. 여주汝州·영주潁州의 홍건군에 의해 하남행성이 소란스러워지자 지정 13년에 염정鹽丁을 선동하여 봉기하였는데, 그는 홍건군과 직접적으로 연관이 없다는 점이 특이하다. 지정 13년, 겨우 18명의 부하를 이끌고 기치를 올린 그가 얼마 안 되어 태주泰州·고우高郵를 점거하고 국호를 대주大周, 연호를 천우天祐라고 칭할 정도로 강성해진 것은 생계 파탄에 직면해 있던 제염製鹽노동자 및 운반노동자가 대거 그의 밑으로 모여들었기 때문이다.

강소성의 해안지대에 널리 설치되어 있던 염장鹽場에서는 관염 총액의 절반을 차지하는 회염淮鹽이 생산되었는데, 그 집산지가 북은 회안淮安, 남은 태주泰州였기 때문에 염정을 필두로 한 염업 관계 노동자를 규합하는 데는 태주가 가장 유리하였다. 이들 노동자는 농민과는 달리 자급자족할 수 없는 극빈자들이었다. 게다가 원말 지정 연간 중반 무렵은 지원초至元鈔의 하락이 최종 단계로 접어든 때였다. 자급성이 없는 임금노동자를 대표하는 염정과 운반노동자가 끝이 보이지 않는 물가등귀의 영향을 정면으로 받게 되는 것은 필연이었다. 따라서 그들의 행동은 필사적일 수밖에 없었고, 장사성은 바로 그들의 구세주였다.

원조의 자멸

장사성의 반란은 원조에게는 중대한 사태였다. 무엇보다 염과鹽課 수입의 대부분을 차지하던 강회염江淮鹽과 강남물자를 경기京畿로 수송하는 대동맥인 대운하의 급소를 제압당하는 상황이 되었기 때문에 잠시라도 그냥둘 수 없는 일이었다. 지정 14년 원조는 긴급히 승상 톡토에게 토벌을 맡겼고 톡토는 서전緖戰에서 반란군에게 큰 타격을 주었다.

그러나 국가의 운명이 이처럼 위급한 지경에 처했음에도 중앙에서는 권력다툼이 끊이지 않았다. 승상 톡토가 조정에 없는 틈을 타서 그 반대파는 토벌에 나선 톡토의 모든 관직을 박탈하고 운남雲南으로 유배를 보내버렸다. 이는 분명 장사성에게는 예상 밖의 행운이었다. 그러나 강북, 하남행성에 근거지를 두고 불안을 느끼고 있던 그는 지정 16년 정월, 강남의 경략을 개시하여 2월에는 소주蘇州를 도읍으로 정하고 여기에 작은 조정을 열었다.

원조가 망하기 겨우 십수 년 전, 더욱이 하남행성에서 강남 일대에 걸쳐 반란이 만연한 위급한 상황에서도 끊임없이 계속된 조정의 권력투쟁은 승상 톡토의 실각 후에도 변함이 없었다. 하남행성의 평장정사平章政事로 임명되어 홍건군 토벌에 공을 세운 위구르 출신 장군 차칸 테무르Chaghan Temur와 몽골 장군 볼로 테무르Bolo Temur가 군공을 내세워 정치를 전단專斷하는 등 서로 양보하지 않았다. 전자는 하남에 근거를 두고 후자는 산서 북부를 지배하여 서로 항쟁을 계속하였던 것이다. 지원 21년 차칸 테무르는 전 홍건군 부장에게 투항하였지만 산동에 있던 전풍田豊·왕사성王士誠에게 살해당하였다. 그의 뒤를 이은 아들 쾨쾨 테무르擴廓帖木兒, Kökö Temur는 걸출한 인물로 그 세력이 다시 확대되어 산동·하남·섬서를 제패하였다. 이 때문에 볼로 테무르와의 대립은 더욱 심해져만 갔다 .

원조는 이 두 세력 간의 내홍內訌을 우려하여 각자의 세력권을 지정하여 서로 침범하지 않도록 위무하고 유시하였다. 하지만 그것도 잠시였다. 조정내부의 분쟁이 격화되자 각 진영이 이 두 세력에게 도움을 청하는 상황이 벌어지면서 정국은 수습할 수 없는 분열상태로 치달았다. 즉, 순제順帝의 황태자 아유시리다라愛猷識理達臘, Ayushiridara를 옹립하는 일파가 쾨쾨 테무르에게 도움을 청하자, 그 적대세력인 군정대신軍政大臣 토곤 테무르 Toghon Temur 일당은 볼로 테무르에게 도움과 보호를 요청하는 사태가 발생하였다.

왕조 말기에 벌어진 이 같은 권력투쟁은 지정 25년에 이르러 겨우 쾨쾨 테무르를 중심으로 한 황태자당의 승리로 수습되었지만, 이 때는 이미 강남에서 주원장이 통일세력을 형성하고 그의 북벌군이 하남지방에 육박하고 있었다.

차칸 테무르 부자와 볼로 테무르의 무훈으로 하남의 반란세력은 잠잠해졌지만, 계속된 내홍內訌에 시달리던 원조로서는 강남으로 물러나 세력 만회를 노리고 있던 진씨 한국陳氏漢國·주씨 오국周氏吳國·장씨 주국張氏周國을 토벌할 수가 없었다. 『원사』元史는 당시 상황을 "이 때 중원은 겨우 조용해졌지만 강회江淮(강소와 안휘 일대), 천촉川蜀(사천) 지역은 모두 우리[원조]의 지배권에서 이탈되어 버렸다."라고 요약해서 전하고 있는데, 확실히 그러하였다.

원말의 군웅 가운데에서 가장 유력한 진우량·주원장·장사성은 모두 여주·영주가 홍건군에 의해 소란해진 틈을 타서 하남에서 기의하였고, 또 다같이 강남으로 이동하여 큰 세력을 이루었다는 점은 주목할 가치가 있다. 이들 사실에서 확인해야 할 것은, 첫째, 원조의 특이한 중국통치 스타일―강북지방에 대한 실질적인 지배와 강남에 대한 명목적인 지배― 이 원말까지 유지되어 군웅의 입장에서 보면 강남이 안정되고 태평한 지역으로 남아 있을 수 있었다는 점이다. 둘째, 강북에 비해 압도적으로 부유한 강남의 경제력이 군웅들의 부국강병에게는 행운이 되었다는 점, 그리고 셋째, 원조 치하에서 소외되었던 강남 인사들이 신정권에 참가함으로써 여러 조직이 정비되었다는 점이다. 이는 역으로 원조 측에서 본다면, 하남을 숙청했다고는 하지만 결국 군웅을 손길이 미치지 못하는 강남으로 내쫓아 재정의 보고인 강남을 그들에게 넘겨주고, 게다가 강남의 인재들을 쫓아내어 적 측에 도움을 주게 한 것이었다.

강남의 3국, 즉 진씨 한국·주씨 오국·장씨 주국은 원조의 간섭으로부터 완전히 자유로운 상태로 삼파전을 되풀이하였다. 이 싸움에서 주원장은 최후로 승리를 거두었고 이렇게 해서 통일된 강남의 세력은 곧바로 북벌을 개시하였다. 원조는 썩은 나무처럼 무너졌다.

2. 홍건적

한민족 정권의 부흥

원조 치하의 중국에서는 "호로胡虜에게 백년의 운運이 없다"라는 예언이 은밀하게 퍼져 있었다. 과연 이 예언대로 몽골족에 의한 중국 전토 지배는 세조 쿠빌라이 칸이 남송을 멸하고 채 백년이 못 된 90년 만에 붕괴했다. 원조를 무너뜨린 것은 이 이민족 정권을 섬긴 중국인 고관이나 장군이 아니라 원조의 압정에 항거하여 일어난 반란군이었다. 한인 출신의 고급 관료 중에는 오히려 원조의 충신으로 국난國難에 순절한 자가 많다.

대원제국 최후의 황제로서 대도大都(지금의 북경)에 있던 순제順帝 토곤 테무르는 36년간에 이르는 재위 기간 동안 내내 남방 여러 지역의 반란에 시달렸다. 반란의 원인은 앞서 서술한 바와 같이 왕조 말기에 상존한 궁정의 내분과 정치 부패에서 기인한 사회불안, 계속된 천재天災, 그리고 재정의 궁핍을 막기 위한 교초交鈔(지폐)의 남발이 가져온 파국적인 인플레이션이었다.

원조의 위정자들은 이 같은 사태에 직면해서도 정치에는 전혀 열의가 없었다. 정치의 실권은 여전히 색목인色目人에게 맡겨 둔 채 중국인에 대한 그들의 심한 수탈을 묵인하여 그것을 저지하려는 마음도 없었다. 정치에 무관심한 이러한 지배자 밑에서 국가의 기강은 문란해지기만 했고, 관리들 역시 백성의 곤궁은 등한시한 채 무거운 세금을 부과하여 자신의 사복을 채우는 데만 몰두하였다. 게다가 늘 그렇듯이 농민들에 대한 지주의 착취도 그치지 않았다.

반란은 이미 순제가 즉위한 지 5년째인 1337년에 광동廣東과 하남 지역에

민중을 구제할 미륵보살의 출현을 믿은 백련
교도(청대)

서 일어났는데, 이른바 '원말 반란'의 도화
선 역할을 한 것은 절강의 소금장사 방국진
方國珍으로 그는 1348년에 거병하였다. 그 후
1351년에 백련교도인 유복통이 교주 한산
동을 옹립하여 안휘에서, 같은 교도인 서수
휘가 호북에서 봉기하자 이전부터 국가에
서 금지한 백련교에 의해 비밀결사를 결성
하고 있던 농민들은 미륵보살이 나타나 압
제자를 대신하여 민중을 구제할 때가 왔다
면서 잇따라 그들의 진영에 참여하였다. 이
렇게 해서 반란은 백련교도가 주도하게 되
었다.

다음 해인 1352년 토호 출신으로 백련교도인 곽자흥도 호주濠州에서
호응하였다. 이들 집단은 모두 머리에 붉은 천을 둘러 동지임을 표시하였
기 때문에 홍건군, 혹은 홍건적으로 불렸다. 일설에는 붉은[홍紅 혹은 적赤]
색은 역대 왕조를 청靑, 적赤, 황黃, 백白, 흑黑의 5색에 적용시키는 오행사상五
行思想에 근거하여 송조宋朝를 가리킨 데서 유래하였다고 한다. 붉은 두건을
두른 것은 몽골 정권을 타도하여 한민족 정권을 다시 일으키려는 의지를
나타내고자 한 것이다.

비밀결사의 확대

그렇다면 이들의 사상적 유대라고도 할 백련교란 어떠한 종교일까?
백련교는 본래 불교의 한 일파로, 동진東晉의 승려 혜원慧遠(334~417)이
402년 7월 여산廬山 동림사東林寺에서 문하의 제자들을 모아 조직한 백련사白

蓮寺에서 기원한다고 한다. 이후 남송南宋 때부터 근년의 중화민국시대에 걸쳐 민간에서 가장 유력한 종교결사로서 큰 세력을 이루었다.

본래 염불삼매念佛三昧를 수행하여 아미타불阿彌陀佛의 정토淨土에의 왕생住生을 기원한 교단이었는데, 교의教義가 변모하여 미륵신앙이 덧붙여지고, 당대唐代에는 페르시아에서 전해진 마니교摩尼教 Manicheism(3세기 초 페르시아인 마니摩尼에 의해 창시된 종교로 중국에서는 명교明教라 한다)와 혼합되어 명왕출세明王出世 신앙을 띠게 되었다고 한다. 그 교의에 따르면, 세상에는 명明과 암暗의 두 근원[二宗]이 있어 명은 선, 암은 악인데 미륵불이 하생하여 명왕明王이 세상에 나타나면 명종明宗은 반드시 암종暗宗을 누르고 승리하여 극락정토가 출현한다고 한다.

그런데 이 신앙은 "미륵불이 하생하고, 명왕明王이 세상에 나타난다"는 가르침에서 볼 수 있듯이 현세를 부정하고 내세를 염원하는 생각이 강하였다. 그 때문에 현 상황에 불만을 가진 사람들을 흡수하여 반권력적인 정치결사로 바뀔 가능성을 가지고 있었다. 실제로 때로는 이러한 성격을 현실로 드러내려고 하였기 때문에 관헌들은 이것을 요속妖俗의 종교로 보고 남송과 원조시대에는 종종 이단의 사교로서 탄압하기도 하였다.

그러나 원조의 압정 하에서 살 희망을 잃어 가고 있었던 농민들은 다투어 백련교에 들어가 비밀결사를 조직하고 지배층에 대해 저항의 기반으로 삼았다. 이렇게 하여 원조 말기에는 그 교세가 황하와 회하 유역을 중심으로 강소·절강·강서·호광 등 각지로 확대되었다. 이들 세력이 얼마 안 있어 홍건군을 탄생시켜 '원말 반란'의 주역을 만들어 내게 된 것이다.

걸식승 – 주원장

명 태조 주원장은 1328년 9월 호주濠州(현재의 안휘성 봉양현鳳陽縣)의 전농佃農(소작인)의 아들로 태어났다. 아버지는 주세진朱世珍, 어머니는 무술사巫術師 진씨陳氏의 딸로, 원장은 4남2녀 중 막내였다. 토지를 소유하지 못했던 아버지 주세진은 양식을 구하러 우이현盱眙縣·영벽현靈壁縣·홍현虹縣 등 여러 지역을 유랑하던 끝에 호주의 종리현鍾離縣에 정착하였고 여기에서 주원장을 낳았다. 그의 일가는 문자 그대로 빈농이었다. 사실대로 말하자면 차라리 유민流民이라고 하는 편이 좋을 정도로, 당시 각지에 넘쳐나던 유망流亡(향리를 떠나 다른 지역을 떠돌아다니는 자) 일보 직전의 전형적인 빈농이었다. 바로 이러한 빈농이 바로 백련교도의 주체이기도 했다.

종리현에서 10여 년의 빈농 생활을 한 후, 이 지방을 덮친 가뭄과 메뚜기 떼의 피해, 거기에 더해진 전염병 때문에 주씨朱氏 일가는 집안의 기둥인 부모와 큰형을 일시에 잃는 비운을 맞았다. 살아남은 5형제는 흩어졌고 다시는 살아서 얼굴을 맞댈 수 없었다.

주원장은 이 때 먹을 것을 찾아 황각사皇覺寺라는 시골의 오래된 사찰에 들어갔다. 그렇지만 시골에서 갓 중이 된 자가 사찰에만 앉아 있을 수 있는 시대는 아니었다. 주원장은 곧 탁발승으로 수년 동안의 여정을 떠나야 했다. 수년간 그는 걸식승으로서 회하 유역의 촌들을 방랑하였는데, 이 지방은 백련교도의 활동이 가장 활발한 지역이었다. 당연히 주원장은 이 교단과 접촉하게 되었을 것이다.

홍건왕국 송의 건설

1351년 하남의 백련교도가 봉기하였다. 봉기의 계기로 이용한 것은 황하의 개수공사였다.

이 무렵 황하는 자주 범람하여 연안 일대의 주민들을 괴롭혔는데, 원조는 이로 인해 농민들이 대규모로 유망하게 될 것을 우려하였다. 이에 연안 각지에서 농민 15만 명을 공사장 인부로 징발하여 군대의 엄중한 감시 아래 황하의 옛길을 수리하고 복구하는 대공사에 착수하였다. 그런데 이러한 공사에 동원되는 것은 악정에 시달릴 대로 시달렸던 농민들에게는 더한 부담이었을 뿐이다. 당연히 참기 어려운 불만의 소리가 터져나왔다. 하남의 백련교주 한산동은 이 기회를 이용하여 원조를 타도하는 반란을 일으키고자 하였다.

그는 공사현장에 선동자를 들여보내 공사인부들을 봉기시킬 계획을 세웠다. 우선 몰래 외눈박이 석인상石人像을 만들어 제방에 묻고는, "외눈의 석인石人이 나타나 황하를 도발케 하여 천하를 뒤집는다"라는 노래를 유행시켰다. 석인 발굴로 인한 충격은 계획대로 들어맞았다. 농민들 앞에 모습을 드러낸 석인상은 강렬한 인상을 주었고, 그로 인해 하남의 민심이 크게 동요하였다. 그러나 이를 신호로 계획된 무장봉기는 미연에 발각되는 바람에 실패하였다.

한산동은 체포되어 참수되고, 그의 아들 한림아 등은 간신히 산 속으로 도망쳤다. 안휘에서 "한산동은 송나라 8세손이기 때문에 그만이 중국의 주인이 되어야 할 인물이다"라고 선전하며 동시에 봉기하려 했던 유복통은 이 소식을 듣고 급히 영주潁州에서 반기를 들지 않을 수 없었다.

이처럼 봉기의 경과는 결코 순조롭지 못했지만 유복통 등이 일어나자 이를 계기로 자칫 각지에 분산 고립될 뻔했던 반란이 통합·조직되어 점차 강력한 반원反元투쟁으로 나아갔다. 그들은 "호로胡虜를 쫓아내고 중화中華를 회복한다"는 슬로건을 내걸고, 진압에 나선 원군元軍과 격렬한 전투를 벌였다. 1355년 2월 한림아는 유복통의 비호 아래 안휘의 박주亳州에서 제위에 올라 소명왕小明王이라 칭하고 국호를 '송'이라 하여 홍건왕국을 세웠다. 원조에게 멸망당한 '송'을 계승함으로써 민족주의적인 입장을 보다 선명히 하려 했던 것이다.

주원장의 대명황제 즉위

주원장이 일개 병졸로서 반란의 와중에 뛰어든 것은 1352년 봄, 그의 나이 25세 때였다. 가담한 곳은 호주에 근거지를 둔 곽자흥 군단郭子興軍團이었다. 곽자흥은 호주 정원현定遠縣의 부호로 백련교도였는데, 그의 집단은 장사壯士와 무뢰도無賴徒를 많이 포함하고 있어 홍건군 가운데에서도 조금 색다른 데가 있었다.

이 곽자흥 군단에서 주원장은 즉시 두각을 나타내어 한 부대의 지휘관에 임명되었고, 자신의 군단을 이끌고 다음 해에 재빨리 독자적인 행동을 개시하기도 했다. 주원장은, 송군宋軍이 북상하여 원군의 주력과 대결한 것과는 달리 남쪽으로 향하였다. 그리고 1356년 2월 양자강을 건너 집경集慶을 점령하고 이 곳을 응천부應天府로 고쳐 근거지로 삼았다. 이 곳이 후에 명제국 최초의 국도가 된 곳으로, 지금의 남경南京이다.

응천부를 거점으로 삼은 주원장 군단은 계속 인접한 강소·안휘·절강 지방을 경략하였다. 세력범위가 확대 강화되고 재정적 기반도 점차 확립되었다. 1359년 홍건군의 중핵인 송군宋軍이 북벌=대원결전對元決戰에 실패하여 쇠퇴하고, 개봉開封 공방전에서도 크게 패하여 한림아 등이 의탁해 오게 되면서 주원장의 역량과 명성은 절로 다른 반란집단을 능가하기에 이른다.

그렇다고는 해도 주원장이 반원세력의 대표주자로서 원조와 대결하는 데에는 아직 수년의 세월이 필요했다. '송'군과는 다른 계통의 홍건군으로, 서수휘 대신 호광·강서 지방에서 한왕漢王을 자칭한 실력자 진우량이

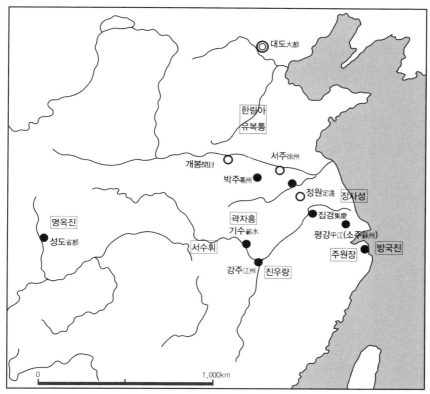

원말의 군웅 할거지도

있었다. 그리고 강소지방에는 홍건 무리는 아니지만 소금상인 출신인 장사성이 오왕吳王을 칭하며 "강소江蘇에 풍년이 들면 천하가 풍족하다"는 말이 돌 정도의 경제력을 배경으로 홍건군을 적대시하던 부호와 지주들의 지지를 얻어 주원장의 패업달성 앞에 우뚝 버티고 서 있었기 때문이다.

이 양대 세력에 대해 주원장은 각개격파 전략으로 임하였다. 먼저 양자강 상류에 있던 진우량을 공격하여 파양호鄱陽湖의 결전에서 그를 타도하였다. 그리고 1364년 정월 오왕吳王의 위位에 올라 왕조 수립의 의지를 확실히 한 후, 병력을 동방으로 진출시켜 대략 2년에 걸친 사투 끝에 1367년 9월 장사성을 그의 근거지인 평강平江(후의 소주蘇州)에서 멸망시켰다.

이제 천하의 대세는 결정되었다. 북방의 대도大都에 쇠퇴했다고는 하나 아직 강력한 군대를 가지고 있는 원조가 존재하고는 있었지만, 일찍이 오왕吳王을 칭하고 있던 주원장은 장사성을 멸망시킨 다음 해인 1368년 정월에 응천부에서 황제즉위식을 거행하고 국호를 대명大明, 연호를 홍무洪武라고 정하였다. 유민과 다름없는 빈농의 아들로 태어나 걸식승을 경험한 사내가 원말 반란에 뛰어들어 마침내 제위에까지 오른 것이다. 물론 이러한 사실 자체는 중국의 오랜 역사 속에서 그렇게 희귀한 일은 아니다. 하지만 주원장의 출신계층을 보면 아마도 한나라의 고조高祖 유방劉邦과 함께 역대 왕조의 창업자들 가운데 가장 낮았을 것이다.

3. 명제국의 창업

주원장의 지향

대명제국을 세우고 황제가 된 주원장朱元璋은 묘호廟號를 따서 태조太祖, 연호인 홍무洪武를 따서 홍무제洪武帝라고 부른다.

'원명元明' 혁명에 대해서는 흔히 이민족정권을 타도하고 한민족국가를 회복했다는 점에서 민족혁명으로 평가되고 있다. 또 주원장이 빈농출신이기 때문에 그의 집단을 적어도 초기에는 농민혁명군으로 보고, 그를 이 집단의 영수라고 보는 견해도 있다. 그런데 과연 그렇게 볼 수 있을까? 이 문제는 명제국의 역사적 성격을 규명하는 중요한 논점이 되는데 이를 설명하기 위해서는 다시 한번 '원말 반란' 과정을 되돌아보아야 한다.

포의의 신분으로 명조를 세운 주원장朱
元璋(태조 홍무제)

　확실히 홍건군은 처음부터 몽골 정권의 타도라는 민족주의적 기치를
들고 있었다. "호로胡虜를 몰아내고 중화中華를 회복한다"는 것은 그들의
목표였다. 유복통 등이 한림아를 맞이하여 홍건정권을 수립하였을 때
국호를 '송'이라고 한 것은 그들의 민족의식을 보여주는 것이며, 그들이
원군과의 대결을 고집한 점에서도 이는 명확하다.

　이와 더불어 홍건군에 참가한 자는 대부분 그날그날의 생활도 꾸려가기
힘들었던 가난한 농민이었으며, 이들은 봉기를 기회로 날마다 착취를
일삼는 지주를 공공연히 공격하였다. 지주들은 자기의 사회적·경제적
지위를 지키기 위해 원조를 지지하고 원군과 협력하여 홍건군에 대항하고
'의병'을 편성하여 체제와 질서의 유지에 노력하였다. 따라서 홍건군의
군사행동은 반몽골 투쟁일 뿐만 아니라 지주계층에 대한 투쟁이라는 측면

도 함께 가지고 있었다. 대부분 지주 출신이었던 원조의 고급관료가 이민족 정권을 위해 순절한 이유는 바로 여기에 있었다.

그러나 주원장이 홍건군의 한 군단을 형성한 곽자흥 군단에 참가하였다고 해서 그를 몽골타도를 목표로 한 민족해방투쟁의 기수였고 농민군의 영수였다고 판단하는 것은 다소 경솔하다. 홍건군에 참가한 후의 그의 행적을 더듬어 보면 쉽게 알 수 있다. 사실은 이렇다.

주 군단의 지주계급적 성격

1352년 봄, 25세의 주원장은 호주에 있던 곽자흥 진영에 가담했다. 그러나 그 이듬해 초, 자기 고향에서 청년 7백여 명을 모아 부대를 편성하고 그 지휘관이 되었다는 사실은 앞서 서술한 바와 같다. 이 부대야말로 바로 명제국 건설의 핵심이 되었는데, 그 구성원은 주원장과 그들 집단의 성격 및 이후 행동을 규정하는 원점이 된다고 생각된다. 집단의 내부구성을 보면, 서달徐達(1332~85)과 탕화湯和 등 후에 건국공신이 된 24명의 간부가 포함되어 있다. 최근 연구에 따르면 이 24명은 대부분이 지주 혹은 지방유력자였다고 한다. 그렇다면 이들 군단은 처음부터 지주적인 군사력이라는 색채가 농후하였다고 하지 않을 수 없다.

더욱이 1353년 6월, 주원장은 이 군단을 이끌고 곽자흥 군단에서 이탈하여 원군元軍과의 충돌을 피해 남쪽으로 내려왔는데, 이 과정에서 많은 '의병' 집단을 흡수하였다. 이들은 동란 속에서 '향곡鄕曲의 보전'을 목적으로 한 지주들에게 지도를 받는 무장집단으로서, 홍건군과는 적대적인 관계에 있었다. 이들을 흡수하여 세력을 강화시킨 주 군단은 점차 지주적인 무장집단의 성격을 강화하였고, 따라서 이들을 농민군 등의 이름으로 부를 수는 없게 되었다. 다만 의병 한사람 한사람은 대부분 빈농과 전호로서,

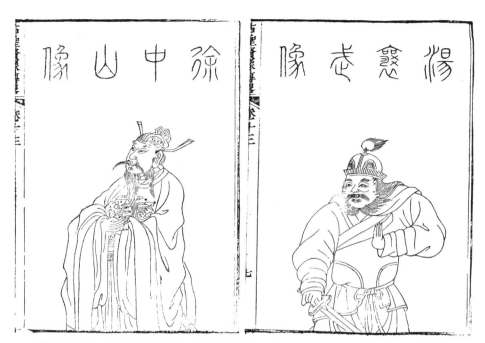

명조의 건국공신으로 태조와 동향 출신인 서달徐達(좌)과 탕화湯和(우)

계급구성에서 본다면 홍건군과 거의 같은 부류였다. 그렇지만 이들은 지주의 지도 하에 체제와 질서를 유지하기 위해 나섰기 때문에 농민군이라고는 할 수 없을 것이다.

주원장이 이 병력으로 저양滁陽을 공격하려 할 때 부근의 정원현定遠縣 지주인 이선장李善長이 투항해 왔다. 또 의병을 거느리고 홍건군에 저항하고 있던 풍국용馮國用・풍국승馮國勝 형제가 부하를 이끌고 주 군단에 참가하였다. 주 군단의 지주계급적 성격이 더욱 더 강화되었음은 말할 필요가 없다. 도적출신이었지만 용감무쌍한 용사로서 궁술弓術의 명인 상우춘常遇春이 가담한 것도 이 무렵이다. 이들은 함께 큰 공을 세워 후에 개국공신으로 불리게 되는데, 이선장은 문신 중 첫 번째로 그 존재를 특히 주목받는

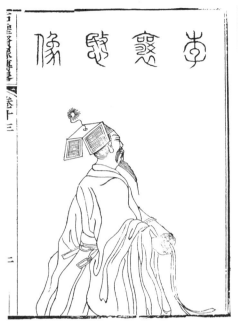
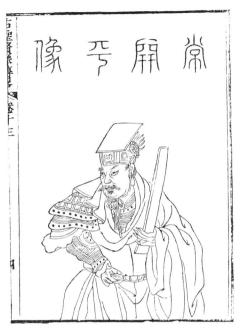

명조의 건국공신으로 문신 지주 출신인 이선장李善長(좌)과 궁술의 명인 상우춘常遇春(우)

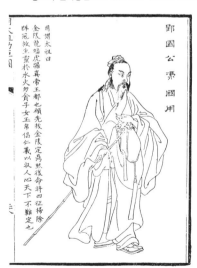

의병을 거느리고 홍건군에 저항한 풍국용馮國用

인물이다.

　1355년 3월 곽자흥이 병으로 죽자, 그 한 달 전에 성립된 홍건왕국 송宋은 사절을 파견하여 곽자흥의 후계자로 그 아들을, 주원장을 부원수副元帥로 삼을 것을 전해 왔다. 주원장은 이미 곽 군단으로부터 실질적으로 자립해 있었지만, 전략적인 생각에서 이를 받아들였다. '송'국을 원조에 대한 방파제로 이용하려는 생각이었을 것이다. 그는 부하로 들어온 이선장 등의 권

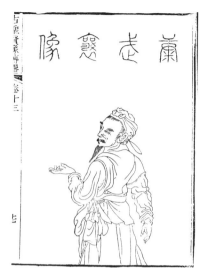
태조를 도와 둔전정책에 힘쓴 강무재康茂才

유를 받아 다음 공격목표로 집경集慶(지금의 남경)을 떠올렸다. 이 곳은 천하의 곡창지대인 양자강 하류지역의 중심도시로서 원조의 강남경영의 거점이기도 했기 때문에, 이곳을 공략할 때까지는 원군의 주력부대와의 충돌을 잠시 피해야 했던 것이다.

1356년 2월, 주원장은 북방과의 연락이 두절되어 고립되어 있던 집경의 원군 수비대를 격파하고 이 지역을 점령하였다. 이 때 강무재康茂才가 이끌던 원군元軍 10만이 항복하였다. 집경은 응천부應天府로 고쳤다. 이 지역을 거점으로 삼아 천하를 호령한다는 상상이 점차 현실로 나타나게 되었다.

장사성 토벌의 격문

이상에서 보았듯이 주원장 군단은 처음부터 고향이 같은 지주들을 간부로 구성하고 지주적 무장집단을 흡수하여 강대해졌다. 그러나 이들 간부는 대부분 무인 출신이어서 문인, 즉 지식인이 거의 포함되어 있지 않았다. 주원장 집단은 아직 일개 지방정권에 지나지 않았지만 어쨌든 지배지역을 갖게 되자 행정관으로서 다수의 지식인을 필요로 하게 되었다. 지주 측에서도 원조가 도움이 안 된다는 사실을 깨닫고 주원장의 계급적 입장을 이해하게 되자, 대부분 같은 계급 출신의 지식인을 보내 접근해 왔다. 그 최초의 인물이 이선장이었다. 그는 이미 정책 면에서 최고 고문으로

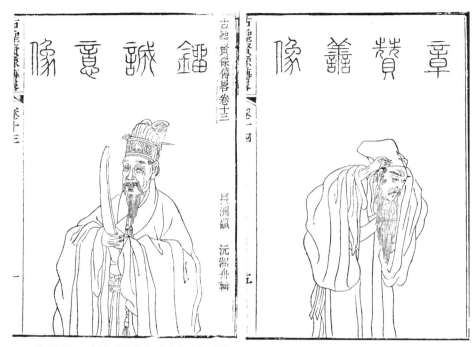

주자학자로 명성이 높았던 유기劉基(좌)와 장일章溢(우)

서 상국相國, 또는 승상 자리에 있었다. 집경을 점령한 후에는 이러한 경향
이 더욱 강화되었다. 특히 1360년 3월 주자朱子의 학통을 이어받아 문명文名
이 높았던 '4선생', 즉 유기劉基·송렴宋濂·장일章溢·섭침葉琛이 초빙되어
중용되자 주원장과 지주세력의 합작은 더욱 확고해지게 되었다. 이들의
협력으로 주 정권朱政權은 지배지역의 행정망을 정비하고, 농민들로부터
많은 액수의 세량을 징수함으로써 재정적 기초를 견고히 할 수 있었다.
게다가 같은 해 윤5월, 응천부에 유학제거사儒學提擧司가 설치되고, 송렴이
장관에 취임하여 유학교육을 총괄하게 되면서 주 정권의 이데올로기적
입장도 확립되었다. 이는 주 정권이 전통적 교학敎學인 유교의 옹호자임을
명확히 한 것이다. 이로써 지주계급을 회유하고 합작하는 일이 한층 손쉬

원말 군웅의 한 사람으로 소금 운반업자였던 장사성張士誠

워지게 되었음은 부정할 수 없다.

주 정권의 이 같은 입장을 보다 잘 전해주는 것이 수년 후인 1366년 5월에 공포된 장사성(1321~67) 토벌의 격문檄文이다. 이 유명한 격문은 백련교와 그 교도에 대해 다음과 같이 말하고 있다.

무지몽매無知蒙昧한 백성들은 잘못하여 요술妖術에 빠져 미륵불이 정말 있다고 믿고, 그 치세治世가 올 것을 기원하며 괴로움에서 벗어나고자 생각했다. 이들은 서로 모여 향을 피우고 기도하는 당을 조직하였는데, 여주汝州·영주潁州로부터 황하와 낙수洛水 사이에 만연해 있다. 요언妖言이 널리 퍼졌으며, 음흉한 흉계를 드러내고 성곽을 불태우고, 사대부와 백성을 죽이고 조상의 넋을 상傷하게 하여, 그 해악은 끝이 없다.

주원장이 백련교도였다는 명확한 증거는 없지만 그가 백련교의 분위기 속에 있었음은 틀림없다. 또 일시적이나마 백련교와 어느 정도 관계를 가져온 것도 사실이다. 그런데 그러한 백련교를 그는 '요술', '요언'이라고 단정하고 백련교도들의 파괴행위를 절대 용인할 수 없다고 하였다. 계속하여 이 격문은 장사성 휘하에 있던 사람들을 향하여 다음과 같이 호소하고 있다.

장씨張氏의 신료들이여, 천시天時를 잘 살펴서 성城을 들어 우리에게 귀순하라. 또 칼을 버리고 투항하면 명예 있는 작위와 상을 사여할 것이다. 그대 백성들이여, 만일 각자 가업家業에만 안도하고 다른 일을 하지 않으면 그것만으로 나의 양민良民이다. 가옥과 토지를 소유했던 자는 예전처럼 소유자로 인정하고 액수에 따라 조세를 납부하도록 할 것이다. 그 이외의 것은 징수치 않을 것이다 그대들을 영원히 향리에 안주시킬 것이며, 일가의 안전을 보장하겠노라.

민족혁명 색채의 약화

백련교도를 질서의 파괴자로 보는 입장은 당연히 지주들에 의해 유지되어 온 현 체제의 옹호자임을 의미한다. 가옥과 토지의 소유를 현재 상태 그대로 인정하고, 향리와 가족의 안전을 보증한다는 것은 체제적 질서를 지지하는 입장에 서 있음을 보여주는 것이다.

전통적 체제와 질서의 옹호자임을 천하에 선언한 주원장에게 이제 '송'이라는 홍건왕국은 이미 어떤 이용 가치도, 존재 의의도 없었다. 그는 소명왕 한림아와 유복통을 응천부로 맞이한다고 속여 사자使者를 보내어, 1366년 12월 두 사람을 양자강에 수장시켜 버렸다. '송'나라가 장악하고 있던 농민군의 힘을 두려워할 필요는 없어지게 되었다.

이리하여 주 정권은 휘하에 모인 지주 및 지식인의 기대에 부응하여 원조를 물리치고 새로운 왕조의 수립을 목표로 하는 사명을 필연적으로 짊어지게 되었다. 1367년 9월 당면한 적 장사성을 멸망시킨 후, 주원장은 몽골군 주력과의 결전을 단행하였다. 즉 이듬해 10월, 서달徐達을 정로대장군征虜大將軍, 상우춘常遇春을 정로부장군征虜副將軍으로 삼고 25만 대군을 동원하여 북벌을 개시하였다. 그리고 북벌이 진행중인 1368년 정월에 국도國都 조영공사가 진행되고 있던 응천부에서 문무백관의 만세소리가 울려 퍼지는 가운데, 그는 황제의 자리에 올랐다.

이상이 '원말 반란'에서 나타난 주원장의 행적인데, 앞서 본 것처럼 그가 주도한 '원명' 혁명의 민족혁명적 색채는 매우 희박했다고 하지 않을 수 없다. 격렬한 민족주의를 슬로건으로 내걸고 원군과 대결한 것은 '송' 홍건군이었고 주원장은 최후까지 원조 주력과의 싸움을 계속 회피하였다. 그렇기 때문에 '송'군의 쇠퇴와 함께 민족혁명적 색채는 약해질 수밖에 없었다.

주원장 자신은 원조의 중국지배를 "송조가 멸망한 후, 원조는 북적北狄으로 중국에 들어와 주인이 되고, 주변 모든 나라는 이에 신복臣服했다. 이것은 사람의 힘이 아니라 실로 하늘에서 도와준 것이다"라든가 "원조는 사막에서 일어나 조종祖宗에 덕이 있었기 때문에 하늘이 명하여 중국에 들어와 주인이 되게 했다"라고 보고 있다. 때문에 북벌을 개시하며 원조 치하에 있던 관민을 향해 고告한 격문에서 그는 다음과 같이 말하였다.

원조처럼 이적夷狄으로 중국에 들어와 천하를 지배한 예는 없었다. 그러나 근래 그 정치의 혼란은 극에 달하였다. 인심은 이반하고 병란兵亂은 잇달아 일어나 우리 중국백성을 도탄의 고통에 빠뜨렸다. 하늘은 원조의 덕을 싫어하여 버렸다. 예로부터 "호로胡虜에게 백년의 운運이 없다"라는 말이 있는데, 지금 상태를 보면 그 말을 의심할 여지가 없다. 지금 천운은 돌고 중원中原에 기氣가 성盛하고 있다. 호로를 몰아내고 중화를 회복하여 기강을 다시 세워 백성을 구제할 성인이 나타나려 하고 있다.

전통왕조의 성격을 띤 명조

결국 주원장은, 원조가 중국을 지배한 것을 천명天命으로 생각하고 이 때문에 원조를 타도하는 이론 역시 역시 천명에 기초하여 원의 황제가 덕을 잃고 백성들이 도탄에 빠진 고통을 겪게 한 데서 찾으려 했던 것이다. 즉 지금 천명이 원조를 떠났기 때문에 원조를 타도할 정당성이 생겼다는 의미다. 그것은 화이사상華夷思想에 의해 이민족 지배를 타도해야 한다고 하는 민족의식과는 약간 그 발상을 달리하는 선언이라고 할 수 있다. 이런 의미에서 '원명' 혁명도 전통적인 역성혁명易姓革命의 범위를 넘어서지는 못했다고 보아야 할 것이다.

또 이미 보았듯이 주원장 자신이 빈농의 아들이고 홍건군에 참가하면서부터 그의 위업이 시작된 것도 사실이다. 그러나 자립한 이후에는, 일관되게 지주적 무장집단을 기반으로 하여 군사력을 이루고 같은 부류의 집단을 흡수해서 대규모 세력으로 성장하였기 때문에 그를 농민군의 영수로 부르는 것은 성급한 결론이라 하겠다. 즉, 그의 정권은 실상 지주적 성격을 확실히 하면서 성립했다고 보아야 한다. 따라서 그 연장선상에 위치한 명제국 역시 최종적으로 지주계급의 지지와 참가를 기반으로 하는 전통적인 왕조의 하나라고 해야 할 것이다. 황제가 된 주원장이, 후에 다루겠지만 유교주의에 입각한 통치에 노력했음에도 불구하고 그의 치세(1368~98) 동안 농민반란이 각지에서 발생하고, 그 대부분이 백련교와 관계를 가졌던 것으로 인정되고 있는 점이 무엇보다 확실하게 명왕조의 성격을 보여주고 있다.

4. 구중국 체제의 확립

한조·당조를 상회하는 한민족 대제국

태조가 즉위식을 거행하려 할 무렵, 서달徐達이 이끄는 북벌군은 이미 산동 일대를 평정하고 대도大都의 공략도 눈앞에 두고 있었다. 태조가 보기에 원조는 쇠퇴했다고는 해도 몽골기병대가 여전히 온존해 있었고, 그 정예와 강력함도 잃지 않고 있었다. 그러나 "강소江蘇에 풍년이 들면 천하가 풍족하다"라고까지 일컬어진 천하의 곡창지대를 탈취 당하고 곡물보급로가 단절되어 있던 원조의 저항력은 의외로 약하였다. 태조는 즉위 직후 곧 대도를 점령했다는 보고를 받았는데, 명군은 연전연승을 거두며 도망치는 원군을 좇아 원조의 여름도시로 불리는 상도上都까지 함락시켰다. 홍무 원년(1368) 8월 대도가 함락되면서 대원제국은 멸망하였다.

순제順帝는 북상하여 응창應昌으로 도망쳤는데, 1370년 4월에 병으로 이 곳에서 죽었다. 상도를 공략한 명군은 공격방향을 서쪽으로 돌려 산서·섬서 방면에서 몽골의 잔존세력을 소탕하고, 1370년 3월 응천부에 개선하였다. 사막 북쪽[漠北]으로 물러났던 원조는 '북원'北元으로 국호를 고치고 경시할 수 없을 정도의 세력을 유지하고 있었지만, 그 후 얼마 안 있어 큰 타격을 받고 만주와 몽골고원의 남부는 명제국의 영토가 되었다.

북벌과 병행하여 화남 방면에 대한 작전도 순조롭게 진행되었다. 정남장군征南將軍 탕화湯和가 이끄는 부대는 절강의 방국진方國珍을 항복시키고 복건지방을 공략하였다. 또 요영충廖永忠의 부대는 광동·광서 방면으로 진출하고, 양경楊璟 등이 이끄는 별동대도 호남에서 광서에 걸쳐 전투를 벌였다. 사천에 웅거하고 있던 명옥진明玉珍의 잔당은 1371년에 평정되고, 운남지방에 잔존해 있던 세력도 어렵게 목숨을 이어가기는 했지만 1382년에 완전히 궤멸되었다.

이렇게 해서 명 태조 치세 중반 무렵에는 중국 본토의 대부분이 명제국에 속하게 되었다. 홍건군이 내건 '중화회복'中華回復의 염원은, 형식적으로

德慶侯廖永忠
太祖親書牌賜額之曰功超群將智邁雄師
광동·광서 방면 진압의 공로자 요영충廖永忠

는 주원장의 손에 의해 이루어졌다고 할 수 있을 것이다. 명제국의 영역은, 북은 만주 남부에서 몽골, 서는 감숙에서 운남으로, 남은 광동·광서로 확대되었다. 한漢·당唐의 두 왕조를 상회하는 한민족 왕조로서는 일찍이 없었던 대제국의 완성이었다.

그러나 태조의 주요 사업은 영토 확대로만 그치지 않았다. 그의 치세는 '위대한 무위武威'라는 의미를 포함한 '홍무'洪武라 일컬어지는데, 그 특색은 군사보다는 차라리 지배체제의 확립을 목표로 한 내정에 있었다.

몽골색의 일소와 원조의 계승

새로운 제국의 황제로서 태조가 가장 먼저 착수한 일은 국내에서 몽골색을 일소하는 것이었다. 즉위 다음 달, 그는 조칙詔勅을 내려 중국인들 사이에 근 백년간에 걸쳐 행해져 온 몽골의 풍속·습관·언어를 모두 금지시켰다. 이는 '원명' 혁명의 민족혁명적 성격을 강조하는 입장에서 항상 그 증거로 인용되는 사례지만, 한민족 국가의 예제禮制 상의 문제로서 그것은 당연한 조치일 뿐이다. 오히려 태조 자신이 원조에 대해 양이적攘夷的 적개심을 갖지 않았다는 것은 앞서 설명한 대로다. 따라서 그가 정치를 행할 때 몽골적 잔재를 얼마간 인정하였다는 점을 간과해서는 안 된다. 예를 들면, 건국 초 원조의 관제官制를 계승하고, 중국의 전통과는 달리 문관보다 무관을 중시하고 우대한 점 등은 대표적인 예일 것이다. 이전에 오왕吳王이 되었을 때 이선장을 우상국右相國, 서달을 좌상국左相國으로 하는 관제를 만들었는데, 몽골 풍습에 따라 우右를 상위에 둔 것이나(이 관제는 곧바로 좌左를 숭상하는 중국식으로 바뀌었지만), 문관출신의 좌승상左丞相 이선장의 세록歲祿이 4천 석이었던 데 비해 무관출신의 우승상右丞相 서달의 세록이 5천석이었다는 것 등도 그 실례다.

확실히 명제국은 몽골인을 몰아내고 한민족의 주권과 문화를 회복했지만 몽골정권을 계승하는 측면도 갖고 있었다. 물론 그것은 국초의 특이한 현상에 지나지 않았다. 명제국 말기에 가까운 만력萬曆 초년의 재상 장거정張居正이 그 역사를 회고하면서 다음과 같이 서술한 점은 주목된다.

천하의 일은 극에 달하면 변하고, 변하면 시초로 돌아간다. 이것은 자연 조화의 이치다. …… 한漢·당唐을 지나 송宋에 이르러 문文의 폐해는 심해지고, 천하는 날로 거짓과 교만으로 가득차게 되었다. 송은 그 쇠퇴함이 극에 이르렀다. 그 형세가 변하여 호원胡元의 제制로 바뀌고, 선왕先王의 예제禮制를 취하여 일거에 송풍宋風을 없애버렸다. …… 그러나 원元은 오랫동안 유지될 수 없어 본조本朝(명明)가 이를 이었다. 우리 국가의 통치는 간결하고 엄격하며 소박함을 원리로 하고 있는데, 이것은 원元을 이용하여 문文의 폐해를 제거하는 것이었다. (『장태악문집張太岳文集』 권18)

이 한 문장만을 들어 이것이 명대 사대부의 통념이라고 하기에는 무리가

태조는 농촌의 부흥과 농민의 생활안정을 도모하였다. 그림은 농사짓는 풍경

있겠지만, 시대풍조의 일단은 살필 수 있다. 우리 국가는 원조의 계승자고, 송조의 계승자가 아니라는 것이 이 문장의 요지다.

그렇지만 태조에게는 현실적으로 처리하지 않으면 안 될 문제가 산적해 있었다.

농촌부흥과 농업의 장려

우선 새로운 제국의 경제적 기초라고도 할 농촌의 부흥, 농업생산력의 회복과 발전이 최대 급선무였다. 원조 말기의 가혹한 수탈, 전란으로 인한 농촌의 피폐, 농민의 빈궁과 고통은 태조 자신도 경험해 본 바로서, 이러한 상태에 몰리게 될 때 농민이 어떻게 반항하는지를 잘 알고 있었다. 그렇기 때문에 농촌의 부흥과 농민의 생활안정을 당면한 가장 긴급한 과제로 삼을 수밖에 없었다.

태조는 그 첫 작업으로 전란 때문에 다른 곳으로 유망流亡하는 농민들을 향리로 돌려보내는 동시에, 인구는 많고 토지는 부족한 지방의 농민들을 토지가 남아도는 곳으로 이주시켜 경우耕牛와 종자種子를 주고, 또 황무지를 개간한 자에게는 그 토지의 소유를 인정해주는 등 경지확대와 농업생산력 회복을 목표로 시책을 펴나갔다. 게다가 개간정책을 추진하기 위해 둔전屯田을 대대적으로 실시하였다.

그 결과 정부통계에 의하면, 1368년에서 1381년 사이에 개간된 경지가 180만 경頃(1경은 약 6ha)에 달하였다. 이는 국초의 전국 경지면적에 거의 필적한다. 그 숫자와 그에 대한 이해를 둘러싸고는 이론이 있기도 하지만 1387년(홍무 20)의 경지면적은 850만 경에 이르고 있다. 이러한 영토의 확대는 국초의 숫자와 비교하면 실로 5배에 가까운 증가다. 태조 일대 동안 농업생산의 기초조건이 얼마나 발전했는지는 무엇보다도 이 사실이 웅변하고 있다.

또 다수의 노예와 전호佃戶를 소유하는 대지주의 존재를 금하고, 정권에 반대하는 지주와 부호들을 탄압하였다. 지주가 농민을 무제한으로 착취하도록 내버려두는 것은 사회모순이 다시 격화되는 원인이 되기 때문이다. 특히, 장사성에게 협력한 강남 대지주들의 토지를 몰수하여 관전官田으로 삼고 이전부터 받아온 소작료를 그대로 징수하게 하여, 이들이 새로운 정권을 위협하는 세력으로 발전하는 것을 저지하는 동시에 국가의 기본적인 세수를 확보하는 방책을 취하였다.

적극적인 농업장려책으로서는 조세를 자주 면제시켰을 뿐만 아니라 재배식물에 대해서도 조건에 따라 상세한 지시를 내렸다. 태조가 장려한 작물들 가운데 후세에 가장 큰 영향을 끼친 것은 면화였다. 이상의 정책과 함께 태조가 신경을 썼던 것이 수리사업이다. 즉, 대규모 치수·관개공사를 일으켜 양자강과 황하 등을 개수하고 각지에 관개용수로를 개발하는 등 큰 치적을 남겼다. 이로써 재해는 한층 감소되고 경지면적의 증대와 농업생산력의 향상도 이루어져 농민들의 생활안정에 큰 효과를 거두게 되었다.

장량과 편심

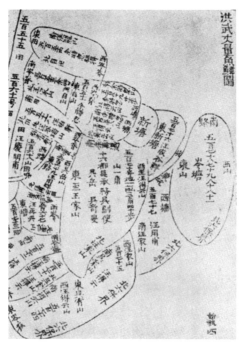

농민생활의 안정과 왕조의 재정적 기반의 정비를 목적으로 작성한 토지대장인 어린도책

그러나 태조의 이 같은 일련의 농업정책도 송대 이래 계속된 대토지소유의 모순을 해결하지는 못했다. 개간지를 개척농민의 소유로 돌리고 일부 지주를 억압하기는 했지만 전반적으로 보아 지주제는 의연히 존속하였다. 명제국이 지주의 지지와 협력에 의해 성립된 이상 이는 필연적인 귀결이었다. 강남에 광대한 관전官田을 설치한 데에서도 알 수 있듯이 왕조 자신이 대지주였다.

한편, 농업정책도 정권 측에서 농민생활을 안정시키기 위해 취한 조치만은 아니었다. 말할 것도 없이 이는 제국의 재정적 기반의 정비라는 목적을 가지고 있었다. 이를

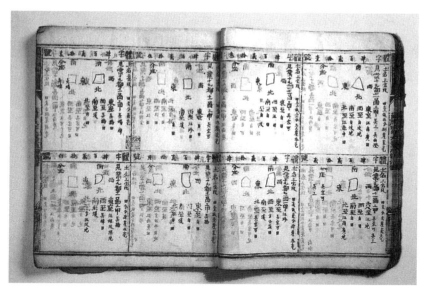

만력 9년(1582) 『청장어린청책』淸丈魚鱗淸冊

위해서는 국가가 농민 한사람 한사람을 확실하게 장악할 필요가 있었다. 따라서 태조는 농업정책과 아울러서 전국적으로 토지측량과 인구조사를 실시하였다. 이를 당시 용어로 '장량'丈量(토지측량)과 '편심'編審(인구조사)이라고 한다.

태조는 즉위 직후부터 각지에 관리를 파견하여 장량을 행하고, 이를 기초로 토지대장인 '어린도책'魚鱗圖冊을 만들었다. 그리고 편심을 통해 호적이 만들어지자 1381년(홍무 14)에는 전국에 걸쳐 '부역황책'賦役黃冊을 제작하였다. 이것은 각 호戶의 소유지, 인구의 이동과 증감을 파악하고 부세賦稅와 요역을 분배하기 위한 대장으로, 이에 따라 정부는 재원을 확보하고 경제적 기반을 강화할 수 있었다. 이와 동시에 이후 '황책'黃冊을 제작하는 임무를 담당하고 아울러 부역징수의 말단을 이루는 조직으로서 '이갑제'里甲制가 시행되었다. 이로써 태조의 목표인 농촌지배기구는 완성되었다.

'이갑제'는 지역적으로 인접한 110호戶를 1리里로, 부유한 10호를 이장호里長戶로, 나머지 100호는 갑수호甲首戶로 하여 전체를 10갑으로 나누고, 각 갑에는 갑수甲首, 각 리에는 이장里長을 두어 매년 이들로 하여금 순번으로 1갑, 1리를 관할케 하되 10년을 주기로 하여 직무를 맡게 한 제도다. 소작농과 토지가 없는 호는 기령호畸零戶로서 110호 밑에 첨부하였다.

이갑제에 의한 농민지배와 육유

명제국은 이상과 같이 이갑제를 통하여 그 지배력을 가장 말단인 농민에게까지 침투시킬 수 있는 기구를 갖추게 되었다. 이갑제는 '황책'과 '어린도책'의 제작 및 조세 징수 외에 리내里內의 권농勸農·교화 및 경미한 재판까지 행하는 임무를 부여받았다. 이런 의미에서 이갑제는 농촌사회의 질서와 사회적인 재생산 유지를 담당하기도 하였다. 또 이장을 맡은 자 중에는 지주가 많아서 농촌에 거주하는 지주들의 일반 농민에 대한 기존의 권위를 이용하는 조직이기도 했다. 이갑제 하의 농민들은 전부田賦와 요역을 부담하고 국가의 재정적 기반을 이루었는데, 태조에게 이상적인 농민이란 다음과 같은 존재였다.

우리 백성 된 자는 진실로 자기의 분分을 알아야만 한다. 조세租稅와 역역力役을 바치고 황제의 필요에 따르는 것이 그 분分이다. 자기의 분을 잘 지킬 수 있는 자는 부모와 처자를 보전하고, 집안을 번창시킬 수 있으며, 자신의 몸을 충족시켜 충효인의忠孝仁義를 알아차리는 백성이기도 하다.

태조가 생각한 양민상良民像은 그가 반포한 「성유육언」聖諭六言 즉 「육유」六諭에 의해 구체화되었다. 육유란 다음과 같은 내용의 훈유訓諭를 말한다.

부모에게 효순孝順하라.	윗사람[長上]을 존경하라.
향리에서 화목和睦하라.	자손子孫을 교훈하라.
각자의 생업生業에 만족하라.	법에 어긋나는 일을 행하지 마라.

유교의 중심도덕이라고도 할 가족윤리를 간결하게 요약한 이 「육유」는 바로 『교민방문』敎民榜文(태조가 민중교화를 위해 만든 칙찬서勅撰書)에 수록되어 농민교화에 큰 역할을 하게 된다. 뿐만 아니라 「육유」는 이후 청조에 계승되어 『육유연의』六諭衍義로 되고, 이는 류큐琉球를 거쳐 일본으로도 전해졌다. 도쿠가와德川 막부의 8대 쇼군將軍 요시무네吉宗는 오규 소라이荻生徂徠에게 명하여 여기에 훈점訓点을 찍어 간행하는 동시에 무로 규소室鳩巢의 일어 해석을 붙여 『육유연의대의』六諭衍義大意라는 이름으로 출판하였다. 이로써 명태조가 반포한 「육유」는 에도(江戶) 중기 이후 일본에서도 전국적으로 보급되고, 각 번藩의 사민四民 교화에 사용되었거니와 그 영향은 메이지明治 시대의 교육칙어敎育勅語에까지 영향을 주었다고 한다.

강력한 전제적 중앙집권체제

이상과 같은 농민지배를 기초로 태조가 확립한 정치체제는 중국제도사에서 보면 수·당의 제도와 더불어 이후 수백 년간 명조는 물론 청조에까지 이어져 서양의 새로운 제도가 채용될 때까지 기본적으로 준수되었다. 태조가 목표로 삼은 것은 한 마디로 말해 강력한 전제적 중앙집권체제의 확립이었다. 이는 당시 중국사회의 요청이었고 또한 송대 이래 시대의 흐름에 부합하는 것이었다고 생각된다.

이러한 의미에서 더욱 주목되는 것이 뒤에서도 서술하겠지만, 1380년 (홍무 13) '호유용胡惟庸의 옥獄'을 계기로 중서성中書省과 그 장관인 승상을

폐지하고 행정기관인 6부六部를 황제직속으로 한 조치다. 이에 앞서 1376
년(홍무 9)에는 중서성의 지방출장기관인 행중서성行中書省(줄여서 행성行
省이라고 한다)을 폐지하고 민정民政을 담당하는 승선포정사사承宣布政使司,
군사軍事를 담당하는 도지휘사사都指揮使司, 사법司法을 관장하는 제형안찰사
사提刑按察使司를 설치하였다. 이들 모두 황제에 직속된 관청으로서, 지방행
정을 분담하기 위해 개편한 것이다.

  황제의 독재권 강화방침은 군사 면에서도 관철되었다. 군령軍令의 중추
기관으로 설치된 대도독부大都督府는 전·중·후·좌·우의 5군도독부五軍
都督府로 개편되고 각 도독부는 그대로 황제에 직속하며, 군정軍政은 문관을
장관으로 하여 병부兵部가 장악하는 체제가 만들어졌다. 그 밖의 다른 정부
기관도 다음과 같이 조직되었다.

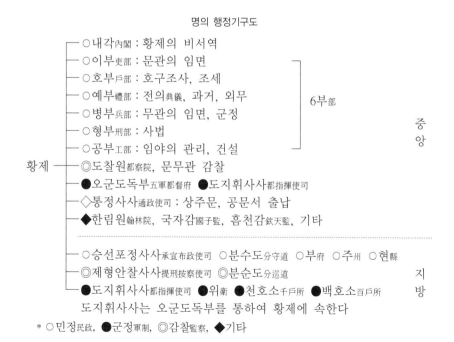

명의 행정기구도

* ○민정民政, ●군정軍制, ◎감찰監察, ◆기타

중앙·지방의 행정기관은 물론 군사조직까지 직접 통할하게 된 황제의 지위는, 필적할 상대가 없는 절대 최고의 지위를 갖게 되었다. 즉 황제는 다른 어떤 자와도 세력을 다투는 것을 허용하지 않는 존재가 되었던 것이다. 태조가 죽기 전 해에 간행된 『명률』明律은 이러한 체제를 법제적으로 완결한 것이었다.

앞서 서술한 대로 이 지배체제는 명제국은 물론, 청제국으로도 계승되었기 때문에 태조는 명·청 두 제국에 걸쳐 중앙집권적 전제지배의 체제적 기초를 세웠다고 할 수 있다. 근대중국의 혁명이 대결하고 극복해야 했던 '구중국'舊中國은 실로 태조가 구축한 체제였던 것이다.

5. 고독한 독재자

호·남의 옥

태조 홍무제는 즉위 후 자신이 목표로 한 새로운 정치를 순조롭게 이루어 갔다. 이는 황제독재체제의 완성으로 특징지을 수 있다. 그러나 여러 제도의 쇄신을 통한 독재의 강화는 결코 평온하게 실현된 것은 아니었다. '호유용胡惟庸의 옥獄'·'남옥藍玉의 옥獄'으로 알려진 건국공신들에 대한 숙청, 금의위錦衣衛의 스파이 사용 등 음산하고 참혹한 공포정치를 통해 비로소 가능해진 것이었다. 먼저 '호유용의 옥'의 경과를 보기로 하자.

호유용은 태조와 같은 고향 출신으로서 이선장 다음 가는 오랜 경력의 소유자였다. 정치적 능력이 뛰어나 이선장에 이어 중서성 장관, 즉 승상에 임명된 인물로서, 태조의 창업공신 가운데 한 명이 되었다. 그런데 승상에 오르자 그는 중서성의 모든 권한을 장악하고 정무를 혼자서 결재하여

주자학의 전통을 이어받아 문명을 떨친 송렴宋濂

반대자는 용서치 않고 물리쳤다. 그는 제국을 전복시키려는 야망을 불태웠다고 하는데, 후에 확실히 밝혀진 바에 따르면, 그는 일당과 행동을 같이할 것을 약속하고 몽골 잔존세력 및 일본과도 연락을 취하며 기회를 엿보다가 밀고자에 의해 사건이 탄로났다고 한다. 이것이 1380년(홍무 13) 정월의 일이다. 음모가 발각되자 호유용을 필두로 한 일당이 체포되었으며, 사실을 조사하는 중에 공동모의를 한 것으로 인정되는 모든 사람이 처형되었다.

이상의 모반계획은 어디까지가 사실인지 확실하지는 않다. 확실한 것은 이 사건과 관계되었다는 이유로 1만 5천 명이 차례로 처형되었고, 이를 계기로 중서성과 그 장관인 승상이 폐지되었으며 6부(이吏·호戶·예禮·병兵·형刑·공工)로 불리는 6개의 행정기관이 황제 직속으로 개편되었다. 더욱이 이 사건에는 후일담이 있는데 태조의 의심의 눈초리는 송렴宋濂에게까지 미쳤다. 그의 손자가 호당胡黨에 가입하였다는 이유로 송렴이 사형선고를 받은 것이다. 그러나 마황후馬皇后 등의 간청으로 송렴의 형刑이 감해져 유죄流罪처분을 받고 유배지로 가던 도중에 사망하였다.

호옥胡獄의 추급追及은 여기에서 끝나지 않았다. 적발의 손길은 그 10년 후인 1390년(홍무 23) 5월 이선장에게 미쳤다. 동생이 호당에 가담한 사실

명대의 문관(명 13릉·좌)과 무관(명 효릉·우)

을 알고서도 보고하지 않았다는 죄목으로 이선장은 자살을 명령받았고, 그 일족 70여 명이 주살誅殺되었다. 이 당시 다른 많은 공신들도 호당의 일당으로서 처형 당하게 되어, 연루자의 수는 1만 수천 명에 달했다고 한다. 태조는 호당胡黨이라는 죄명으로 전후 두 차례에 걸쳐 모두 3만여 명을 죽인 것이다.

이 사건이 있은 지 3년 후인 1393년(홍무 26) 2월에는 '남옥藍玉의 옥獄'으로 불리는 사건이 일어났다. 호유용과 동향으로서 역시 태조와 같은 고향 출신인 남옥은 일찍이 무명武名을 떨쳐 사천과 운남 토벌에서 큰 공을 세웠으며, 서달과 상우춘이 죽은 후 실질적인 무관의 일인자였다. 죄상에 따르면, 마음대로 정치를 행하는 바가 많고 처우에 불만을 품었다고 하는데, 1393년 2월 금의위錦衣衛가 남옥의 모반계획을 고발하였다. 이렇게

노왕魯王 주단朱檀의 호화로운 능묘에서 출토된 관冠

하여 그를 필두로 '호옥의 옥' 때 추급을 면한 수많은 공신과 고관들이 일족과 함께 주살되었다. 이 때 주살된 자는 2만여 명이나 되었다. 그러나 처분이 결정된 후에도 음모의 내용과 사건의 경과는 일체 발표되지 않았다.

혈연의 제왕봉건

이처럼 '호·남의 옥'은 모반사건으로서는 애매한 점이 많아, 결국 황제의 권력을 강화하고, 왕조지배의 안전을 위해 태조가 꾸며낸 것이 아닌가라는 의심을 사고 있다. 그러나 다른 한편으로 보면, 결과적으로 수만 명이 살해되었고 태조가 거병한 이래 거기에 참여하였던 공신과 무장의 대부분이 숙청되었다. 많은 친구를 잃고 신하들과의 사이가 벌어지면 벌어질수록 황제는 고독한 존재가 된다. 황제권력의 강화와 신장을 의도한 태조에게 이것은 만족할 만한 상태였을지 모르지만, 반면 그는 고독하고 황량한 독재자였을 것이다.

이처럼 제국창업의 어려움을 함께 나눈 옛 친구들을 믿지 못하고 자신의 손으로 그들을 죽인 태조가 이제 의지할 것은 혈연관계일 수밖에 없었다. 건국 3년째인 1370년 제왕諸王(태조의 아들들)을 봉하는 제도가 만들어졌는데, 1378년(홍무 11) 이후 성인이 된 아들부터 순차적으로 북변과 내지의 요충지에 분봉分封을 실시하여 최종적으로 25명의 제왕이 나왔다. 그들은 봉지封地에 왕부王府를 열었지만 민정에 관한 일은 금지되었다. 적으면 3천, 많으면 2만의 병력이 주어져 황제를 정점으로 하는 권력체제를 보호하고 유지하는 중책을 맡았다.

태조는 자기 아들들에게 군사권을 맡겨 놓으면 염려 없을 것이라 생각했었던 듯하다. 그러나 그 기대를 배반하고 제왕분봉諸王分封 제도는 몇 차례에 걸쳐 반란을 일으켰다. 건국공신을 죽이면서 한편으로 자제들을 각지로 분봉하려는 왕조의 에고이즘은 제도 그 자체에서 매우 심한 반발을 샀던 것이다. 태조의 열 번째 아들로 산동의 연주兗州에 봉해진 노왕魯王 주단朱檀의 능묘가 근년에 발굴되었는데, 묘가 완전한 형태로 보전된데다 엄청난 부장품을 동반하여 주목을 받았다.

문자의 옥

태조의 감시의 눈길은 이후 학자와 문인들에게도 미쳐 가혹한 언론탄압이 가해졌다. 이를 '문자의 옥'이라고 부르는데, 태조는 자신이 싫어하는 문자를 사용한 자들을 엄벌에 처하였다. 당시 금기시된 문자는 광光, 독禿 등의 글자였는데, 이는 태조가 일찍이 승려였던 추억을 상기시키는 단어였기 때문이다. 사회의 최하층 출신자인 태조는 황제로서의 권위를 높이려고 하면 할수록 자신의 과거를 묻어 두어야 했을 것이다. 이러한 전제지배의 절대화를 목표로 한 태조의 탄압에 희생 당한 사람들 가운데 대표적

『원사』의 편찬을 담당한 명대 최고의 시인 고계高啓

인 인물이 명대 최고의 시인으로 평가받고 있던 고계高啓다.

고계(1336~74)는 호를 청구靑邱라고 하며 소주蘇州 사람이다. 어렸을 때부터 문학에 재능이 있다고 칭찬이 자자하여 후에 태조의 요청으로 『원사』元史의 편찬관을 맡았으며, 호부시랑戶部侍郎에까지 올랐는데 관료생활이 맞지 않았던 듯 얼마 안 있어 사직하고 향리로 돌아갔다. 그런데 그의 고향인 소주에 예전부터 잘 알고 지내던 위관魏觀이 지부知府로 부임하여 부청府廳을 장사성張士誠의 궁전 뒤로 옮겼다. 그러자 그가 장사성의 뒤를 이으려는 생각을 품고 있다고 고발하는 자가 나타났다. 위관은 사형에 처해졌고 고계도 이 사건에 말려들었다. 위관이 신축한 청사의 상량식을 축하하는 상량문을 그가 썼기 때문이다. 결국 고계는 위관 일당으로 간주되어 허리가 잘리는 형을 받고, 나머지 몸은 여덟 부분으로 나뉘어 응천부 거리에 버려졌다. 1374년(홍무 7)의 일인데, 고계와 함께 '오중의 사걸'吳中四傑로 일컬어지던 양기楊基·장우張羽·서분徐賁 등도 숙청에 희생되었다.

황제 절대권의 완성

이상과 같이 태조는 황제독재체제의 확립을 목표로 하여 자기에 대립하

자금성 전경. 주위가 성벽과 해자로 에워싸여 있다. 현재는 고궁박물원

고, 또는 비판적이라고 인정되는 자를 모두 제거하였다. 그 결과 그가 열망하는 통치기구를 완성하고, 황실의 번병藩屏인 제왕이 위엄을 세워 왕조 지배체제가 확고부동해지게 되었다. 황제는 모든 권한을 집중시켜 국가의 원수만이 아니라 행정의 최고책임자임과 동시에 군사의 최고 통수권자로서 독재적 지위를 확립하였다. 이 같은 황제의 절대적 입장을 다음과 같이 설명할 수 있다.

한漢과 당唐 시대에는 대신들이 황제와 함께 정무를 처리할 경우 서로 의자에 앉아 무릎을 맞대고 이야기를 나누었는데, 송대에 이르면 대신은 앉지 못하고 선 자세로 있어야 했다. 그런데 명대에 이르면 아예 서 있는 것조차 허용되지 않고 황제 앞에서는 모두 꿇어앉아 있어야 했다.

황제의 절대성은 자금성紫禁城의 규모에서도 나타난다. 요즈음 북경을 방문하는 사람들은 명의 성조成祖 영락제永樂帝 때 창건된 이래 그 규모를 그대로 이어받아 황색의 유리기와로 지붕을 덮고, 백색의 돋보이는 3층 기단의 대리석 위에 서서 극채색으로 장식된 청조 고궁의 뛰어난 모습을 보며 그 광대함에 정신을 빼앗기게 될 것이다. 북경의 시가 지도를 펴보면 잘 알 수 있듯이 시가의 거의 중앙에는 동서 2,500m, 남북 3,000m의 네모난 구획이 있다. 이것은 명·청시대에 황성皇城으로 불리던 곳인데, 유명한 천안문天安門(명대에는 승천문承天門)은 황성의 남쪽 정문이다. 이 황성 안에 동서 760m, 남북 1,000m의 해자垓字로 둘러싸인 구획이 있는데, 이 곳이 바로 자금성(고궁)으로서 황제 개인이 거주하던 곳이다.

황제를 알현하려면 이 황성의 정문인 천안문에서 약 2km를 걸어서 몇 개의 문을 통과해야 했다. 그 사이에 그 누구도 수레와 말을 사용해서는 안 되었다. 게다가 황제를 알현할 수 있는 자는 대신들 정도였는데 그들 역시 황제 앞에서는 무릎을 꿇어야 했다. 일반 관리와 백성들은 황성 안으로 들어가는 것조차 전혀 허용되지 않았기 때문에 황제와의 사이에는 하늘과 땅만큼의 거리가 있었다고 해도 지나친 말이 아니다. 전제군주인 황제는 일부러 이 정도의 거리를 필요로 했던 것이다.

태조가 건설한 남경南京의 황성은, 지금은 완전히 없어져 그 규모를 알 수 없지만 북경에 있는 황성을 통해 이를 유추해 볼 수는 있다. 북경에서 성조成祖가 요구한 거리는 그대로 남경에서도 태조가 요구한 거리였을 것이다.

홍무제의 죽음

이 사실로 알 수 있듯이 황제의 지위와 권력은 제도적으로는 물론이거니와 이를 뒷받침하는 정신·심리적인 면에서도 확립되었다고 보아도 될 것이다. 태조의 의도는 희망한 대로 달성되었다. 그러나 그 과정에서 잃은 것도 많았다. 창업 이래의 공신들의 모습은 사라지고 독재권력을 행사하는 황제 앞에 선 관료들은 황제의 안색만 살필 뿐이었다. 당시의 수필에,

> 이 무렵 관리들은 매일 아침 출근하면서 반드시 처자와 이별을 고하고, 저녁에 무사히 집에 돌아오게 되면 서로 기뻐하며 "아! 오늘 하루도 무사히 살아남았구나"라고 말하고 있다. (섭자기葉子奇, 『초목자草木子』)

라고 한 것은 관료에 대한 태조의 가혹한 취급과 이에 전전긍긍하면서 황제를 섬겼던 관료들의 모습을 전해준다. 관료가 죄를 지으면 정식으로 조사하지도 않고 즉시 조정에서 곤장을 때려 꼼짝 못하게 하였다. 이를 정장廷杖이라고 하는데, 이로 인해 죽은 자도 적지 않았다.

이미 태조에게는 진심으로 신뢰하고 서로 마음을 터놓고 이야기를 나눌 만한 자는 한 사람도 없었다. 더욱이 1382년(홍무 15) 8월 태조는 평생을 같이해 온 마황후馬皇后를 잃었을 뿐 아니라, 1392년(홍무 25) 4월에는 황태자 표標마저 죽었다. 황태자가 죽은 해 9월에 황태자의 둘째 아들인 윤문允炆을 황태손皇太孫으로 삼아 황위계승자로 정했는데, 이 어린 손자의 장래를 생각하여 일으켰다고 전하는 다음 해의 '남옥의 옥'으로 태조의 주위는 더욱 더 쓸쓸해졌다.

이렇게 해서 태조는 스스로 만들었다고도 할 수 있는 고독을 참아내면서 어린 손자의 성장과 제국의 안녕을 염원하며 1398년(홍무 31) 윤5월 71세를 일기로 파란 많은 생애를 마쳤다. 죽음에 임박해서 태조는 다음의 유조諭詔를 발표했다.

짐은 황천皇天의 명을 받아 제위에 오른 지 31년 동안 항상 근심스런

마음을 잊지 않고 하루하루 정무에 힘써 태만하지 않았으며, 백성들에게
이익이 있기를 바랐다. 유감스럽게도 미천한 몸으로 시작했기 때문에
옛 사람들과 같은 해박한 지식이 없고, 선을 좋아하고 악을 증오함에
있어 미치지 못한 바가 많았다. 올해 71세를 맞아 기력과 체력 모두 쇠약해
져서 목숨이 경각에 이르렀음을 깨달았다. 그러나 이는 자연만물의 이치
로서 조금도 걱정되지 않는다. 짐이 죽은 뒤 황태손 윤문을 마땅히 제위에
오르게 하라. 중외의 문무백관은 한 마음으로 새로운 황제를 보필하고
우리 백성들의 행복을 도모하라. 장례 의식은 한漢나라의 문제文帝를 본받
아 검소하게 행하라. 천하에 포고하여 짐이 뜻하는 바를 알게 할지어다.
나의 능묘는 있는 그대로 하고, 인공을 가하지 말라. 천하 백성들에게는
3일 동안만 곡을 하게 하고, 상복을 벗고 일상생활로 돌아가도록 하라.
제왕諸王들은 각자 봉지封地에서 상喪에 임하고 경사京師로 올 필요는 없다.
여기에 기록되지 않은 사항은 이 조칙詔勅의 취지를 미루어 짐작해서 행할
지어다.

이 유명遺命에 따라 황태손이 즉위하니 그가 바로 비극의 황제 건문제建文
帝(재위 1398～1402)다.

제2장 |
찬탈극의 주역 성조 영락제

1. 정난의 변

연왕 주체의 위세

태조 만년의 가장 큰 근심은 무엇보다도 후계자 문제였다. 물론 황태자가 죽은 뒤 황태손 윤문允炆을 황위계승자로 지명해 두었고 그런 의미에서는 문제가 없었다. 그럼에도 마음에 걸렸던 것은 북평北平(후의 북경)에 있던 넷째 아들 연왕燕王의 뛰어난 자질이었다.

연왕 주체朱棣(후의 성조成祖 영락제永樂帝)는 태조와 마황후 사이에서 1360년 4월 넷째 아들로 태어났다. 태조에게는 26명의 아들이 있었는데 그 중 태조와 마황후 사이에서 태어난 아들은 5명이다. 장남이 의문황태자懿文皇太子 표標, 차남이 진왕秦王 상樉, 셋째가 진왕晉王 강棡, 넷째가 연왕燕王 체棣, 다섯째가 주왕周王 숙櫹이었다.

그런데 연왕의 탄생을 둘러싸고는 오래 전부터 의문이 있었는데, 꽤 믿을 만한 흔적도 있다. 즉, 연왕은 마황후가 아니라 공비碩妃에게서 났으며 태어나자마자 양자로 들어와 마황후의 처소에서 양육되었다는 것이다. 그리고 어린 조카로부터 제위를 찬탈한 행위를 다소라도 정당화시키기 위해 황후의 넷째 아들이라고 했다는 것이다.

주체가 역사 무대에 등장한 것은 1380년(홍무 13) 3월 북평에 연왕으로 봉해졌을 때부터다. 앞에서 서술했듯이 이보다 10년 전 태조는 여러 아들을 국내의 요지에 분봉分封하고 병마兵馬의 권한을 주어 종실宗室의 울타리로 삼았다. 이 때 태조는 사막 저편으로 퇴각했다고는 하지만 때때로 무시할 수 없는 기세를 보이는 몽골에 대항하기 위해 특별히 주체를 북평에 봉하였다. 태조는 스물한 살 난 이 아들의 군사적 재능을 이미 꿰뚫어보고 있었던 것이다. 연왕의 위명威名은 몽골족에게까지 전해져 그들은 감히 국경 가까이에는 접근하려고도 하지 않았다. 연왕으로부터 승전보를 받을 때마다 태조는 "짐에게는 이제 북쪽(몽골)을 고려해야 할 근심은 없어졌노라"라며 기뻐했다고 한다.

파란을 몰고올 연왕에 대한 기대

연왕이 이처럼 뛰어난 군사적 재능의 소유자임이 확실해지자 그에 대한 태조의 신뢰 역시 자연히 점차 두터워져 갔다. 황태자는 장남인 표標로 정해져 있었지만, 될 수만 있다면 제위를 연왕에게 양위讓位하려는 생각을 품은 것도 무리는 아니었다. 그러던 어느 날 태조가 마황후를 불러 황위계승 문제에 대한 생각을 전하며 그녀의 의견을 물었다.

짐은 황후와 함께 많은 어려움을 넘기고 국가의 창업을 이루었소. 그렇지만 어쩐지 장남은 다음의 황제로는 부적당하다고 생각이 드는데, 당신의 생각은 어떻소?

황후 마씨는 곽자흥의 양녀養女로, 곽자흥에 의해 젊은 시절의 태조와 결혼하였다. 매사에 매우 조심성 있었던 황후의 답변은 평상시와 조금도 다를 바 없었다. 황후는 부인이 국가의 정치문제에 관여하는 것은 엄히 삼가야 한다는 중국의 전통적인 교훈에 충실하였던 것이다.

천하국가의 중대사는 소첩이 관여할 바가 아닙니다. 폐하 혼자서 결정하셔야 할 것입니다.

조강지처인 황후의 입에서 나온 분별력 있는 답변을 들은 태조는 자기의 본심을 숨김없이 털어놓고 싶은 기분이 들었던 것 같다.

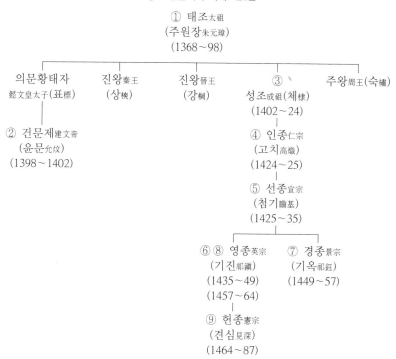

명조 전반기의 세계도世系圖

① 태조太祖
(주원장朱元璋)
(1368~98)

의문황태자   진왕秦王   진왕晉王   ③   주왕周王(숙橚)
懿文皇太子(표標)   (상檥)   (강棡)   성조成祖(체棣)
                                                      (1402~24)
② 건문제建文帝   ④ 인종仁宗
(윤문允炆)   (고치高熾)
(1398~1402)   (1424~25)

                                                      ⑤ 선종宣宗
                                                      (첨기瞻基)
                                                      (1425~35)

                              ⑥⑧ 영종英宗   ⑦ 경종景宗
                              (기진祁鎭)   (기옥祁鈺)
                              (1435~49)   (1449~57)
                              (1457~64)

                              ⑨ 헌종憲宗
                              (견심見深)
                              (1464~87)

*괄호 안은 재위 연수

 내 아들 중에서 연왕燕王이 제일 뛰어난 인물로 생각되오. 그는 성격도
좋고 문무文武의 재능도 있어서 나라를 잘 다스리고 백성들을 편안히 해줄
것 같소. 짐이 기대하는 아들은 연왕이오.

 황후는 이 때 자기의 생각을 말하는 대신 남편의 경솔한 말을 타이르며,
다음과 같이 말했을 뿐이다.

 그런 큰일을 가볍게 입에 담아서는 안 됩니다. 그렇지 않으면 국가의
앞날에 크나큰 재난이 닥칠 것입니다. 부디 주의하시옵소서.

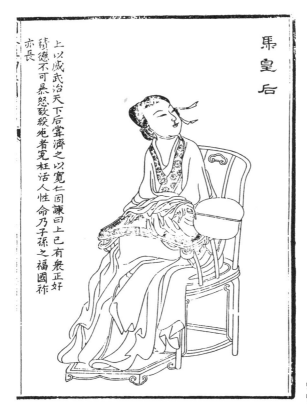

上以威武治天下后掌濟之以寬仁固諫曰上己有衆正好其德不可暴怒致殺俺者冤枉活人性命乃子孫之福國祚亦長

명 태조 주원장의 황후로 인망 높았던 마황후馬皇后

　황후는 연왕에 대한 태조의 지나친 신뢰가 황태자의 입장을 매우 미묘하게 만들 것이라는 점을 간파하고, 나아가 이런 부주의한 발언이 빌미가 되어 황자皇子들 사이에 황위를 둘러싼 암투가 벌어질 것을 염려하여 남편의 자중을 바랐던 것이다.

　그런데 황후의 신중한 배려에도 불구하고 태조의 은밀한 생각은 곧 황태자에게 전해졌다. 태조와 황후 사이에 오간 이야기가 새어나갔다기보다는 황태자의 장래에 불안을 느낀 태조의 언동이 황태자에게 태조의 생각을 직감케 했을 것이다. '나는 다음 황제로서 어울리지 않는 것일까?'

황태자는 이 같은 의문 때문에 절실히 고민해야 했다. 동시에 동생 연왕에 대한 반감도 강하게 일었을 것이다. 황후가 염려했던 사태가 드디어 현실로 나타나고 있었다.

황태손 건문제의 즉위

한림학사로 황제의 뛰어난 고문 역할을 한 유삼오劉三吾

그러나 사태는 급변하였다. 1392년(홍무 25) 4월 황태자가 병으로 아버지보다 먼저 세상을 떠났기 때문이다. 근심이 수명을 단축시켰을 것이다. 태조는 이 때 65세였다. 앞날에 대해 불안감을 느끼게 한 황태자였지만 노년에 후계자를 잃은 타격은 예상외로 컸다. 빈농의 아들로 입신하여 400여 주州를 평정하고 제위에 오른 이 일대의 풍운아도 이 때만은 비통함을 이기지 못하고 하염없이 눈물을 흘렸다고 한다. 후계자 문제에 대해 한림학사翰林學士 유삼오劉三吾는 조정대신을 대표하여 다음과 같이 상언上言하였다.

태자를 잃은 슬픔을 살피고 말씀드리는 것인데 황손皇孫이 계시는 이상

우리 국가의 전도前途에 어떠한 불안이 있겠습니까? 즉시 황태손을 세우시면 어떠한 심려도 없을 것입니다.

이 말은 극심한 비탄에 빠져 감상적이 된 태조의 마음에 결정적인 영향을 주었다. 물론 그 사이 연왕을 황태자로 삼으려는 생각도 없지는 않았다. 그러나 죽은 황태자를 추모하고 유삼오 등의 의견을 존중하여 태조는 즉시 황손 윤문을 황위계승자로 결정하였다. 이 때부터 의문懿文 황태자와 연왕 간의 미묘한 관계는 그대로 황태손과 연왕 사이로 이어지게 되었다. 죽은 황태자를 닮아 학문을 좋아하기는 하지만 신경질적인 성격의 소유자였던 황태손의 미래에 대해 태조는 항상 염려했다고 한다. 후계자로 연왕을 세워야 했던 것은 아닐까? 태조의 고민은 계속되었다.

황태자가 병으로 죽은 지 6년 후인 1398년(홍무 31) 윤5월 태조가 세상을 떠났다. 황태손이 걱정되기는 하였지만, 설마 자신의 묘의 흙이 채 마르기도 전에 즉위한 황태손과 연왕 사이에 황위를 둘러싼 골육상쟁이 벌어지리라고는 전혀 예상 못했을 것이다. 태조가 죽자마자 이런 가요가 거리에 유행하기 시작했다.

제비[燕]를 쫓지 말라
제비[燕]를 쫓지 말라
제비[燕]를 쫓으면 날로 높이 날아
높이 날아서 제도帝都(황제의 직할지)에 올라가리.

제비[燕]라 함은 말할 필요도 없이 연왕을 가리킨다. 연왕이 곧 황제가 된다는 것을 예고하는 유행가였다.

연왕이 제위를 찬탈하다 - 성조 영락제

조부祖父의 뒤를 이은 새로운 황제는 열여섯 소년이었다. 그는 다음 해 정월에 연호를 건문建文으로 고치고, 제2대 황제로서 신정新政을 개시하였다. 측근으로는 과거 출신의 문관인 황자징黃子澄과 제태齊泰, 송렴宋濂의 제자인 방효유方孝孺 등이 보필하였다. 그러나 태조라는 후견인을 잃은 상황에서 소년 황제에게 주어진 최대의 과제는 북평에서 강대한 군대를 장악하고 있던 숙부 연왕에 대한 조치였다. 태조가 죽자 연왕이 불손하다는 소문이 들려왔고, 거기에 연왕만이 아니라 제왕諸王 가운데서도 불온한 움직임이 일고 있다는 보고도 있었다.

이 같은 사태에 직면한 건문제는 황자징 등의 의견에 따라 제왕삭번諸王削藩, 즉 제왕을 억제하려는 강경방책을 취하기로 하였다. 그 예봉은 먼저 같은 어머니의 뱃속에서 태어난 연왕의 동생으로 개봉開封에 봉해진 주왕周王에게 향했다. 그리고 계속하여 감숙 민주岷州의 민왕岷王, 호광 형주荊州의 상왕湘王, 산동 청주青州의 제왕齊王, 대동大同의 대왕代王 등이 대상이 되었다. 그들은 모두 자신의 숙부들이었다. 이제 다음은 자기 차례라고 각오하고 있던 연왕은 드디어 1399년

제왕삭번책을 제안한 황자징黃子澄

조카인 건문제 정권을 무너뜨리고 황제위에 오른 성조 영락제. 몽골 친정,
북경천도, 정화의 대원정 등 역사에 커다란 업적을 남겼다.

(건문 원년) 7월 북평에서 거병하였다.

　새로운 황제에 대해 반역행동에 나선 연왕은 정삭正朔(정월 초하루, 즉
역曆을 일컫는다)을 받드는 것을 야비한 행동이라고 생각하여 따르지 않
고, 건문建文의 연호를 배척하여 그 해를 홍무 32년으로 고쳤다. 그리고
전투태세를 갖추고 남경에 있는 정부와 결전에 나서고자 하였다. 거병에
앞서 연왕은 수하의 전 장병에게 다음과 같이 포고하였다.

　나는 태조 고황제高皇帝의 적자嫡子다. 지금 어린 천자天子가 간신을 신임하

여 우리 골육의 형제를 음모로 해하려고 하고 있다. 태조의 유훈遺訓에 따르면, "조정에 올바른 신하가 없고 조정 내에 간신역도奸臣逆徒가 있으면 반드시 군사를 일으켜 토벌하고 군주의 측근에 있는 악惡을 없애라"고 하셨다. 이 유훈에 따라 너희 병사를 이끌고 간신을 주살코자 하는데, 만일 간신을 잡으면 옛날 주공周公이 성왕成王을 보필한 고사를 본받아 새로운 황제를 보필하려고 생각하고 있다. 너희는 나의 마음을 헤아려 분투하기 바란다.

이렇게 해서 숙부와 조카 사이에 벌어진 전쟁을 '정난靖難의 변變'이라고 하는데, 이는 위의 포고문에서 보이는 '군주 측근의 악惡(=난難)을 제거하라'는 말에서 유래한다. 이 변란은 1399년 7월부터 1402년(건문 4) 6월에 남경성이 함락되고 건문제가 병화兵火 속에 죽을 때까지 만 4년에 걸쳐 지속되었다. 전반은 화북의 대평원을, 후반은 회수 유역을 주된 전장으로 삼아 격렬한 전투가 벌어졌다. 결과는 연왕의 승리였다. 그러나 전쟁의 형국이 처음부터 연왕에게 유리하게 전개되었던 것은 아니다. 오히려 동원할 수 있는 병력의 수도 적고 대의명분에서도 여론의 지지를 기대하기 어려운 입장에 있었던 터라 연왕 측의 열세는 숨길 수 없는 사실이었다.
　다만 연왕에게 행운으로 작용한 것은, 새로운 황제의 측근에는 태조의 잇단 숙청으로 유능한 장군이 없었다는 점, 숙부 살해의 오명汚名을 염려하고 있던 황제와 측근인 문관의 전쟁지도가 졸렬하였다는 점이다. 이에 비해 연왕 측은 총수인 연왕을 필두로 하여 부장에서부터 일개 병졸에 이르기까지 수많은 실전을 통해 다져진 전투력과 단결력을 자랑하였다. 연왕은 이러한 이점을 바탕으로 스스로 선두에 서서 전투에 임하여 당초의 열세를 극복하고 승리를 거두었다. 이윽고 연왕은 대명제국의 황제에 올라 성조 영락제가 되었다.

중국 역사상 최고의 군인제왕軍人帝王이라는 평가는 받는 이 위대한 황제
는 이렇게 피비린내 나는 찬탈극 속에서 등장하였다.

2. 북경천도

건문제의 지위를 박탈

1402년(건문 4) 6월, 연왕군의 남경부성南京府城에 대한 총공격이 조양문
朝陽門과 금천문金川門 방향으로 개시되었을 때, 각 문을 지키던 수비대는
싸우지도 않은 채 사방으로 흩어져 버렸다. 금천문의 수비가 무너졌다는
소식을 접한 건문제는 궁전에 불을 지르고 자살을 했다. 그의 최후를
둘러싸고는, 지하도로 탈출하여 사천四川 지방으로 도망쳐 승려가 되었다
는 설도 있으나 성이 함락될 때 황후와 함께 불에 몸을 던졌다는 이야기가
사실일 것이다.

이렇게 되자 어제까지 건문제를 받들고 충성을 맹서했던 문무백관 중에
서는 손바닥 뒤집듯 연왕의 즉위를 주청奏請하는 자들이 나왔다. 이에 대해
연왕은 처음에는 관례적으로 재삼 사양한 끝에 여러 신하들의 요청을
받아들이는 형식을 취하여 다음 달인 7월 봉천전奉天殿에서 즉위식을 거행
하고 다음 해 정월을 영락永樂 원년으로 개원改元한다고 발표하였다. 그가
바로 성조 영락제(재위 1402~24)다.

이 즉위와 함께 건문제는 정통 황제로서의 지위를 박탈당하고, 건문
일대의 사적은 역사에서 '혁제'革除(혁제는 고치다, 없애버렸다는 단순한 의미로 해석할
수 있으나, 영락제의 건문제에 대한 조치에 반대한 신하들이 건문연간을 혁제라고 칭하였다 | 역
주)되어 버렸다. 역사 말살이 행해진 것이다. 건문제라는 연호가 부활된

것은 그가 죽은 지 200년이 지난 1595년(만력萬曆 23) 9월의 일이고, 그의 명예가 회복된 것은 다시 140년이 흘러 명제국을 이은 청제국 시대인 1736년(건륭乾隆 원년)에 이르러서였다.

건문제를 모셨던 문무관료가 모두 연왕의 즉위에 순응했던 것은 아니다. 목숨을 걸고 저항하며 순절한 강직한 신하도 있었다. 제태齊泰와 황자징黃子澄은 물론 어사대부御史大夫 연자녕練子寧, 호부시랑戶部侍郎 탁경卓敬 등이 순절하고, 어사대부 경청景淸은 연왕을 암살하려다 실패하여 일족이 모두 살해되어 한 촌락이 전멸 당할 정도였다고 한다. 이들 순절에 관한 이야기 가운데 가장 장렬壯烈한 것으로 방효유의 최후를 들 수 있다.

방효유의 장렬한 최후

방효유方孝孺(1357~1402)의 자字는 희직希直 또는 희고希古이며, 호號는 정학正學으로 절강 영해현寧海縣 사람이다. 태조의 부름을 받아 명 조정을 받들어 건문제 하에서는 한림원翰林院 시강학사侍講學士가 되어 국정의 중요한 일에 참여하였다. 당대의 석학인 송렴宋濂의 가르침을 받아 제일의 문인으로 알려졌고, 일찍이 사람들로부터 학문의 소양을 인정받았다.

영락제의 황제위 찬탈을 비난하다 죽임을 당한 방효유方孝孺

남경성이 함락될 당시 그는 항복하지 않고 체포되어 옥에 갇히게 되었다. 그의 학문적인 재주를 아깝게 여긴 연왕은 그를 측근으로 기용하려는 생각에서 그에게 즉위 조칙의 초안을 작성하도록 명하였지만 완강하게 응하지 않았다. 기다림에 지친 연왕은 친히 그를 만나 억지로라도 쓰게 했지만 그는 도저히 쓸 수 없다며 끝까지 버티다가 "연적燕賊이 위位를 찬탈했다"라는 문구를 썼다. 이에 머리끝까지 화가 난 연왕은 그의 일족을 모두 잡아들여 그가 보는 앞에서 한사람 한사람 죽이고, 마지막으로 방효유도 취보문聚寶門 밖으로 끌고나가 책형磔刑(신체를 찢어 죽이는 형벌 | 역주)에 처하였다. 이 때 방효유는 다음과 같은 「절명시」絶命詩를 남겼다.

하늘이 난리를 일으키니 누군가가 그 연유를 알소냐
간신은 계책을 얻어 나라를 취하려고 계략을 사용하네
충신은 분憤을 못 이겨 피눈물을 흘리누나
이로써 군주를 위해 순절하니 대저 무엇을 바라리오
아! 슬프도다. 바라건대 나를 책망하지 마소서

이 때 죽은 방효유 일족은 처자형제는 물론이고 외가와 처가의 친척, 문인을 포함하여 873명에 달했으며 사형을 면하여 먼 곳으로 유배를 간 자의 수는 헤아리지도 못할 정도였다고 한다. 방효유 사건을 정점으로 남경함락 시의 피비린내 나는 일족의 주살을 '영락永樂의 과만초瓜蔓抄'(향리의 인척이나 제자가 연루되어 주살되었다는 의미 | 역주)라고 부르는데, 후세에 그 잔학함은 많은 비난을 받았다. 아무튼 이렇게 해서 시대를 짊어지고 큰 업적을 남길 만한 인재는 거의 없어지게 되었다.

비난이 후세에 가서야 시작되었던 것은 아니다. 남경을 포함해서 강남지방의 여론은 당시부터 성조에게 혹독하였다. 그것은 연왕을 섬기고 있던 측근으로서 승려이자 참모로 활약하여 '정난의 변'에서 제일의 공적을 세웠다고 칭송받던 도연道衍(1335~1418)이 그의 고향 소주사람들에게서 받은 냉대 등에 잘 나타나고 있다.

도연의 귀향

'정난의 변'이 끝난 직후, 소주 지방에 큰 수해가 발생하자 도연道衍은 칙명을 받들어 빈민자 구제에 나섰다. 도연에게는 실로 20년 만의 귀향이었기 때문에 가슴이 설레었다. 그러나 그를 맞이한 옛 친구들은 의외로 냉담했다. 고향집에 남아 있던 80세에 가까운 누이는, 20년 만의 재회에 가슴 설레며 달려온 동생을 만나지도 않고 이렇게 말했다고 한다.

그렇게 지체 높으신 분이 이런 초라한 집에 오실 용무가 있으십니까?
무언가 잘못이겠지요.

몇 번이나 기회를 기다리며 만나보려 했지만 그 때마다 돌아온 누이의 말은 날카로운 비난뿐이었다. "나는 도저히 그런 인사는 나눌 수 없소. 옛날의 스님은 그런 인물이 아니었을 것이오"라고 말을 끝낸 누이는 곧 안으로 들어가 두 번 다시 나타나지 않았다. 또 옛 친구 가운데 어느 한 사람도 좀처럼 그를 만나려 하지 않았다. 장작 패기에 바빠 만날 여가가 없다면서 냉담하게 그를 돌려보냈다. 다른 날 겨우 만나기는 하였지만 멀리 떨어진 채로 "스님은 잘못하였다네, 스님은 잘못하였다네"라고 말할 뿐이었다. 사람들의 이러한 태도에서 성조의 행위에 대한 비판적인 여론을 충분히 엿볼 수 있다.

강남의 곡물을 북경으로 운반한 조운선의 형태

제국의 정치·경제 중심의 분리

이처럼 강남지방의 여론은 새로운 황제에 대해 좋지 못하였다. 그러다 보니 남경에 계속 거주한다는 것이 마음에 불편하였다. 게다가 북평北平은 창업의 기반이 된 지역이었고, 대몽골對蒙古 작전의 전략상의 요지였기 때문에 그 곳을 방치해 둘 수도 없었다. 이러한 이유에서 성조는 즉위하자마자 북평부北平府를 북경北京으로 고치고 순천부順天府라 명명했다. 국도는 여전히 남경南京 응천부應天府에 두었지만 황제는 북경에 머무를 때가 많았고, 원대의 옛 지역에서 약간 남쪽으로 내려온 지역에 새로운 시가를 건설하기 시작했다. 북경에 새로운 궁전이 완성된 1420년(영락 18)에는 남경과 북경의 위치가 뒤바뀌고 이윽고 북경이 경사로 칭해지게 되었다.

처음 태조가 국도를 남경으로 정한 것은 중국 본토의 중앙부, 경제의 가장 선진지역에 통일제국의 수도를 두었음을 의미한다. 일찍이 화중에 지방정권이 존재한 적은 있지만 남경을 국도로 삼아 전 중국을 통치한 것은 명 왕조가 처음이다. 때문에 명제국은 정치와 경제의 중심지를 일치시킨 새로운 형태의 국가였다고 할 수 있는데, 30여 년이라는 짧은 기간 후에 국도가 북경으로 옮겨진 것은 정치와 경제의 중심이 다시 분리되었음을 말하며, 이 사실이 갖는 역사적 의의를 경시할 수 없다.

그 필연적인 결과로서 강남의 세량을 북방으로 수송하기 위해 대운하大運河의 역할이 재확인되어 영락 시대에 대규모 개수가 행해졌다. 원조가 그러했듯이 이후 명대를 통해서 북방의 정치중심지는 계속 남방의 경제·생산의 중심지로부터 물자보급을 받아야 했던 것이다.

과연 성조의 치세는 찬탈纂奪이라는 떳떳치 못한 점이 있어서인지 종종 태조의 제도를 계승한다고 천명하였지만 태조 치세와는 현저히 대조를 이루고 있다. 양자의 차이는 아마도 북경과 남경이라는 2대 도시가 갖는 분위기와도 일정하게 관계가 있을 것이다.

쿠빌라이칸의 계승자

성조는 21세에 연왕이 되어 북경에 부임한 이래, 이 도시에서 줄곧 생활해왔다. 북경은 말할 필요도 없이 칭기스칸成吉思汗, Chinggis Khan의 자취가 남아 있는 대원제국의 수도로 그 규모는 근년의 발굴조사에 의해 차츰 밝혀지고 있다. 몽골제국의 국도로서 걸맞았으며, 몽골인과 중국인은 물론 고려인高麗人·여진인女眞人(후의 만주인滿洲人)·티베트인西藏人 혹은 멀리 이슬람 문화권에서 온 사람들까지 잡거한 거대한 국제도시였다. 원조가 멸망하였다고는 하나 그다지 오랜 세월이 흐르지 않았던 때라 원조시대의 국제도시적 분위기가 그대로 남아 있었을 것이다. 따라서 이 국제적 색채가 넘치는 도시에 거주하면서 감성이 풍부한 청년시절을 보낸 성조가 넓은 국제적 시야를 가지게 된 것은 조금도 이상할 것은 없다. 이는 중국인 만이 거주하는 남경 등지에서는 도저히 경험할 수 없는 성질의 것이었다.

태조의 관심이 내정에 있었던 데에 비해, 황제가 되어 북경에 거주하면서부터 시작되는 성조의 시대는 이 국제적 도시의 주인에게 어울리는 찬란한 대외정책의 적극적인 전개를 큰 특징으로 한다. 성조의 시야는 중국을 중심으로 하는 동아시아 제국의 건설을 목표로 하는 것이 아닌가라고 생각할 정도로 넓었다. 그것은 시베리아 동부의 흑룡강 하류지방에서 만주·몽골·티베트·안남 등지에까지, 원제국이 과거 지배했던 영역에서부터 멀리 아프리카 대륙의 동해안까지 미쳤다.

이 광대한 바다와 육지가 성조의 활동무대였다. 때문에 이 사실을 강조한다면, 성조는 그의 부친인 태조의 후계자라기보다 오히려 태조가 타도한 원제국의, 특히 세조 쿠빌라이칸의 계승자라고 해야 어울리지 않을까. 이런 의미에서 북경 천도는 명제국의 성질을 크게 변화시킬 정도로 상징적인 대사건이었는지도 모른다.

3. 사막과 대해

막북친정 – 몽골 토벌

성조 영락제는 여러 가지 의미에서 그의 부친, 즉 태조 홍무제와 많이 비교된다. 뛰어난 재능과 계략을 겸비한 군주였고, 시기심과 의심이 강하고 병적이라 할 정도로 잔학하였던 점 등 부자간에는 공통점이 많았다고

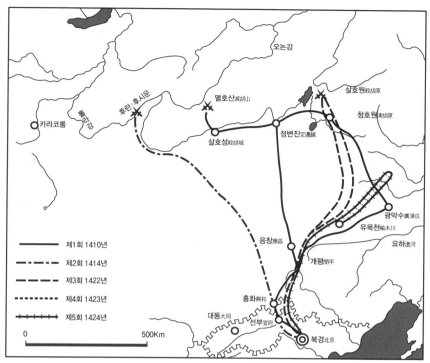

성조의 5차에 걸친 몽골 북정北征 지도

보는 것이 일반적이다. 그러나 다른 측면에서 보면, 성조는 부친과는 조금 다른 타입의 황제였다. 태조는 국가의 창업자로서 국내정치에는 세심한 주의를 기울였지만 대외적 발전에 대해서는 소극적이었다. 태조의 이상은 중국인이 거주하는 영역만을 지배하고 이민족에 대해서는 그들 군장君長을 통해 간접적으로 통치하는 것이었다. 이에 비해 성조는 내정보다는 대외정책에 대단히 적극성을 발휘하였다. 찬탈이라는 오명을 씻기 위해 부친인 태조가 쌓아 놓은 재력을 이용하여 대대적인 대외사업을 차례차례 전개시켜 나갔다.

그 첫 번째 사업이 막북漠北(고비사막의 북) 친정이다. 제위에 오른 성조가 가장 먼저 착수해야 했던 것은, 태조가 고심하여 정비했음에도 불구하고 '정난의 변'으로 돌아볼 여유가 없었던 대몽골 방위체제를 재건하는 일이었다. 이 문제에 대해 성조는 장성의 수비를 견고히 한다는 소극책이 아니라 스스로 막북을 정벌하는 중국 역사상 유래를 볼 수 없는 적극책으로 임하였다.

당시 몽골 지역에는 동몽골의 타타르韃靼, Tatar와 서북몽골의 오이라트瓦剌, Oirat라는 두 부部가 있었다. 타타르부는 태조에게 패배를 당한 후 오랫동안 분열 상태에 있었지만 '정난의 변'이 진행되는 동안 다시 일어나, 1408년경에는 원조의 적통임을 내세우는 푼야스리本雅失里, Punyasri가 사마르칸드Samarkand의 티무르Timur 조에서 돌아와 칸위를 계승한 이래 명조에 대해 갑자기 강경한 태도로 임했다. 그리고 다음 해인 1409년(영락 7) 4월에 성조가 푼야스리에게 보낸 사자가 살해되는 사건이 일어났다.

이에 성조는 구복丘福을 대장군에 임명하고 10여만 대군을 파견했는데, 원정군은 적을 가벼이 보고 진격하다가 전군의 궤멸이라는 대패배를 맛보았다. 패배 소식을 접한 황제는 그 분함을 다음과 같은 글로 써서 황태자에게 보냈다.

이전에 구복을 보내 북정北征하게 한 것은 그가 역전의 장군으로서 반드시 임무를 잘 수행하리라 여겼기 때문이다. 그런데 구복은 짐의 훈시를 망각하고, 참모들의 간언에도 귀 기울이지 않아 이 패전을 초래하고 말았다. 만일 서둘러 군을 동원하여 적을 섬멸하지 못한다면 변방지역의 환란으로 골치가 아플 것이다. 따라서 장령을 뽑고 병사들을 훈련시켜서 오는 봄에 짐이 친히 이들을 이끌고 출격할 작정이다.

이렇게 해서 황제가 직접 병사를 이끌고 사막의 저편으로 출정한다고 하는 장거가 시작되었다. 이 때 그의 친정은 다섯 차례에 걸쳐 행해졌는데, "다섯 번은 사막으로 나가고, 세 번은 적의 정원을 경작하였다(적의 본거지를 치다)"라고 하여, 당시 사람들이 격찬할 정도로 화려한 업적을 남겼다.

총력을 쏟아부은 다섯 차례의 출정

1410년(영락 8) 2월 성조는 대군을 이끌고 북경을 출발했다. 이 북정北征에 참가한 대군은 5월에 푼야스리本雅失里의 군을 포로로 잡았다. 분하게도 그를 놓치기는 했지만 압도적인 승리를 거두고 7월 중순 북경에 개선하였다.

한편 타타르부가 쇠퇴하고 대신에 대두한 것이 오이라트부였다. 이들은 타타르부의 본거지인 카라코룸和林, Qara Qorum을 점령하고 몽골 고원의 패권을 차지한 후 명제국에 경멸하는 태도를 취하고 있었다. 이에 다음 토벌 대상이 된 것은 이 오이라트부였다.

1414년(영락 12) 3월 성조는 다시 50만 대군을 이끌고 북경을 떠났다. 이 때의 친정에는 황장손皇長孫도 종군하게 하였다. 황장손은 후의 선종宣宗 선덕제宣德帝로, 북정기간 중에 황제는 항상 이 손자를 곁에 두고 국가를 수호해 나갈 때의 어려움을 친절하게 이야기해 주었다고 한다. 그 해 6월 초, 원정군은 케룰렌Kerulen, 톨라Tola 두 강의 분수령에 위치한 후란·후시운和拉和錫袞에서 적의 주력과 싸웠는데, 이 때의 전투는 다섯 차례의 친정 가운데에서 최대의 격전이었다고 한다. 명군은 신기총포神機銃砲라는 신병기의 위력으로 적에게 큰 타격을 입혔지만, 명군 역시 몽골 기병대에게 큰 손실을 입어 적을 추격할 여력을 잃었다. 이에 하는 수 없이 진격을 중지하고 전군이 8월 북경으로 돌아왔다.

이 친정의 결과, 오이라트부는 명군의 실력을 깨닫고 사죄하고 복속해 왔으며, 이후 잠시 동안 몽골 지역은 잠잠해졌다. 그러나 수년이 지나자 다시 타타르부가 세력을 회복하여, 부장 아룩타이阿魯台, Arughtai가 점차 명에 대해 반항적인 태도를 취하며 자주 국경을 침공해 왔다. 이로 인해 세 번째 토벌이 이루어지게 되었다. 이 때는 재정상·군사상의 문제로 대신들의 반대가 있었으나 성조는 이들의 진언을 물리쳤다. 1422년(영락 20) 3월 원정군은 아룩타이를 토벌하기 위해 출격하였다. 그러나 아룩타이는 결전을 피하여 달아나 버렸기 때문에 전투다운 전투는 해보지도 못한 채 그 해 9월에 전군은 북경으로 귀환하였다.

이처럼 세 차례에 걸친 북정이 별 성과 없이 끝났기 때문에 조만간 다음 작전이 실시되어야 했다. 네 번째 친정은 다음 해 1423년(영락 21) 7월에 결행되었다. 그런데 이 때는 장성을 넘은 것도 아니었고, 무엇 때문에 출병했는지조차 내용을 알 수 없는 것으로, 전번보다 더 무모한 것이었다. 그러나 아룩타이 토벌을 달성하지 못한 이상 그대로 예봉을 거둘 수는 없었다. 그래서 다음 해 4월부터 다섯 번째의 마지막 친정이 개시되었다.

사막을 횡단한 명군은 6월 아룩타이가 출몰한다는 누무르겐 하반에 도착하였다. 그러나 그들은 이미 도주해 뒤였기 때문에 이번에도 역시 본의 아니게 병사를 철수시켜야 했다. 게다가 퇴각 도중에 유목천楡木川(내몽골자치구內蒙古自治區 다륜현多倫縣 서북)의 막영幕營에서 평생 격렬한 전투에 몰두하였던 성조는 65세의 생애를 마쳤다.

쿠빌라이 후계자의 좌절

국가의 총력을 기울인 성조의 몽골친정은 이렇게 그의 죽음으로 끝이

났다. 이후 명의 군대는 장성을 넘어 진격한 일이 없었기 때문에 성조의 죽음은 문자 그대로 명제국의 대몽골 적극정책의 종언이었다. 15년이라는 세월과 막대한 비용을 소모하고 수많은 장병을 전장에서 잃었으며 막바지에 이르러서는 용두사미 격이 되어 이렇다 할 전과도 올리지 못한 전무후무한 이 장거는 막을 내렸다. 그렇다면 이러한 대사업을 수행한 성조의 의도는 어디에 있었던 것일까?

성조의 생각으로는, 명제국은 태조가 이상으로 여긴 한민족 국가로 그쳐서는 안 된다는 것이었다. 가령 본토가 직접 공격을 받지 않는다 하더라도 주변이 침략당할 우려가 있으면 그냥 내버려둬서는 안 되었던 것이다. 따라서 성조는 친히 대군을 이끌고 막북에 원정하여 몽골세력을 격멸하고자 하였다. 불행히도 그의 웅대한 계획은 좌절되었지만, 이러한 행동 속에는 중국인만을 포용하는 민족국가가 아니라 오히려 몽골과 중국을 통일 지배한 원제국의 규모를 계승·재현하고자 했던 포부가 엿보인다고 해야 할 것이다. 앞에서 성조를 쿠빌라이 칸의 후계자라고 한 것은 바로 이 점을 두고 한 말이다.

성조의 대외활동으로서 이 '막북친정'漠北親征과 함께 유명한 것이 '정화鄭和의 남해원정南海遠征'이다.

정화와 남해원정

정화鄭和는 1371년(홍무 4) 운남성 곤양현昆陽縣의 한 가난한 가정에서 태어났다. 생가生家의 성姓은 마씨馬氏고 대대로 이슬람교도였다. 연왕燕王 시대부터 성조를 받들어 환관의 최고관직인 내관감內官監 태감太監을 제수받은 그는 성조로부터 정씨鄭氏라는 성을 하사받는 등 두터운 신임을 받았다. 성조는 그를 지휘관으로 하는 대함대를 이슬람교도가 활약하고 있던

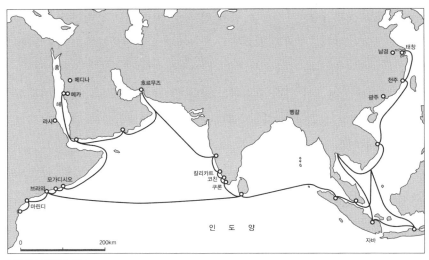

정화의 남해원정 지도

점성국(참파)의 인물

남해(남지나해)로부터 인도양 방면
으로 파견하였다. 이 원정은 1405년
(영락 3)에서 1433년(선덕 8)에 걸
쳐 29년간 전후 일곱 차례에 걸쳐
행해졌다.

  1405년 6월 정화는 최초의 원정
길에 올랐다. 이 때 그가 거느린
27,800여 명의 장병은 세계 최고수
준의 조선기술로 건조된 대선박 62
척에 나누어 타고 나침판과 항해도
를 사용하는 진보된 항해술을 구사
하며, 점성占城(참파)·과와瓜蛙(자
바)·구항舊港(팔렘방)·소문답랄蘇

84

정화의 원정에 사용된 선박의 복원모형

門笞剌(수마트라)·남무리南巫里(인도 서안의 말라발)·고리古里(캘커타)·석란錫蘭(실론) 등 각 국을 방문했다. 그리고 각 국에서 명 조정에 파견한 사절들을 동반하여 1407년(영락 5) 9월에 귀국하였다.

　두 번째 원정은 귀국한 다음 달에 출항하여 1409년(영락 7) 7월 무렵에 귀환하였는데 매우 급한 일정으로 행해지고, 세 번째 원정 역시 1409년 9월에 출항하여 1411년(영락 9) 6월에 귀국하는 등 연속적으로 행해졌다.

　네 번째 원정은 그 2년 후인 1413년(영락 11) 10월부터 1415년(영락 13) 7월에 걸쳐 행해졌는데, 이 때 방문한 나라는 이전의 범위를 넘어 인도 서쪽 페르시아 만 방면으로까지 확대되었다. 이 때 정화 자신이 진출한 홀로모사忽魯謨斯(호르무즈)는 현 페르시아 만 입구에 위치한 호르무즈로 추정된다.

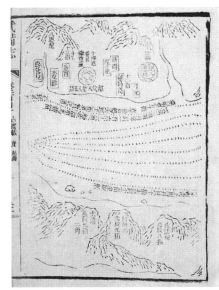

정화의 항해도

다섯 번째 원정은 다시 2년이 지난 후인 1417년(영락 15) 가을부터 1419년 7월 사이에 행해졌는데, 이 때 처음으로 홍해 연안에서 아프리카 대륙의 동해안까지 이르렀다. 즉 아단阿丹·랄살剌撒(아프리카 홍해연안의 라사)·마림麻林(아프리카 동안의 말린디)·복자와卜剌蛙(아프리카 동안의 프라우)·목골도속木骨都束(아프리카 동안의 모가디슈) 등의 지명이 기록에 보인다. 귀국할 때에는 17개 국의 사절과 함께 진귀한 동물을 가지고 왔다고 한다.

여섯 번째 원정은 1421년(영락 19) 가을부터 다음 해 8월에 걸쳐 행해졌으며, 이 때의 원정행로는 전번과 마찬가지로 아프리카 동안에 이르렀다.

마지막 항해인 일곱 번째 원정은 약 10년 뒤인 1431년(선덕 6) 정월부터 1433년(선덕 8) 7월에 걸쳐서 이루어졌는데, 당시에는 이미 성조가 죽었기 때문에 그의 손자인 선종宣宗의 명에 따라 행해졌다. 이 때에도 여섯 번에

정화의 제7차 원정의 무사함을 기원하여 주조한 종

걸친 원정과 같이 거의 같은 나라들을 방문했는데, 고리국(캘커타)에 체재하고 있던 중 마침 이 나라 사절이 이슬람교의 성지인 메카Mecca로 순례여행을 떠난다는 소식을 듣게 되자 정화는 부하 가운데 통역관 등 7명을 동행시켜 마호멧Mahomet의 묘에 참배하도록 하였다.

북경 궁정의 아프리카 기린

이상과 같이 '정화의 남해원정'은 오늘날의 동남아시아 여러 나라와 인도를 시작으로 페르시아 만, 홍해 연안에서 아프리카 동안을 무대로 수십 척의 대함대로 행해졌다. 바스코 다 가마Vasco da Gama가 1497년에 희망봉을 발견했을 당시의 선단은 겨우 3척으로 60인의 수부水夫를 나누어 태운 것에 지나지 않았다는 것만 보아도 당시 정화의 원정이 얼마나 대규모였는지 잘 알 수 있을 것이다. 정화가 활약한 해역에 유럽 상선이 모습을 드러낸 것은 이로부터 거의 백년 후의 일이었다.

그런데 성조는 어떤 이유로 이런 대규모의 해외원정을 단행한 것일까? 이에 대해서는 전부터 여러 가지 견해가 제시되었는데, 요컨대 해외 여러 나라에게 중국과의 무역을 권유하고, 또 남방의 진귀한 물건을 구입하는

정화의 원정을 통해 벵골에서 가
져온 기린

것이 최대 목적이었다고 생각된다. 정화의 함대가 '보선'寶船이라든가 '서양
취보선取寶船'이라고 불렸던 것이 그 목적을 잘 나타내고 있다. 사실 이
원정을 계기로 진귀한 물산들이 획기적으로 교류되기 시작하였다.

　　예컨대 중국요리의 최고급 재료인 제비집燕窩은 정화가 가지고 들어온
이래 메뉴에 추가되었다. 남해산 후추와 염료가 수입되고, 중국의 특산물
인 견직물과 도자기도 대량으로 수출되었던 것 같다. 최근 동아프리카

명 황제에게 바칠 코끼리를 정화 일행이 데려가고 있는 장관을 묘사한 그림

유적에서는 명대의 도자기가 잇달아 출토되고 있다고 한다. 아프리카산 동물인 기린을 중국으로 데려온 것도 원정을 통해서였다. 네덜란드의 중국학자 듀이벤닥 J. J. L. Duyvendak 씨는 그의 저서인 『중국의 아프리카 발견』에서 다음과 같이 적고 있다.

　수도인 북경에는 황제의 동물원이 있는데, 여기에는 매우 진귀한 동물들이 사육되고 있다. 정화의 원정대가 돌아올 때 외국사절 일행은 반드시 토산물인 사자·호랑이·영양·얼룩말·타조 등을 가지고 내조來朝하였다. 그런데 우리는 1414년(영락 12)에 벵갈국에서 보내온 선물 가운데 한 마리의 기린이 있음을 알고 있다. 물론 벵갈은 기린이 나오지 않는 나라기 때문에 어딘가 다른 지역에서 온 것임에 틀림없다. (야마시타山下恒夫・이와자키岩崎清 번역)

벵갈은 한자로 방갈랄榜葛剌로 표기되는 동인도에 위치한 나라로, 정화는 이 나라를 몇 번인가 방문하였다. 아마 이 때의 기린은 벵갈국이 아프리카에서 사들여 명제국에 기증하였던 것임에 틀림없다. 아프리카 동쪽 소말리아 공화국의 말로 기린은 중국에서 말하는 기린麒麟의 음에 가까우며, 이 동물은 중국에서는 태평성세에 나타나는 성스러운 동물이라 기린이 들어오자 명 조정은 매우 기뻐하였다. 덧붙여 말하면 일본에 기린이 수입된 것은, 이로부터 약 500년이나 지난 1907년(메이지 40) 3월의 일이다.

화교의 발생

이상은 그저 하나의 예에 지나지 않지만, 정화의 노력으로 동남아시아를 중심으로 한 국제무역은 매우 빠른 속도로 활발하게 진행되었다. 다만 명제국 측에서 본다면, 성조 이후로는 이를 계승한 자가 없었기 때문에 영속되지는 못하고 항로는 무역로로서 정착되지 못하였다. 그러나 중국의 거대한 선박이 자취를 감추면서부터는 이슬람의 상선함대가 이를 대신하여 활약하게 되었다.

이 밖에도 정화의 원정은 성조가 기대하지 않았던 몇 가지 성과를 얻었다. 이 원정을 통해 남아시아와 서아시아 각 국에 대한 중국인의 지식이 확대된 것도 그 하나다.

특히 정화를 수행한 마환馬歡의 『영애승람瀛涯勝覽』, 비신費信의 『성사승람

』星槎勝覽, 공진鞏珍의『서양번국지』西洋番國志 등의 저작에 의해 중국인의 지리적 지식이 인도로부터 아프리카 방면에까지 미치게 된 점이 주목된다. 그리고 그 결과, 동남아시아 각지로 진출하는 중국인의 수가 해마다 증가하게 되었다. 현재 화교華僑로서 이들 지역에서 활약하고 있는 사람들은 대부분 정화의 원정 이후에 이주한 중국인의 자손들이다. 이들 사이에서 정화는 신으로 받들어지고 있으며, 그를 제사하는 삼보묘三寶廟는 현재에도 동남아시아 각지에 존재하고 있다.

4. 동아시아의 여러 나라들

여진족이 거주하는 동시베리아의 지배

동아시아제국을 건설하려는 꿈을 품었던 성조의 시야는 몽골과 남해 여러 나라에 그치지 않고, 시베리아·티베트·안남安南(베트남)·서아시아에서 일본에 이르기까지 거의 모든 주변지역에 미쳤다.

먼저 시베리아 방면부터 보자. 현재 우리에게 익숙한 지명인 '만주'滿州는 청대에 생겨난 것으로 명대에는 요동遼東이라는 이름으로 불렸다. 이 지역에는 날래고 사나운 수렵민족인 '여진인'女眞人이 거주하고 있었는데 성조는 이 지방에서 흑룡강黑龍江 하류에 이르기까지 손에 넣고자 하였다. 이는 여진인을 회유하여 몽골족을 동방에서 견제하기 위해서였다.

1411년(영락 9) 성조는 여진족 출신의 환관宦官 이시하亦失哈에게 천여 명의 병사와 25척의 대선大船을 주었다. 이시하는 송화강松花江에서 흑룡강으로 내려가 하구에 도착한 후 이 곳에 누르칸도사奴兒干都司를 설치하였다. 이시하는 또한 이 곳에 수호묘守護廟로서 영령사永寧寺를 세워 누르칸도사를 건설한 유래를 기록한 석비石碑를 세우고 여진인을 통치하고, 해협을 넘어 대안에 있는 고이苦夷(=사할린)에 이르기까지 세력을 확대시켰다고 한다. 마미야 린조間宮林藏의 탐험보다 대략 200년 앞서 일어난 일이었다.

누르칸도사의 경영은 성조가 죽은 뒤에도 손자인 선종에 의해 계승되었고, 이시하는 1433년(선덕 8) 다시 이 곳으로 파견되었다. 3천의 병력과 50여 척의 거선巨船이 여기에 참가했다는 사실을 당시 세워진 석비를 통해 알 수 있다. 그런데 선덕 연간이 지나 얼마 안 있어 누르칸도사는 소멸되어 버리고 이 지방이 명제국의 영역이었다는 사실은 사람들의 기억에서 사라졌다. 이들 석비는 현재 블라디보스톡 박물관, 혹은 하바로프스크 박물관에 보존되어 있다고 하는데, 최근까지 이 두 개의 석비 외에는 성조와 선종의 시베리아 출병을 알려주는 명확한 증거는 아무것도 없다고 한다.

그런데 최근의 보고에 따르면, 이 시베리아 경영에 대해서 후방기지가 길림시吉林市 부근에 있었다는 사실을 보여주는 마애석각비문摩崖石刻碑文이 길림 동남 15km 떨어진 송화강 북안에서 발견되었다고 한다. 이로 인해 이시하 등이 이 곳에서 승선하여 송화강에서 흑룡강으로 내려갔다는 사실이 확실해졌다.

티베트·안남·서역과의 관계

일찍이 원조의 지배를 받던 티베트에도, 성조는 환관 후현侯顯을 파견하여 카르마파Karmapa의 5대 활불活佛인 데싱쇼구파De bshing cegs pa를 초빙하여 통치방침을 물었다. 그가 라마교 각 파의 권위를 이용하면서 간접적으로 통치하는 것이 가장 좋은 방책이라 진언하자 성조는 이를 받아들여 명조의 티베트 지배는 커다란 파탄 없이 역대를 통해 유지되었다.

또 성조는 즉위하자마자 안남(베트남)에 사자를 보냈는데, 그 나라의

명 초 감숙성 주천현酒泉縣 서쪽에 설치한 가욕관의 모습

진陳·호胡(여黎) 양씨兩氏의 분쟁에 개입하여 1406년(영락 4)에 군대를 파
견하고 교지포정사交趾布政司를 설치하여 중국영토로 편입시키는 조치를
취하였다. 그러나 안남의 백성들은 3차에 걸친 몽골군 침공을 격퇴한
경험을 바탕으로 게릴라적인 반명투쟁을 계속했기 때문에 그 경영은 용이
하지 못했다. 그나마 성조 일대에는 그럭저럭 통치에 성공하였지만 선종
대에 들어와서는 교지포정사를 포기하였다. 그리고 이 곳에는 반명투쟁의
지도자인 여리黎利에 의해 새로운 왕조인 대월大越이 성립하였다. 그런데
대월은 명조에 대해 신례臣禮를 취하고 조공관계를 계속 유지하였기 때문
에 중국문화가 계속 유입되었으며, 안남인의 발전과 함께 남방에까지
영향력을 확대할 수 있었다.

　명제국의 영토는 서방으로 장성 서쪽에 가까운 가욕관嘉峪關 부근에까지
이르렀는데, 이 방면에서도 서아시아 여러 나라들과 접촉이 이루어졌다.
당시 칭기스칸의 후예로 자칭하는 티무르Timur가 사마르칸드Samarkand에

도읍을 정하고 서아시아 대부분을 통일하고 있었다. 그는 명제국과 교섭을 갖는 한편, 원조가 명조에 멸망당한 것에 불만을 품고 몽골 세력을 도와 명제국을 정벌하려는 생각을 갖고 있었다. 때마침 '정난의 변'이 일어났다는 소식을 듣고 1404년(영락 2) 20만 대군을 거느리고 명 정복의 장도에 올랐는데, 도중에 티무르가 병사함으로써 동서 두 강대국 간의 결전은 피할 수 있었다. 티무르가 죽은 후 이 대제국은 분열했기 때문에 명제국을 위협하는 최대의 군사력은 자취를 감추게 되고, 이후 동아시아 전 지역은 성조의 독무대가 되었다.

티무르의 여러 아들 사이에 일어난 내홍으로 분열한 티무르 제국에서는 다시 넷째 아들 샤루흐Shah rukh가 후계자가 되어 명제국과 국교를 회복하고 교역을 도모하는 사절단을 보내왔다. 명조도 이에 대해 답례 사신을 보냄으로써 양국관계는 새로운 국면을 맞이하게 되었다. 샤루흐의 사절단이 남긴 여행일기에는 북경 궁정에서 알현한 성조의 인상을 다음과 같이 묘사하고 있다.

황제의 키는 어느 쪽인가 하면 오히려 작은 편이다. 수염은 많지도 적지도 않지만 다만 턱으로부터 늘여진 2, 3백 개의 수염은 매우 길어서 배에까지 와 닿아 3, 4개의 소용돌이를 일으키고 있다. (미야자키 이치사다宮崎市定 번역)

명·일 무역의 성쇠와 왜구의 발생

그런데 이미 서술했듯이 태조의 대외정책은, 이민족은 그들 군주의 통치에 맡기고 조공관계에 의해 중국과 연결을 갖게 하는 것만으로 만족하는 것이었다. 때문에 자국민이 해외로 진출할 필요도 없었으며, 분쟁의 씨앗만 될 뿐이기 때문에 엄히 금지하였다. 성조가 정화를 남해로 파견한

명 관군과 포로로 잡힌 왜구

것도 태조의 이러한 방책을 굳게 지키면서 해외무역을 발전시키려고 한, 이른바 고육책이었다고 할 수 있다. 이에 대해 일본은 어떻게 대응하였을까?

당시 일본에서는 가마쿠라鎌倉 시대(13세기) 이래 상공업의 발전에 힘입어 대중국무역에 대한 관심이 크게 높아지고 있었다. 이미 13세기 무렵부터 매년 40~50척의 상선이 중국 남부 절강지방에 건너가 금과 은, 기타 공예품을 수출하고, 면綿·견絹·비단綾 등과 함께 대량의 동전을 수입해왔다. 남북조시대(14세기)에 들어와서는 막부幕府의 통제력이 약화되자 규슈九州와 주고쿠中國·시코쿠四國 지방의 주민들이 꽤 자유로이 대륙에 진출하여 무역에 종사하는 한편, 기회를 보아 도적이 된 자들도 있었다.

당시 중국인들은 이들을 왜구라 부르며 공포에 떨기도 했다.

당시 왜구는 일반적으로 '전기왜구'前期倭寇라 하여 16세기의 '후기왜구'後期倭寇와 구별하는데, 초기에는 한반도에 집중되어 고려가 쇠퇴하고 조선이 성립한 데에도 한 요인으로 작용했다고 한다. 이처럼 이들 세력은 맹위를 떨쳤는데, 마침내 중국에도 출몰하여 화중·화남의 연해지방에 크게 피해를 주었다. 태조가 즉위한 다음 해에 규슈 태재부太宰府 정서장군征西將軍인 가네나가 친왕懷良親王에게 사자를 보내 왜구의 단속을 요구한 것도 이러한 사정이 있었기 때문이다.

이 때 태조는 목적을 이루지 못했지만, 곧 교토京都의 무로마치室町 막부와 연결이 되어 3대 쇼군將軍 아시카가 요시미쓰足利義滿가 일본의 지배자로서 태조의 요구에 응하여 왜구 단속을 엄중히 함으로써 중·일 양국간에는 조공무역관계가 성립하게 되었다.

이 관계는 1381년(홍무 14) 무렵 일본사절의 무례한 행위를 계기로 중단되었는데, 이로 인해 곤란을 겪은 것은 일본이었다. 특히 경제발전으로 사회적 요구가 높아진 동전의 유입이 중단된 것은 큰 타격이었다. 막부의 재정도 대명무역에 의한 동전의 독점적 획득에 의존하고 있었다. 때문에 태조가 죽고 건문제建文帝가 즉위하면서 왜구 세력도 약해지자, 양국 관계는 다시 원래대로 회복되었고, 성조 역시 이를 인정함으로써 조공관계는 계속 유지되게 되었다.

조공국이 된 일본

이 조공무역은 일본 측에 막대한 이익을 가져다주었다. 당시 무역선은 천석(100톤) 정도를 적재하는 대선박이었는데, 종속국에서 종주국으로의 조공이었기 때문에 관세關稅도 없고, 사절과 수행자의 체재비 등 일체의

명대에 주조된 동전들

비용을 명 조정이 부담하였다. 게다가 조공품에 대해서는 사여賜與라는 명목으로 가격 이상의 값을 지불받고, 가지고 간 물건의 교역도 허가받았기 때문에 한 차례 운항으로 자본의 5, 6배씩 이익을 거두었다고 한다. 그리고 중국으로부터는 당시의 통화였던 영락통보永樂通寶가 유입되어 오랫동안 기준통화로서 광범위하게 유통되었다. "지옥에서의 일도 금金으로 좌우된다"(돈만 있으면 귀신도 부릴 수 있다)라는 속담이 생긴 것은 아시카가足利 시대인데, 이 금이란 다름 아닌 동전을 가리킨다.

1407년(영락 5) 8월 명제국의 사신이 기타야마테이北山第(현재는 그 일부로서 긴카쿠지金閣寺만 남아 있다)에서 요시미쓰義満에게 전해준 성조의 칙어勅語 부본副本이 현재 전해지고 있다.

일본 국왕 미나모토 미치요시源道義에 칙勅하노라. 그대는 충성스럽고 현명하여 신의가 있고 명 조정을 공경하여 흉악한 자를 모두 제거하고, 멀리서 포로를 헌상해서 바닷가에 사는 사람들을 편안케 했다. 그 공이 뛰어나 고금에 사례를 찾아보기 어렵다. 이에 특별히 그대에게 예물을 내려 기쁨의 뜻을 표하려고 생각한다. 왕이여! 이를 받길 바란다. 이에 칙하노라!

일본이 중국의 조공국이 된 것은 고대를 제외하면 무로마치 막부室町幕府 때뿐인데, 그것은 위와 같은 경제적 이익과 관련해서였다. 밀무역과 약탈보다는 신례臣禮를 취하여 조공을 하는 쪽이 얻는 것이 많았기 때문이다. 요시미쓰가 1408년(영락 6) 5월에 병으로 죽은 뒤, 쇼군직을 계승한 요시모치義持가 부친의 대명 굴욕외교를 싫어하여 한때 국교를 단절한 적이 있지만 16세기 중엽까지 막부의 대명 조공무역은 계속되었다. 일본의 지배자들은 조공무역에 대해 형식보다는 그 내용과 실질을 보다 중요시하였던 것이다.

30여 국에 달하는 대명 조공국

이상에서 알 수 있듯이 성조의 시야는 동아시아 전역에 미쳤고, 각국은 직접적인 무력제압, 혹은 조공관계를 통해 명제국과 연결되었다. 15세기 초, 동아시아 세계는 명제국을 중심으로 하여 새로운 국제관계가 성립되었다고 할 수 있다. 이것은 명제국의 극성기를 상징하는 것이었다. 그런데 이러한 국제관계를 유지하기 위해서는 막대한 재력이 요구되었는데, 중국의 풍부한 생산력이 이를 뒷받침해주었다. 막북漢北에 대한 친정, 정화의 남해원정, 시베리아 출병, 안남에 대한 파병 등 어느 한 가지도 역사적 대사업이라 할 만한 외정外征인데, 이를 순차적으로 혹은 동시에 감행한다는 것은 보통의 경제력을 가지고는 엄두도 낼 수 없는 것이었다.

또 조공관계도 본래 '중화'中華의 이념을 과시하고 '번이'蕃夷에게 은혜를 베푸는 형식으로 이루어졌기 때문에, 명제국이 일방적으로 부담을 떠안는 성질을 띠고 있었다. 따라서 성조시대 30여 국에 달한다는 조공국에 대한 지출은 상당한 액수에 이르렀을 것이다.

이 거액의 경제적 부담을 지탱하는 힘은, 말할 것도 없이 태조에 의해 이룩된 것인데, 그의 부친이 쌓아둔 재력을 이용하여 성조는 동아시아 제국의 건설을 꾀하고 그 체제를 거의 완성시켰다고 할 수 있다. 그러나 이 대제국은 성조 일대 동안만 유지되었을 뿐, 그가 죽자 명제국은 태조가 이상시한 한민족국가로 복귀할 수밖에 없었다. 여기에 명제국의 한계가 있었다고 할 수 있는데, 그 때문에 성조의 시대가 한층 더 이채롭게 보이는 것이다.

성조와 환관

그런데 성조의 시대는 국제관계로 상징되는 외면적인 화려함으로만 특필되지는 않는다. 성조의 정신적 부담은 뭐라 해도 찬탈자라는 오명이 었는데, 그것은 여러 가지 형태로 치세에 그림자를 드리우고 있었다. 그 가장 중요한 것 가운데 하나가 환관의 중용이었다. 흔히 명제국은 환관에 의한 정치의 폐해로 멸망했다고 하는데, 그 씨앗은 성조에 의해 움텄다.

태조의 생각으로는, 환관이란 황제의 개인 생활에만 봉사하고 정치에는 절대 개입해서는 안 되는 존재였다. 때문에 태조는 궁문에 "내신內臣(환관)

은 정사에 간여할 수 없다. 간여하는 자는 참斬한다"라고 쓰인 철패鐵牌를 세웠다. 그런데 찬탈자로서 떳떳하지 못한 입장에서 혈연도 관료도 믿을 수 없게 된 성조는, 최후로 믿을 수 있는 자로서 측근의 환관을 이용하였다. 정화의 예에서 보이듯이 이들 남성 실격자들은 중임을 완수하여 황제의 이 같은 신뢰를 저버리지 않았기 때문에 점차 중용되게 되었다.

성조는 이들을 해외의 사신, 외정外征의 지휘관으로 임명했을 뿐만 아니라 1420년(영락 18)에는 비밀경찰로서 신설된 '동창'東廠에 전권을 부여하여 경찰권을 위임하였다. 환관은 이 동창을 근거지로 금의위錦衣衛를 지휘하여 관민의 행동을 감시하였으며, 치안을 유지함과 동시에 마침내는 선종시대 이후 정치분야에서 발언권을 증대시켜 국가 정치를 마음대로 움직이게 되었다.

다만 성조 이후, 환관이 중용되었다고 해도 그것은 환관의 지위가 높았다기보다 그들이 황제의 대리자로서 활동하고 정치에 간여하게 되었다는 의미에 지나지 않는다. 따라서 명 일대를 통해 정치를 혼자 결정한 환관이 몇 명인가 나오기는 했지만 그 권위라는 것도 황제의 신임을 얻고 있을 때뿐이고, 한 번 총애를 잃게 되면 곧 실각한다는 것은 이후 명확하게 알려진 사실이다. 환관이 정치를 혼자 결정한다고 해도 황제의 독재체제가 확립되어 있어, 환관 마음대로 할 수 있었던 것이 아니라는 점에 주의해야 할 것이다. 이 점에서 특히 환관의 발호로 골치를 앓았다고는 해도, 명대는 한대漢代·당대唐代와는 사정이 같지 않았던 것이다.

제3장 |
수성(守成)의 시대

1. 내각과 환관

대외적극책의 후퇴와 황제지위의 강화

남경으로의 환도還都 계획을 세웠던 인종 홍희제

성조成祖 영락제永樂帝가 전쟁 중에 죽자 황태자 고치高熾가 뒤를 이었다. 이가 인종仁宗 홍희제洪熙帝다. 인종은 즉위의 조서詔書에서 "조종祖宗의 뛰어난 공적을 수성한다"라고 서술하여 기대하는 바가 컸지만 몸이 허약하여 겨우 재위 8개월 만에 죽었다. 인종은 남경환도南京還都를 계획하였지만 급사함으로 흐지부지되었는데, 이 사실로 보건대 벌써 성조시대에 대한 반성이 시작되었음을 짐작할 수 있다. 외

정外征의 부담을 져야 했던 백성들에 대한 배려도 있었을 것이다. 인종의 뒤를 이어 장자인 첨기瞻基가 제위에 올라 선종宣宗 선덕제宣德帝가 되었다.

선종은 어려서부터 '태평의 천자'로 기대되었으며, 그림에 대한 재능도 있어서 송의 휘종徽宗과 더불어 문화인 황제라 일컬어졌다. 또 "명明에 인종仁宗·선종宣宗이 있음은 주周에 성왕成王과 강왕康王이, 또 한漢에 문제文帝·경제景帝가 있음과 같다"라고 할 정도로 아버지와 함께 좋은 평판을 받은 황제였다. 또한 어렸을 때부터 조부인 성조成祖로부터 덕의德義로 백성을 교화시키는 가르침을 받고, 몽골친정에도 종군하여 군사에서도 뛰어난

제왕諸王의 세력을 물리치고 황제의 권력을 공고히 한 선종
선덕제

능력을 지니고 있었다. 이 때문에 즉위 직후에 일어난 한왕漢王 고후高煦의 반란을 평정하였을 뿐만 아니라 조부의 업業을 이어 누르칸도사奴兒干都司를 재건하고 정화를 남해로 파견하는 등의 공적으로 치세를 장식했다.

그러나 인종이 시도하려 했던 정치노선의 전환은 선종에게도 이어졌다. 명제국이 '수성'守成의 시대에 접어들었다고 생각되는 몇 가지 증거가 그의 치세에서도 확인된다. 가령 교지포정사交趾布政司를 포기하여 안남安南(베트남)의 독립을 인정하고, 몽골방위선을 장성선長城線으로 후퇴시키는 등 조부의 사업을 축소시키는 조치를 실시하여 성조의 적극적인 대외정책은 점차 자취를 감추게 되었다.

선종의 즉위 후, 최초로 일어난 사건은 한왕漢王의 반란이었다. 한왕 고후는 성조의 아들로 인종의 친동생이다. 따라서 선종에게는 숙부였는데, 부친 성조를 닮아 군사적 재능이 있었다. '정난의 변'과 성조의 북정에 종군하여 무공을 세웠으며 제위를 넘보는 마음이 있었다고 한다. 찬탈자인 부친을 보면서 자랐기 때문인지 제위는 실력으로 빼앗는 것이라는 생각이 있었을 것이다.

형인 인종이 병사하고 조카인 선종이 즉위하자, 다음 해(1426, 선덕원년) 8월에 한왕은 산동의 낙안주樂安州에서 반기를 들었다. 이른바 '제2의 정난의 변'인데, 건문제와는 달리 군사에 능숙했던 선종은 친히 병사를 이끌고 출정하여 그 달에 반란군을 완전히 토벌하였다.

이렇게 해서 사건은 간단히 처리되었는데, 이 사건이 갖는 의의는 컸다. '정난의 변'과는 반대로 이 때에는 황제가 모반을 일으킨 제왕諸王을 무찌름으로써, 태조가 설치한 이래 많은 문제를 내포하고 있으면서도 성조가 제왕諸王으로서 제위를 찬탈한 일도 있어 쉽게 해결할 수 없었던 현안懸案인 제왕문제가 일거에 해결되었기 때문이다. 제왕에 대한 황제의 최종적 우위는 이 사건의 해결로 요지부동이 되었다. 태조가 유력한 신료臣僚들을 살해한 것에 이어 제왕 세력까지 물리치면서 몇 차례에 걸친 지배층 내부의 권력투쟁에 승리함으로써 황제의 지위와 권력은 한층 강화되었다.

문관 재상제의 부활 – 내각대학사

그렇지만 앞서 언급했듯이 인종과 선종시대를 기점으로 명제국이 '수성'의 시대에 들어섰다는 사실에는 변함이 없다. 그것은 태조·성조의 활기찬 시기를 보내고 평온하고 기복이 적은 시기를 맞이했고, 또한 중국 역대 왕조 가운데에서도 성립 사정과 대외진출이라는 측면에서 꽤 이질적으로 여겨지는 창업의 시대와는 이별을 고하고, 정치체제를 중심으로 명제국의 통상적인 한민족국가로의 변환이 시작되었다는 점에서도 그렇다. 그 증거는 태조 이래 여러 정책의 개변과 수정에서 볼 수 있는데, 그 중에서도 이후 역사에 매우 큰 영향을 미친 것은 내각제도內閣制度와 정치무대에서의 환관의 등장이다.

먼저 내각제도에 대해서 살펴보면, 태조는 재상을 폐지하고 황제독제체제를 확립하고자 하였다. 그러나 황제 혼자서 모든 일을 친히 결재한다는 것은 실제로 거의 불가능하다. 예를 들면 1384년(홍무 17) 9월 14일부터

삼양三楊의 한 사람으로 내각대학사를 역임한 양사기楊士奇

21일까지 8일 동안 내외 관청에서 올라온 상주 안건案件은 1160건件, 3291사事에 달했다고 한다. 때문에 성조시대에는 이미 황제의 비서·고문역으로서 내각대학사內閣大學士가 설치되어 있었다. 그렇지만 그 관위官位는 낮았으며, 그들은 황제에게 올라온 문서에 대해 황제가 결제해야 할 내용을 미리 준비하는 것을 임무로 할 뿐이었다. 이를 당시 용어로 '표의'票擬라고 한다. 그런데 선종시대에 이르면 양사기楊士奇·양영楊榮·양부楊溥 등이 대신인 상서尚書의 직을 겸한 채로 내각대학사에 임명되었기 때문에 그 지위는 실질적인 재상으로 간주되기에 이르렀다.

특히 선종이 죽은 뒤 그 아들인 영종英宗이 9세로 즉위하자, 선종조의 유신遺臣인 양사기 등이 그를 보필하게 되면서부터 내각대학사의 지위는 육부六府의 상서를 능가하여 재상으로서의 권위를 갖추게 되었다. 대학사는 정원이 없이 보통 수명이 임용되었는데, 수석대학사는 수보'首輔로 불리고 그 권한이 다른 직책을 제압하는 중요직이었다.

그런데 이러한 내각대학사의 지위 향상은 필연적으로 이 자리에 취임하는 문관을 중시한 것과 관련이 있다. 앞에서도 언급했듯이 태조는 문관보다는 무관을 중시하였다. 1384년(홍무 17) 3월 「과거조식」科擧條式이 발포되고 다음해에는 제1회 과거가 실시되어 문관의 선발과 양성이 시작되

정통 연간 정권을 좌지우지하던 환관 왕진王振조차도 두려워하고 존경하였다는 양영楊榮(좌)과 양부楊溥(우)

었지만, 여전히 신진관료들이 정부 내부에서 갖는 실력은 미약했다. 건문제 시대에 이르러 점차 문관이 우위를 차지하게 되지만, 오로지 무사武事에만 전념한 연왕燕王에게 압도되었고, 유능한 문관이 건문제에 의해 순절한 일도 있고 해서 성조 시대에도 무관이 중용되었으며, 특히 환관의 중용이 두드러졌다.

요컨대 국초의 전쟁과 외정의 시대에는 당연히 문관이 무관보다 냉대를 받는 일이 많았다. 그러나 앞서 서술한 바와 같이 선종 시대부터 내각대학사가 실질적인 재상으로서 국정을 지도하는 최고 지위에 오르게 되었다. 권한 면에서 보건 관제로 보건 문관이 정치 일선에 모습을 드러내기에 이르게 된 것이다. 이는 명 왕조가 문文을 숭상하고 무武를 천하게 여기는 중국 전통적인 왕조로서의 본래 체제로 복귀했음을 의미한다.

사실 이 시대 이후, 재상인 내각대학사가 되기 위해서는 한림원翰林院의 관직을 거쳐야 했고 한림원에 들어가려면 진사進土(과거 합격자)가 되어야 한다는 관행이 성립했다. 중국사회에서 과거가 차지하고 있던 전통적인 지위가 부활한 것이다. 명 일대를 통해서 재상의 수는 170여 명에 달하는데 그 90%가 한림원 출신자였다.

내각을 뛰어넘는 권위 – 환관의 사례감

다음으로 환관의 문제를 보면, 환관은 내정內廷의 생활에 꼭 필요한 존재였지만 동시에 역대 왕조에 큰 화도 끼쳤기 때문에 태조는 이들을 강하게 단속하고자 하였다. 그러나 이미 서술한 바와 같이, 성조가 환관을 중용함으로써 이들이 정치무대에 등장하는 실마리를 만들었다.

성조에 의해 열린 환관 중용의 길은 영주로 일컬어지는 선종에게도 답습되어 환관이 서기관書記官으로 등용되었을 뿐 아니라 황제의 측근에서 국정에 참견하는 기회를 부여 받게 되었다. 즉, 내각에서 '표의'를 붙여 황제에게 보낸 모든 문서를 사례감司禮監이라는 환관의 기관에서 처리하게 되면서부터 사례감에 근무하는 환관은 내각의 의견을 간섭할 수 있는 입장에 서게 되었다. 이렇게 되자 관료들 중에서도 자기 지위의 평안과 무사함을 도모하기 위해 환관에 접근하는 자가 나타나게 되었으며, 이로 인해 환관의 정치에 대한 개입은 한층 심해졌다.

명대는 역대 왕조 가운데서도 환관의 폐해가 심했던 시대의 하나로 손꼽히는데, 그것은 바로 이상과 같은 정치기구에서 파생된 현상이었다. 그래서 명대의 정치사는 선덕 연간 이후부터 황제를 정점으로 하여 내각과 사례감이라는 두 개의 축을 중심으로 전개되는데, 일반적으로 말하면 사례감이 내각보다 권위에서 상위에 있을 때가 많았다. 환관과 관료와의 관계에 대해 다음과 같이 표현한 것이 있다.

영락시대에는 환관을 지방으로 파견해도 그들은 지방관이 서 있는 위치에서 조금 떨어져 예禮를 표하고, 도중에 공후公侯를 만나면 모두 말에서 내려 길가에 서 있었다. 그런데 최근에는 지방관을 마치 속리屬吏처럼 부리고, 공후들도 길가에서 환관과 마주치면 도리어 자기편에서 길을 비키고 이들을 옹부翁父라 부르며, 대신들도 고두궤배叩頭跪拜(이마를 땅에 대고 무릎을 꿇으면서 인사하는 것)를 하였다.

동궁 시절부터 정통제를 섬겨 권력을 휘두른 환관 왕진王振. 오이라트의 침입 시 황제의 친정을 권유하였고, 토목보에서 죽게 된다.

환관의 국정개입은 황제 개인의 자질보다는 황제독제제가 필연적으로 내포할 수밖에 없었던 초인간성이라고도 해야 할 약점에 기인한다고 할 수 있다. 이러한 약점은 선종宣宗이 죽고 태자 기진祁鎭이 즉위하여 영종英宗 정통제正統帝(재위 1436~49) 시대가 되자 곧 대사건을 불러왔다. 즉, 영종 즉위 후 수년간은 양사기楊士奇 등이 건재하여 보필을 잘 하였기 때문에 정치적 파탄은 일어나지 않았지만, 그들이 차례로 세상을 뜨자 영종의 측근에는 환관으로는 희귀하게 학식을 갖추고 황태자 시절 영종의 스승이었던 왕진王振(?~1449)이 사례감 태감太監으로 기용되어 총애를 받았다. 영종은 그의 감언甘言에 따라 몽골친정의 군사를 일으켰다가 대패하고 황제 자신까지 포로가 되는 심각한 상황을 연출하였다.

대몽골전의 패배 - 토목의 변

당시 몽골 고원에서는 오이라트瓦剌 부 세력이 강하였다. 부장 에센也先은 이 무력을 배경으로 명과의 통교通交를 요구했지만, 명 측이 제시한 조건과 차이가 커서 1449년(정통 14) 산서山西·요동遼東·섬서陝西 3방면에서 침공을 개시하였다.

명군은 몽골기병의 공격을 받고 각지에서 패배를 거듭했는데, 왕진王振은 이 기회에 공명을 세우고자 군사적 소양도 없으면서 여러 신하들의 반대를 물리치고 영종에게 권유하여 50만 대군을 이끌고 대동大同까지 진군토록 하였다. 그러나 형세가 호전되지 못하여 곧 귀환하게 되었는데, 그 도중에 토목보土木堡(현재의 하북성 회래현懷來縣 부근)에서 에센이 지휘하는 몽골기병의 급습을 받아 전멸 당하는 비운을 맛보았다. 왕진은 전투 중에 전사하고 영종도 포로로 잡혔다.

이 불명예스러운 사건을 '토목土木의 변變'이라고 하는데, 환관 때문에 명 왕조가 받은 여러 피해 중 최초의 사건이었다. 그러나 이 사건의 의의는 여기에만 그치는 것이 아니었다. 몽골족을 내쫓고 성립한 명제국의 기반이 기울기 시작하였음을 상징하는 대사건이기도 하였다.

토목보의 패전소식이 전해지자, 북경 조정은 대혼란에 빠졌다. 명군의 정예부대가 토목보에서 궤멸을 당했기 때문에 북경은 무방비 상태에 가까웠고, 성미 급한 대신은 남경으로의 천도를 내뱉을 정도였다. 그렇지만 병부좌시랑兵部左侍郎 우겸于謙은 의연히 이들 비관론을 물리쳤다.

북경은 전국의 중심이고, 한 번 움직인다는 것은 큰 일이 될 것이다. 송조宋朝가 남으로 수도를 옮긴 전철을 되풀이해서는 안 된다.

토목보의 변 이후 병부상서에 임명되어 북경방어체제를
구축한 명신 우겸于謙

수도를 사수하려고 결의한 우겸은 영종의 배다른 동생인 성왕郕王 기옥祁鈺을 제위에 앉히고, 남아 있는 군대를 모집해서 북경성을 굳건히 하여 기세당당하게 공격해 오는 에센의 군대를 일보도 성내에 들어오지 못하게 하였다. 이 때 즉위한 성왕이 경종景宗 경태제景泰帝(재위 1449~56)다.

한편 황제를 포로로 삼을 정도로 대승을 거두고 기분이 우쭐해져 에센은 북경으로 밀어닥쳤으나 명군의 방어는 의외로 강고하였다. 북경을 싸우지 않고도 함락할 수 있을 것이라 생각했지만 전황은 순조롭지 못했다. 게다가 새로운 황제가 즉위하였기 때문에 포로인 영종을 이용하여 북경정부를 조정하려 했던 의도도 쓸모없게 되었다. 포로로 잡은 영종이 헛된 인질에 지나지 않는다는 것을 인식한 에센은 다음해 무조건 영종을 귀환시키는 데에 동의했다. 이로써 영종은 근 일년간의 포로생활을 마치고 북경으로 돌아갈 수 있게 되었다.

탈문의 변 – 영종의 복벽

경종景宗은 당연히 우겸을 신뢰하여 병부상서兵部尙書로 승진시켜 국정의 전권을 맡겼다. 우겸 역시 황제의 위임에 부응하여 극도로 혼란한 정부와 군대를 재건하는 데 전력을 다하였다. 명제국 창업 이래 최대의 위기는 겨우 넘긴 것 같았다. 그러나 귀환한 영종과 경종 사이에는 왠지 모르게

오이라트 에센의 침입으로 포로가 되었던 영종 정통제

감정이 소통되지 않는 부분이 있었다. 이 둘의 사정을 살핀 정신들 가운데 영종의 복벽復辟을 꾀하고, 우겸을 물리쳐 자기의 권력을 키우려는 야심가도 적지 않았다. 때문에 경태景泰 연간의 정국은 항상 불안정하였다.

그러는 사이에 경종이 중병에 걸려 재기가 어려워지게 되었다. 일찍부터 기회를 엿보고 있던 장군 석형石亨, 정신廷臣 서유정徐有貞, 환관 조길상曹吉祥 등은 1457년(경태 8, 천순 원년) 드디어 쿠데타를 일으켜 영종을 다시 제위에 앉혔다. 이를 '탈문奪門의 변變'이라 한다.

경종은 그대로 병으로 죽고, 그를 옹립한 우겸은 체포되어 사형에 처해졌다. 그리고 당시 중죄인의 예例에 따라 그의 처자식을 변방으로 유배 보내고 재산은 모두 몰수하였다. 그런데 당시 우겸의 재산은 경종으로부터 하사받은 것 외에는 가재家財다운 것은 하나도 없었다고 한다.

다시 제위에 오른 영종은 연호를 '천순'天順으로 고쳤다. 그렇지만 이 시대에 들어와서는 황제와 관료의 접촉은 환관에 의해 단절되고, 정치의 실권은 환관이 장악하게 되었다. 때문에 이따금 영종이 관료를 접견하는 일이 있어도 정무를 화제로 삼는 것이 아니라, 관료는 '만세'萬歲 등 몇 마디만을 하고 퇴출하는 형국이었다. 이러한 영종도 재위 8년 만에 죽고, 황태자 견심見深이 그 뒤를 이었다. 이가 헌종憲宗 성화제成化帝(재위 1464∼87)다.

2. 농민의 반항

농민을 압박하는 세량의 은납화

선종 선덕 연간(1426~35)은 이미 서술한 의미에서 정치사상의 전환기였지만, 경제사적인 면에서도 큰 전환기였다. 당시 전부田賦(토지세)의 징수 총액만 해도 3천만 석을 넘어, 명제국의 재정적 기초는 사상 보기 드문 안정을 이룩하였다. 태조 이래로 세량稅糧은 현물인 쌀·보리 및 생사生絲 등으로 납입되어 그대로 문무 관료들의 봉급과 그 밖의 비용에 쓰이는 것이 원칙이었다. 그런데 이 시대에 이르면 이 같은 재정·경제 기구의 왜곡 현상이 일어났다. 선종의 뒤를 이은 영종 원년(1436)에 북경의 무관들은 다음과 같은 내용을 상신하고 있다.

> 우리들은 쌀로 봉급을 받습니다. 게다가 이 쌀을 남경에서 받기 때문에 부득이 받은 쌀을 남경에서 팔아버리고 다른 재화로 바꾸어 북경으로 가지고 오게 됩니다. 결국 쌀은 싸게 팔고, 물품은 비싸게 사기 때문에 실질 수입은 1/10에 지나지 않습니다. 따라서 이후에는 견포絹布 및 은을 세금으로 징수하여 이것을 봉급으로 받았으면 합니다.

태조는 방침으로서 통화로 초鈔(지폐)와 동전을 사용하게 하고 은의 사용을 엄금하였지만 그럼에도 불구하고 북경 등 도회지에서는 오로지 은만 유통되었으며, 또 생산의 향상에 따라 쌀값이 하락하는 경향을 보였기 때문에 무관들이 이러한 청원을 하게 되었던 것이다. 건국 이래 거의 70년 만에 정치·사회·경제 모든 면에서 큰 전환을 맞이했던 것이다.

이러한 사태에 대응해서 정부 측에서도 곧바로 1433년(선덕 8) 이후, 쌀 1석에 은 2전錢 5푼分의 비율로 세량을 은으로 대납代納시키는 제도를 가장 선진 경제지대인 강남지방에서 실시하고 있었다. 국초 이래 집요하게 고수해 온 현물을 기간으로 한 재정제도였지만, 예컨대 항주杭州와 소주蘇州의 정부창고에 20년분의 쌀이 쌓여 있는 채 썩어 가는 실정을 보고는 지독하게 완고한 수구론자라 할지라도 은 등에 의한 조세의 대납을 인정하지 않을 수 없었을 것이다. 그래서 이 경우, 농민의 부담경감을 목적이라고 설명하고 그 은에 '금화은'金花銀이라는 그럴 듯한 명칭을 붙였다. 그런데 이 세량의 은납제銀納制는 은을 소유하고 있지 못한 농민들을 억지로 은경제銀經濟에 끌어들이는 결과를 초래했으며 시대가 흐름에 따라 은납화 경향은 증대될 뿐이었다.

폭발의 도화선, 은산 광부의 반란

이렇게 해서 1430년대 이후, 명제국의 재정은 점차 쌀·보리 대신 은이 주된 자리를 차지하게 되었다. 결국 은이 재정의 기본형태로 인정되었기 때문에 은에 대한 사회의 관심은 급격히 높아갔다. 특히 도회 생활에서는 은이 편리했기 때문에 궁정과 관료들의 은에 대한 욕구는 눈에 띄게 늘어났다. 이렇게 되자 정치는 점차 이들의 이욕利欲에 굴복하지 않을 수 없게 되었다.

이러한 사회적·경제적 변동을 배경으로 왕조권력과 지주의 수탈대상이었던 농민들의 반란은, 제국의 번영이 정점에 달했던 1420년(영락 18) 산동에서 당새아唐賽兒라는 여성을 지도자로 이미 발발하였고, 1440년대 복건지방에서 단숨에 폭발하였다. 그 도화선은 1446년(정통 11) 절강 처주處州를 중심으로 한 은산銀山 광부들의 반란이었다.

중국은 원래 풍부한 은 산출국이 아니었고, 명대의 은산銀山은 채굴량이 적고 경영이 부진하여 1435년(선덕 10)에 전면적으로 폐쇄되었다. 그러나 이 무렵부터 은에 대한 사회적 수요가 높아지고 은 시세도 호황이 계속됨에 따라 도굴자가 끊이지 않았다. 또 단번에 이득을 얻으려는 관료들의 희망도 있어서 공납貢納을 조건으로, 1444년(정통 9) 은광채굴의 재개가 허가되었다.

그러나 원래 빈약하고 황폐한 광맥에서 정부에 공납貢納을 약속한 액만큼 은이 산출되지 않자 그 영향은 광부들에게 전가되었다. 또 도굴자 중에는 예상이 빗나가 광부들에게 급료를 지불하지 못하는 자도 나타났다. 이리하여 광산의 주변에는 불만이 소용돌이치고 있었다. 또한 광산이 뿌린 광독鑛毒은 토지와 밭을 파괴하고, 농민 생활에도 피해를 입혔기 때문에 유민화流民化한 농민의 대부분이 광부와 행동을 함께하는 조건도 만들어지게 되었다.

이렇게 해서 절강 남부에서 시작된 광부의 반란은, 즉시 복건에서 강서 방면으로 파급되어 섭종유葉宗留와 진감호陳鑑胡 등을 리더로 하는 크고 작은 몇몇 광부의 무장집단들이 소란을 일으켰다.

그런데 정부는 사사로이 이익을 탐하는 관료들을 단속하지 못하고 군대도 사용할 수 없게 되었기 때문에 농민에 의한 총갑제總甲制라는 자경단自警團을 조직하여 이들 광부집단에 대항하려고 하였다. 그러나 여기에 필요한 부담 역시 농민에게 강제되었다. 이 때문에 광부의 반란은 농민의 반란을 유발시키게 되었던 것이다.

항조투쟁 – 등무칠의 난

당시 농민은 자기 토지를 소유하여 이를 경작해서 생활하는 자작농과 지주로부터 토지를 빌려 경작하는 자, 혹은 양자의 혼합형태로 크게 나눌 수 있는데, 이들 지주와 전호佃戶(소작농)의 관계는 농촌의 기본적인 존재

형태였다. 복건지방을 예를 들면, 건영부建寧府 건양현建陽縣에서는 1449년 (정통 14) 무렵 농지의 대부분이 현성縣城에 거주하는 부재지주不在地主의 소유였다고 기록되어 있다. 농민은 이들 전토를 경작하여 수확의 50~60% 에 달하는 소작료를 지주의 창고에 납부할 뿐 아니라 각종 부조副租와 노역勞役의 부담도 져야 했다.

1446년(정통 11)에 '광적鑛賊'이 발생하자, 정부는 '총소갑제'總小甲制라는 일종의 보갑제保甲制를 만들어 농민을 무장집단으로 편성해서, 그 가운데 에서 총갑總甲과 소갑小甲을 임명하고 이들에게 일정한 지휘권을 부여하였 다. 마을마다 큰 도로에 관문關門을 설치하고 망루를 세워 경계하고, 농민의 무력을 동원하여 습격해 오는 '광적'을 격퇴하려 했던 것이다. 그러나 농민은 왕조권력과 체제질서의 수호와 유지를 목적으로 하는 이 자위조직 의 일원이 되는 것을 무조건 받아들일 정도로 어리석지 않았다.

이 때 연평부延平府 사현沙縣의 제24도都에서 총갑에 임명된 자로 등무칠鄧 茂七·무팔茂八 형제가 있었다. 이 두 사람은 먼저 이 조직을 이용해서 전호 들이 이전부터 요구하고 있던 '동생'冬牲이라 불리는 부조副租의 폐지를 쟁취하였다. 공사公私의 부담을 그대로 놔두고는 자위조직이 운영될 수 없다는 이유를 내세웠다. 이 성공에 재미를 들인 그들은 계속해서 농경과 자위활동에 장애가 된다고 하면서 이제까지 운반해주었던 소작료를 지주 측에서 받아갈 것을 요구하였다.

그러나 지주 측은 이 요구를 거절하였다. 그리고 강경하게 이를 제안해 오는 농민을 현縣에 고소하였다. 이에 현縣 당국이 등무칠을 체포하려 하자 농민들은 이를 실력으로 저지하고 지현知縣 등을 살해하는 사건이 일어났 다. 1448년(정통 13) 2월의 일로, 이것이 '등무칠의 난'으로 유명한 항조抗租 투쟁의 시작이다.

궐기한 농민들은 잠시 동안 지주와 현 당국을 향해 그들의 의도를 이해시킨 후, 8월에 전면적인 무력투쟁으로 치달았다. 관헌과 지주 측에서는 북경정부로부터 정규군이 출동했지만, 총소갑제에 의해 무기를 소지하게 된 농민들이 그 지역의 관병을 격파하고 사현沙縣과 우계현尤溪縣을 공략한 후 연평부성延平府城에 다다랐다. 이 때 한 사나이가 농민군 사이에서 나와 성城을 향해 다음과 같이 호소하였는데, 이 사나이가 등무칠이었는지도 모른다.

저희들은 모두 양민인데 유복한 사람들의 혹독함에 시달려 고통을 받고 있습니다. 게다가 위에서는 상대해 주지도 않으니 호소할 데도 없습니다. 이에 부득이 도당徒黨을 조직하여 법에 위배되는 일을 했습니다. 부디 북경의 조정에 중재해 주어 허락을 받게 되면 곧 해산할 것입니다.

이 말을 하고 그 사나이는 일단 돌아갔지만, 곧 다시 돌아와서 그들의 요구를 내놓기 시작하였다.

저희들은 집안의 모든 재산을 잃어버렸습니다. 부디 3년간의 요역徭役을 면제해 주십시오. 그리고 주인에게 도움이 되도록 살게 해 주십시오.

사상 최초의 새로운 농민투쟁

이 보고를 받은 정부당국은 호소를 진사陳謝로 받아들이고 체납세의 추징과 3년간의 요역면제를 인정하는 대신 농민의 무장해산을 명령하였다. 그러나 일단 무기를 버린다면 어떠한 탄압이 가해질지 몰랐다. 농민들은 더욱 확실한 보증을 얻기 위해 교섭을 했지만, 이 교섭은 10월에 이르러 최종적으로 결렬되었다.

등무칠은 스스로 '잔평왕'劉平王이라 칭하고 왕조체제를 모방한 군정기관을 설치하여 부하에게 관직을 부여하고 농민군을 이끌고 싸움을 개시하였다. 이에 호응하여 '광적'의 무리들과 각지의 농민들도 가세하여 총병력이 수십만에 이르는 대반란으로 발전하였다.

농민군은 게릴라전을 펴는가 하면, 여공차呂公車라는 사다리가 부착된 전차를 사용하여 현성縣城을 공격하는 등 다채로운 전법으로 정부군을 괴롭혀 복건 전 지역을 뒤흔들었다. 북경 정부는 절강·강서성의 주둔군을 총동원하는 한편 북경에서 정예부대를 파견하여 전력을 기울여 반란진압에 나섰다. 그리고 지주들도 자위적 저항조직을 만들어 대항했기 때문에 다음 해인 1449년 2월 등무칠은 연평부에서 패퇴하고 죽었다. 잔당은 이후 오랫동안 산간지역으로 분산되어 게릴라전으로 저항했지만 개별적으로 격파되었다.

'등무칠의 난'은 거의 같은 시기에 일어난 '토목의 변'과 함께 1440년대의 국가적 중대 사건이었을 뿐만 아니라, 농민반란으로서도 지방적 반란에 그치지 않은 역사적 의의를 가지고 있다. 우선 그것은 전호佃戶가 사교적 조직에 의지하지 않고 지식인의 참가도 없이, 소작료에 대한 명확한 요구를 내걸고 일어났던 것이다. 이런 예는 명대라기보다는 중국사상 최초라고 할 수 있을 것이다. 또 은의 유통으로 촉발된 즉, 은에 대한 왕조 및 관료의 욕구와 이를 배경으로 전개되어 가고 있던 농촌에서의 지주와 전호의 대립 속에서 일어난 전호를 주체로 한 반란으로서, 당시의 정치적·사회적·경제적 제 모순이 집중되어 표출된 사건이라고도 할 수 있다. 절강·복건의 은산銀山문제에서 발단한 지방적 사건이었지만, 동시에 중국사회의 새로운 모순을 반영한 역사적 사건이었던 것이다.

또 이 사건은 수탈에 항거하여 일어난 농민에 대해 지주와 관헌, 혹은 북경 정부가 어떠한 방책으로 대처했는가를 확실히 보여준 것이었다. 사회와 경제변화에 대응해서 농민들이 자기들의 요구를 내걸고 조직을 만들어 싸웠고, 이에 대해 지주와 관헌이 어떠한 자세로 대항했는가를 명확하게 보여준 이 반란은 이러한 의미에서도 항조운동의 원형을 이루거니와 명제국 말기에 빈발한 '항조노변'抗租奴變 현상의 선구가 되었다고 할 수 있다.

3. 중흥의 시대

농민에 의한 상품생산의 전개

은을 중심으로 한 화폐경제의 침투는 농민들의 생활에 중대한 영향을 끼쳤다. 이러한 사태에 직면하여 이들은 농경을 계속하여 소작료와 세금을 지불하고, 요역을 제공하기 위해 새로운 생산활동을 시작하였다. 즉, 화폐획득과 가계보충을 위한 상품작물의 재배, 부업적 가내공업의 전개가 그것이다. 그 결과 면작綿作·양잠養蠶을 시작으로 쪽藍(마디풀과에 속하는 일년초로 남색의 염료)·소금·사탕수수·차 등의 재배가 보급되었고, 이것들을 원료로 한 가내공업이 각지에서 행해지게 되었다. 그렇지만 이러한 농민의 경영도 상품시장을 지배하는 상인과 이들에 기생하는 고리대를 살찌게 했을 뿐, 농민들의 생활에는 전혀 변함이 없었다.

이러한 상태에서 생활을 유지할 수 없는 농민은 유민이 되었는데, 그 일부는 도시로 유입하였고 일부는 해외로 신천지를 구하여 '화교'가 되었다.

그러나 여기에는 한계가 있었기 때문에 대부분의 유민들은 개간지를

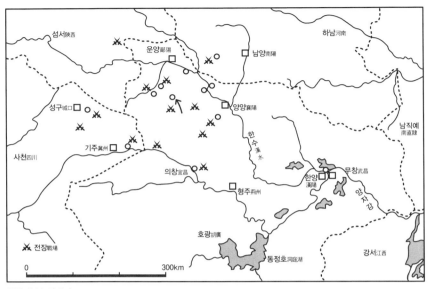

형양의 난 관계지도

구하여 국내 오지로 이주하였다. 헌종 즉위년(1464)에 하남·호북·섬서 3성 경계의 산악지대에서 이들 유민들이 반란을 일으켰다. 이 반란은 이 곳 지명을 따서 '형양荊襄의 난'이라고 부른다.

형주荊州·양양襄陽 지방은 한수漢水 유역에 위치하고, 그 상류는 산이 깊고 삼림이 번창한 산악지대로서 예로부터 '도적이 많이 모이는 곳'으로 알려져 있다. 일찍이 태조는 대군을 이끌고 이 지대를 토벌하고 금산구禁山區로 정하여 백성들의 유입을 일체 금지시켰다. 그러나 유민화하여 새로운 생활터전을 구하는 농민들은 개간되지 않은 황무지가 남아 있는 이 지방에 잠입하기 시작했다. 선덕 연간(1426~35) 그 수는 1만 명에 달했는데, 반란이 일어난 1460년대에는 25만~30만 명에 이르렀다고 보고되고 있다. 이들은 산동·산서·섬서·사천·하남·호광·강서·남직예·북직예 등, 화북·화중의 거의 전 지역에서 모여든 사람들이었다. 국가의 금령을 어기고 유입된 농민과 그들이 행한 개간사업은 당연히 정부권력과 충돌을 빚을 수밖에 없었다.

　명조 정부의 유민대책은 처음에는 원적발환주의原籍發還主義였다. 유민은 원적에 돌려보낸다는 것인데, 이윽고 유민이 대량으로 발생하게 되자 이 원적발환주의는 부적안삽주의附籍安揷主義, 즉 현거주지에 입적하여 정주시키는 방침으로 전환하지 않을 수 없게 되었다. 형양지방에 대해서도 정통 연간(1436~49)부터 유민을 현주지의 호적에 등록하여 이갑제를 통해 재지배하는 방침을 취하였다. 그러나 국가지배로부터 이탈하여 산악지대로 이주해 온 유민들은 이 곳에서 다시 왕조지배체제에 편입되기를 거부하고 실력으로 저항하였다. 정부로서는 무력으로 이들을 토벌하여 그 의지를 제지하지 않을 수 없었다. '형양의 난'은 이런 상황 하에서 일어난 것이다.

유망 개척농민의 반란

　1464년(천순 8) 말, 유통劉通(유천근劉千斤)을 수령으로 추대한 농민들은 지배자의 압력을 물리치고 양양부襄陽府 방현房縣 서북에 위치한 대목창大木廠에서 궐기하였다. 한왕漢王을 자칭한 유통은 '덕승'德勝이라는 연호를 사용하고 정부를 조직하여 백관을 두었다. 반란군의 주력은 4만, 참가인원은 수십만에 달했는데, 그 집단은 백련교의 영향을 강하게 받고 있었다고 한다. 다음 해 12월에 명조는 정규군을 파견했으나 진압에 실패하고, 이듬해에 다시 증원군을 파견하였다. 양군은 격렬한 산악전을 전개하였고, 1466년(성화 2) 윤3월 농민군은 결국 근거지를 잃고 궤멸 당하였다. 유통 등 3천 5백 명이 포로로 붙잡히고 전사자는 1만여 명에 달하였다.

　반란 평정과 함께 정부는 이 지역 유민에 대해 현지부적現地附籍과 원적발환原籍發還의 두 방침을 시행하려고 하였다. 그러나 현지부적을 실행하기에는 여러 가지 어려움이 있었기 때문에 원적발환에 주력하였다. 그런데 이들은 원래 압정에서 벗어나고자 했던 농민들이었고 따라서 국가의 의지대로 간단히 원적지로 돌려보내기를 기대하기는 무리였다. 이렇게 정부의 방침과 유민의 희망은 서로 대립하여 또 반란이 일어났다.

새로운 반란의 지도자는 이호자李鬍子라는 별명을 가진 이원李原으로, 제1차 반란 때 살아남은 자였다. 1470년(성화 6) 11월 이원은 스스로 태평왕(太平王)이라 칭하고 반란의 불길을 일으켜 금산 구역 내에 있는 현치縣治(현성縣城)를 공격하였다.

정부는 항충項忠을 형양총독군무荊襄總督軍務로 임명하여 토벌군을 지휘하도록 했는데, 항충의 작전지도는 매우 잔학하였다. 저항하는 자는 모두 죽이는 것은 물론, 난을 진압한 후 이 지역에서 추방된 농민이 150만 명에 달했다고 할 정도로 철저한 것이었다. 정부 수뇌부에서조차 후일 화의 근원이 될 것이라고 심려할 정도였다. 유망민이 개간했던 땅은 곧바로 황무지로 되었으나 항충은 자기의 공적을 과시하여 '평형양비'平荊襄碑를 건립하였다. 사람들은 이를 '타루비'墮淚碑(눈물을 흘리게 하는 비)라고 불러 그의 행위를 비판했다고 전해진다.

항충의 강경책은 쓸데없이 농민들을 죽이고 사방으로 흩어지게 만들었을 뿐 유민문제 자체에 대해 어떠한 해결도 가져오지 못했다. 때문에 그 후에도 정부는 1476년(성화 12) 5월에 원걸原傑이라는 자를 기용하여 세 차례에 걸친 유민 초무에 나서야 했다. 원걸은 과거 경험에 비추어 유민을 현지에 부적시키는 것을 중시하고, 부적한 개척농민을 이갑제에 의해 파악하는 동시에 이 지역에 새로 운양부鄖陽府를 설치하는 등의 대책을 내세웠다. 태조 이래의 금산정책禁山政策은 크게 후퇴하게 되었던 것이다.

그러나 피비린내 나는 살육을 동반한 왕조지배와 그 압정을 피해 살고자 한 농민 간의 대립은 원걸의 조치를 통해서도 결국 근본적으로 해결되지는 못했다. 1489년(홍치 2)에 죽산현竹山縣에서 반란이 일어났으며, 이를 시작으로 이후 16세기에서 17세기에 걸쳐 수많은 농민반란이 신개간지를 뒤흔들고 정부를 괴롭혔다.

수비를 견고히 한 헌종과 중흥의 영주 효종

그런데 헌종 즉위년(1464)은 태조가 즉위한 해(1368)로부터 거의 백 년째가 된다. 즉위 이래의 대란은 정치의 이완과 사회경제적 변화에 압박받아 온 농민의 반항으로서 여기에서 시대의 변천을 감지할 수 있다. 그러나 이 1세기의 세월 동안 시대와 함께 쌓인 정치적·사회적 폐해를 없애기 위한 어떠한 방책도 마련하지 못한 채 지배자를 소극적으로 만들고 정치를 보수화시켰다. 헌종 시대의 보수화 경향은, 예컨대 북방 대몽골전략에서 가장 전형적으로 나타난다. 영종이 토목보에서 대패하면서부터 명 조정의 대몽골정책은 점차 소극적이 되어, 이윽고 헌종 시대부터 약 100년간에 걸쳐 만리장성이 수축되었다.

이것은 명군이 몽골지방에 출격했던 적극적인 자세를 버리고 장성을 견고히 하여 중원을 수비한다는 방침을 고정화한 것을 상징한다. 장성은 먼저 섬서·산서성 경계에서부터 서쪽으로 영하寧夏에 이르는 1,200km 사이에 구축되었으며, 이어 동방 산해관山海關 사이의 장성에도 보수가 이루어져 현재 우리가 볼 수 있는 만리장성이 만들어졌다. 그리고 이 장성선長城線을 따라 이른바 9변진九邊鎭이 설치되어 북방으로부터의 침공에 대비하였다. 이에 동반하여 국방비가 국가재정의 최대 항목으로 되었으며, 군량보급을 둘러싼 상인의 활동도 활발해지게 되었다.

만리장성의 위용

　국내에서는 농민반란이 계속 일어났지만 대외적으로는 장성의 축조와
몽골족의 내부사정에 의해 명조는 북변의 근심을 잠시 잊을 수 있게 되었

으며, 헌종 시대의 북경조정은 실로 평온하였다. 헌종은 골동품을 수집하
는 취미와 라마교 신앙에 보람을 느끼고 있었고, 자신이 말더듬이어서

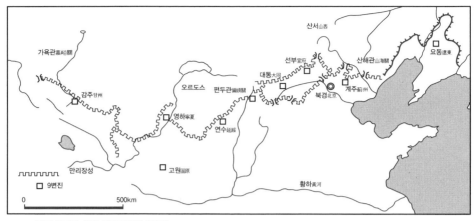

몽골 방어를 위한 만리장성과 9변진

신하와의 접견을 꺼려하였기 때문에 군신간의 단절은 한층 심해졌다. 재위 24년째인 1487년(성화 23) 8월 헌종은 죽고 황태자 우당祐樘이 뒤를 이었다. 그가 효종孝宗 홍치제弘治帝(재위 1487~1505)다.

효종은 명조 중흥의 영주로 일컬어지며 한漢의 문제文帝, 송宋의 인종仁宗과 비교되기도 하지만 그의 성장 과정을 보면 황제로서 정상적인 것은 아니었다. 부친 헌종은 만귀비萬貴妃를 매우 총애하였는데, 효종의 생모 기씨紀氏는 이 만귀비의 질투와 감시를 피하여 병든 여관女官과 여자죄수를 수용하는 내안락당內安樂堂에서 효종을 낳아야 했다. 그리고 부친과 처음 대면하게 되는 여섯 살 때까지 이 곳에서 비밀리에 자라났다. 생모 기씨는 광서 요족猺族 토관土官(이민족 추장에게 명 조정이 부여한 관직)의 딸이었기 때문에, 효종에게는 남방 이민족의 피가 흐르고 있었다고 하겠다.

약간 여담인데, 1969년 북경시 서쪽 교외에서 만귀비의 동생 만통萬通의 묘가 발굴되었다. 부장품에는 궁정 하사품이 많았는데, 일군一群의 금은기金銀器는 보석을 상감象嵌한 것으로 신종神宗 만력제萬曆帝의 부장품에 뒤떨어지지 않을 정도였다고 한다. 이는 당시의 호화스러운 궁정생활의 일단을 태조 이래의 법령과 제도를 집대성한 정덕 『대명회전』

짐작케 하는데, 현물이나 그 사진은 아직 공개되지 않고 있다.

즉위한 효종은 먼저 각료를 일신하고, 천순天順 연간 이래 오랫동안 단절되었던 황제와 대신의 직접 협의에 의한 정치를 부활시켜 환관이 기회를 엿볼 틈을 주지 않았다고 한다. 중흥의 영주로 칭해지는 이유이기도 한 그의 치적으로는 태조 이래의 행정법규를 집대성하여 펴낸 『대명회전』大明會典이 있다. 북경 궁정은 이후 계속 평온을 누렸지만 무거운 세금은 여전히 백성들을 괴롭혔고 작은 반란들이 그치지 않았다. 중흥이라 해도 그 내용은 이 정도였다.

무종의 퇴폐와 전국적 인민봉기

1505년(홍치 18) 5월 효종이 죽자, 14세의 황태자 후조厚照가 뒤를 이었다. 그가 무종武宗 정덕제正德帝(재위 1505~21)인데, 무종 일대는 전대의 반동에서랄까 퇴폐와 소란 속에 세월이 저물었다. 무종은 효종의 장남으

로 외아들이었는데 어렸을 때부터 부친을 닮지 않은, 이른바 문제아였던 것 같다. 부친 효종은 이를 염려하여 유조遺詔에,

  동궁東宮은 총명한데 다만 나이가 어려 놀기를 좋아한다. 선생들이여 동궁을 잘 보살펴 정도를 걷게 하여 영주英主가 되게 했으면 하오.

라고 쓸 정도였다. 그러나 즉위 후에도 무종의 성격은 바뀌지 않고 역대 황제 가운데서도

중국 역사상 호색 황제로 유명하며, 환관들에게 정치를 맡겼던 무종 정덕제

유례없는 기인으로 성장하였다. '팔호'八虎라고 불리는 악명 높은 8명의 환관을 측근에 모아 놓고, 그 필두인 유근劉瑾을 특히 신뢰하여 그를 친구로 삼아 상인흉내를 내기도 하고, 궁정을 빠져나가 미행을 즐기고, 또 궁중에는 이슬람 사원을 모방하여 표방신사豹房新寺라는 괴이한 사원을 세워 두문불출하기도 하고, 라마교에 빠져 스스로 '대경법왕'大慶法王이라 부르며 기뻐하였다. 그런가 하면 전쟁놀이를 좋아하여 마침내는 '총독군무위무대장군총병관대사진국공주수'總督軍務威武大將軍總兵官大師鎭國公朱壽라 칭하고 군장을 하고 각지를 순행하였다.

  이러는 사이에 정치의 실권은 유근劉瑾이 장악하였고, 태조가 궁문에 세워 환관의 정치간여를 엄금했던 철패鐵牌도 그에 의해 철거되었다. 상주

문上奏文은 유근의 사택으로 보내졌으며, 그의 독단으로 정책이 결정되었을 뿐만 아니라 문무관 인사도 그의 생각으로 결정되었다. 모든 것이 뇌물의 다소에 따라 이루어졌고 정의파 관료는 파직되어 '간당'奸黨으로 박해를 받았다.

유근의 전권專權시대는 1510년(정덕 원년) 8월 그의 실각으로 끝이 났는데, 이 때 몰수된 재산목록에 따르면 황금 250만 냥, 은 5천만 냥, 이 외에도 셀 수 없을 정도의 보석이 있었다고 한다. 이것은 그가 권좌에 있던 수년간 뇌물로 축재한 것이었다. 당시 호부戶部의 세입이 은으로 환산하여 2천만 냥 정도 되었던 것으로 추정되는데, 이에 대비해 보면 유근의 재산이 얼마나 막대한 것이었는지 잘 알 수 있을 것이다.

유근의 재산이라 해도 그것은 결국 백성들을 착취해서 모은 것이다. 요컨대 뇌물이 성하면 성할수록 입신출세를 원하는 문무관은 한층 노골적으로 백성들을 괴롭혀 뇌물로 쓸 비용을 염출해 내려 하였다. 이 압정에 견디지 못해 백성들이 각지에서 봉기하였다. 1508년(정덕 3)부터 1514년에 걸쳐 사천에서 일어난 반란, 1511년에서 1518년 사이에 강서에서 일어난 반란 등과 함께 1510년부터 1512년에 걸쳐 황제의 소재지인 하북에서 일어난 유육劉六·유칠劉七 형제의 반란이 그 대표적인 예다. 특히, 유육 등의 반란은 공자의 고향인 곡부曲阜를 점령하고 공자묘孔子廟를 파괴했던 것으로 '비림비공'批林批孔 운동의 진전과 함께 최근 주목을 끌고 있는데, 그 경과는 다음과 같다.

국도를 뒤흔든 유 형제의 반란

북경 남쪽 100km 떨어진 곳에 문안文安이라는 곳이 있다. 명대의 정식 행정명은 순천부順天府 패주覇州 문안현文安縣으로 넓은 의미에서 북경의 한

부분인데, 유육 등의 난은 이 곳에서 발생하여 산동·산서·하남 각지로 확대되었다.

처음 이 곳에는 장무張茂라는 도적 두목이 있어 유육 등은 그의 수하였는데, 문안 출신으로 유력 환관인 장충張忠과 이웃에 살면서 의형제를 맺었다. 때마침 장무가 관헌에 체포되어 유육 등이 구명운동을 벌이자, 이 때 장충은 은 2만 냥을 요구하였고, 장충의 조언으로 중개 역할을 맡았던 유근으로부터도 1만 냥을 요구 받았다. 이 막대한 금액을 마련하기 어려웠던 유 형제는 관청을 습격하여 금액을 조달하려 했지만 일이 확대되어 어쩔 수 없이 반란을 일으키게 되었다. 여기에 악정에 시달리던 농민들이 참가함으로써 반란이 확대되었다. 토벌군의 선무공작에 대해 그들은 다음과 같이 대답했다.

이미 국가는 무도한 권력에 의해 농단되어 버렸습니다. 이러한 정황속에서 당신들의 힘만으로 우리들을 위해 어떠한 행동을 할 수 있겠습니까?

반란을 일으킨 자들은 정치실태를 아주 정확히 꿰뚫고 있었던 것이다. 게다가 민중뿐만 아니라 황실에서도 이 기회를 틈타 군사를 일으킨 자도 있었다. 1510년(정덕 5) 4월 영하寧夏의 안화왕安化王 치번寘鐇이 유근의 죄상을 들어 황제 측근의 간신을 제거한다면서 반기를 들었으며, 이어 1519년(정덕 14) 6월에는 남창南昌의 영왕寧王 신호宸濠가 10만 대군으로 거병하였다.

안화왕의 난은 준비 없이 기도되었기 때문에 간단히 처리되었지만, 영왕의 난은 십수 년간에 걸친 주도면밀한 계획 하에 방약무도하고 세평이 나쁜 무종에 대신해서 정권을 잡고자 한 본격적인 내란이었다. 더군다나 조야에 뜻을 같이하는 자들도 있었고, 남창에 본거지를 두고 정부조직을 정비하였으며 나아가 남경까지 육박할 정도의 기세를 보였다. 다행히 남감순무南赣巡撫 왕수인王守仁(양명陽明)의 지모와 용감한 전투로 영왕을 포로로 잡아 반란은 35일이라는 짧은 기간에 평정되었지만, 이들 황족의 반란은 권력 내부에도 큰 모순이 있음을 드러낸 것으로 황제의 권위는 확실히 땅에 떨어졌다고 해도 좋을 것이다.

그럼에도 불구하고 무종은 사태를 바로 보지 못했으며, 유근이 실각한 후에는 군인으로 출세하여 힘만 자랑하는 강빈江彬이라는 인물을 신뢰하고 표방豹房에 기거하는 등 음락淫樂만을 일삼다가 1521년(정덕 16) 3월 31세의 젊은 나이로 후사도 없이 표방에서 죽었다. 죽음에 임박해서

    이제까지의 일은 모두 짐의 잘못에 연유한 것으로 그대들의 책임은
    아니다.

라는 약간 반성하는 말을 남겼다. 그렇다고 해도 그는 거의 예를 찾아볼 수 없을 정도로 궤도에서 벗어난 인물이었다. 다만 이 부분에서 무종을 위해 변호를 한다면, 즐기고 방탕하는 그의 생활이 황제 개인의 성격과 취향 때문만은 아니었다는 것이다. 욕망을 긍정하고 자유로이 쾌락을 추구한 무종의 입장은 당시 정신계를 지배한 주자학朱子學의 도덕적 세계에 대한 반발로서 인정되며, 이러한 경향은 이 시대에 성립한 양명학이 갖는 여러 특징과도 공통된 바가 있기 때문이다. 양자는 모두 주자학의 이성주의·도덕주의에 반발하는 하나의 시대적 정신의 산물이었다는 점에서 일맥상통한다고 여겨진다.

그렇다고는 해도 관계·정계의 구제하기 힘든 부패와 반란에 휩싸여 왕조체제가 중대한 위기를 맞이하고 있다는 것은 누가 보아도 확실하였다.

4. 양명학의 성립

양명학 이전의 주자학 일색

여기에서 내용을 약간 바꾸어 명대의 학문에 대하여 언급하기로 하겠다. 중국의 역사를 뒤돌아보면, 각 시대마다 그 시대를 대표하는 학문이 있었다. 가령 송·원 시대에는 주자학朱子學, 청대에는 한학漢學(=고증학)이 있었으며, 명대에는 양명학이 그 지위를 차지하였다.

양명학의 개산대사開山大師라고도 해야 할 왕양명王陽明이 세상에 태어날 때까지 명대의 학문은 오랫동안 침체에 빠져 있었다. 태조와 성조의 학자들에 대한 냉대, 사상탄압도 그 한 요인이었지만, 원조시대 이래로 '일관一官, 이리二吏, 삼승三僧, 사도四道, 오의五醫, 육공六工, 칠렵七獵, 팔민八民, 구유九儒, 십개十丐'라 하는 유학자에 대한 낮은 사회적 평가가 지속되었기 때문이기도 하다. 새로운 왕조는 전왕조의 정사正史를 편찬하는 관행에 따라 명조는『원사』元史를 편찬했는데, 극히 이례적으로 1369년(홍무 2)에 사국史局을 개설하여 그 다음 해에 완성되었을 정도로 매우 급하게 만들어져 거칠고 빠트리고 난잡하며 정돈되지 않았다는 악평을 받았다. 이렇게 소홀하게『원사』를 만들고도 태연할 수 있었던 명 조정의 분위기는 바로 시대적 풍조의 반영일 것이다. 성조의 칙명으로 편찬된『영락대전』永樂大典도 방대하기는 하나 고금을 통해 가장 졸렬한 유서類書(백과전서)로 일컬어진다.

또 당시의 학문은 전 시대를 이어 받아 주자학 일색이었는데, 주자학이 중국사상 전무후무한 체계적 사변철학思辨哲學이었던 까닭에 새롭고 근본적인 주장을 명확히 내세우기 매우 곤란했던 사정도 이 같은 침체에 박차를 가했을지도 모르겠다. 명대 굴지의 주자학자로 일컬어지는 설선薛瑄(1389~1464)도 다음과 같이 발언하고 있다.

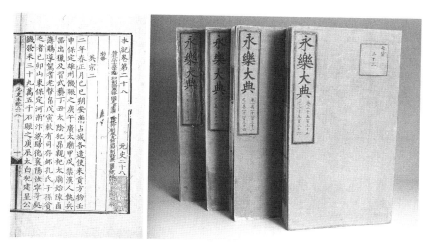

황무제가 편찬한 원대의 정사正史인 『원사』(좌)와 영락제가 칙명으로 천문·지리지·의서 등 모든 분야의 전적典籍을 망라한 『영락대전』(우)

주자朱子 이후, 이 도道는 이미 크게 밝혀져 있기 때문에 그 위에 저작을 더할 필요는 없다. 다만 학자는 궁행躬行에만 마음을 쓴다면 그것으로 좋을 것이다.

침체의 원인이야 어찌 되었든, 건국 이래 백년이 지나 학계·사상계는 마침내 왕양명이라는 당대 학문의 대표자이며 중국 철학사상 거성을 낳았다.

거성의 탄생 – 용장의 돈오

왕양명王陽明(1472~1528)의 본명은 수인守仁이고 양명은 호號다. 절강성浙江省 여요현余姚縣에서 출생하였다. 그의 부친 왕화王華도 1481년(성화 17)에 과거에 수석으로 합격한 인물로 남경이부상서南京吏部尚書에 오른 이른바 명문가의 자제였다. 위와 같은 학계의 조류 속에서 왕양명도 처음에는 "성인은 배워서 깨우쳐야 할 것이다"라는 이상주의에 불타는 열렬한 주자

심즉리心卽理의 양명학을 창시한 왕수인
(양명)

학도朱子學徒였다. 과거시험에서 주자학이 표준학설로 되어 있었으며, 성조
가 한림학사翰林學士 호광胡廣 등에 명하여 『사서대전』四書大全, 『오경대전』五
經大全, 이어서 『성리대전』性理大全을 편찬하게 하여 주자학이 국책으로 제창
되었기 때문에, 양명의 이러한 태도는 당연한 것이었다. 그러나 학문이
진보하면 할수록 주자학은 그를 만족시키지 못했다.

주자학설에 따르면, 인간의 마음은 성性과 정情으로 나누어진다. 이理
속에 있는 것은 성性뿐이고 자기 안에 있는 이理를 진실로 자각하기 위해서
는 자기 밖에 있는 여러 사물 자체에 대해서 연구하여 사물의 이理를 하나
하나 밝히고 철저히 규명해야 한다고 역설한다. 이理라는 것은 '사물 그
자체를 사물답게 하는 근거'로 이해함이 좋을 것이다. 주자의 인식론인

'격물치지'格物致知, 즉 물物을 깨우침格으로써 지知를 완성한다는 것이 곧 이것이다. 그러나 이 점이 양명의 최대의 불만이기도 했다. 그는 생각하기를, 우리 마음 속에 이理라는 것은 주자가 말하는 것처럼 하나하나 외부에 있는 이理를 철저히 규명하는, 외적 경험으로 보충하지 않으면 안 될 만큼 의지할 수 없는 것인가? 그 위에 천하의 모든 사물의 이理를 철저히 규명하는 것이 원리적으로 가능할까? 가령 일목일초一木一草의 이理를 철저히 규명하는 것이 성인이 되기 위한 실천과 어떤 관계가 있는 것일까? 주자가 설한 바는 성性(=이理)에 대한 모독이 아닐까?

왕양명이 스스로 이 의문에 답하는 데에는 약간의 세월을 필요로 했다. 28세 때 진사에 합격하여 관계에 진출한 양명은 선천적으로 다정다감하여 끝이 없는 횡포를 일삼는 유근에 대한 반대운동에 참가하여, 곧 귀주성 용장龍場의 역승驛丞(=역장驛長)으로 좌천되었다. 묘족苗族이 거주하는 산중에서 그는 스스로 집을 짓고, 토착인의 경작법을 흉내내어 몇 무畝의 화전을 마련하여 주린 배를 채웠다. 이 곳에서의 생활은, 그 자신이 "수많은 어려움을 맛보았다"라고 쓰고 있듯이 상상하기 어려운 고난의 기간이었던 것으로 보인다. 게다가 읽을 만한 성현의 책도 없는 유배생활 속에서 사색을 계속하기 3년째, 마침내 어느 날 밤 홀연히 큰 깨달음을 얻었다.

성인聖人의 도道는 나의 마음 속에 완전히 갖추어져 있다. 이제까지 이理를 여러 사물에서 구하려 한 것은 잘못된 것이다.

중국 철학사상에 유명한 '용장龍場의 돈오頓悟'의 장면인데, 이 때 양명의 나이 37세였다. 주자학의 '성즉리'性卽理에 대신하여 새로운 원리인 '심즉리心卽理'가 탄생한 것이다. 불우한 시절을 보냈지만 이로부터 얼마 안 있어 그에게도 생환의 즐거움을 맛보는 날이 돌아왔다. 유근이 실각하자 관계에 복귀한 그는 순조로운 출세의 길을 걸었다. 즉, 순무巡撫로서 강서와 복건의 농민반란을 진압하고 영왕寧王의 반란을 토벌하였으며, 군사적·행정적 수완을 발휘하여 남경병부상서南京兵部尙書에 승진되었다. 그리고 어수선한 관료생활과 만년의 강학생활 속에서 자기의 학문을 연마해 갔다. 그의 학문은 "치양지致良知, 즉 양지良知를 발휘하여 만물의 원리를 깨닫는다"라는 설로 발전하였다.

주관유심론 심즉리

왕양명이 말한 심즉리心卽理에서는 주자가 설說한 성性+정情=심心의 성과 정을 합한 혼연일체의 심心을 그대로 이理라고 하는 것이다. 양명은 이러한 마음을 특히 양지良知라고 불렀다. 결국 주자가 말한 성즉리性卽理는 이理를 선험적 존재로 인식하고 외적 경험에 서서 내적 직감直感을 얻으려 했던 것에 대해, 양명의 '심즉리'는 이理를 인간 측으로 빼돌려 인간의 고유한 직감력을 중시해서 심心의 본체인 양지良知에서 이理를 인지하는 것이었다. 주자학을 객관유심론客觀唯心論이라고 칭하는 데 대해 양명학을 주관유심론主觀唯心論이라 칭하는 까닭이다.

따라서 이 양지良知는 지知(=인식)와 행行(=실천)의 통일체知行合—여야 하며, 자自와 타他의 통일체(만물일체)여야만 한다. 그것은 도덕적 직관력, 또는 직관적 도덕력으로 설명되는데, 학문의 목적은 "양지良知를 깨우친다"= 모든 사람에게 태어날 때부터 가지고 있는 양지를 완전하게 실현하는 것이라고 규정하였다. 시마다 겐지島田虔次에 의하면, 왕양명이 도달한 새로운 개념과 감각은 다음과 같은 것이다.

1. 일찍이 성인聖人은 작자作者의 성聖이고, 성천자聖天子이며 천리天理를

그대로 나타내는 것이 인간에게 부과된 목표였지만, 이제는 거리에 이들 성인이 가득차게 되었다.

2. 성인이 되기 위해서는 욕망을 없애는 것이 절대조건이었는데, 욕망 그 자체가 원리적으로 긍정되게 되었다.

3. 양지적良知的 인간평등과 함께 대단히 적극적인 행동주의의 제창이 출현하였다.

4. 문제를 양지良知 한 곳에 집약시킴으로써 종래 경시되었던 기술적인 것, 지적知的인 것, 정적情的인 것이 해방되고, 일종의 자유주의가 생겨났다.

5. 기성의 권위에 대한 비판적 경향이 생겨났다. 스스로 자기 안에 이理가 충족함을 확신하는 자에게 외적 권위는 이미 없었다.

6. 이단에 대한 긍정적인 태도가 나타났다. 모든 인간적인 것은 양지良知에 근거하며, 양지에 근거를 두고 있는 것은 각기 모두 이루어질 만할 것이다.

7. 반서적주의反書籍主義다. 권위 있는 책을 읽는 것이 학문은 아니며, 이제 학문이라는 것은 자기 안에 있는 이理를 실현해야 하는 것이다.

체제와의 항상적 대립

양명학의 성과는 요컨대 이상과 같다. 그것은 우선 방대한 고전해석古典解釋을 통해 박학을 존중하는 유학에서는 이례적인 것인데, 박학을 물리치고 간결과 명료함, 솔직함을 중시하는 것을 특징으로 한다. "성인의 도道는 내 마음 속에 있다"라는 주장이 그 특징을 단적으로 표현하고 있다. 이를 보고 사변철학으로서 완벽성을 과시하는 주자학에 친숙해 있던 당시 사대부(지식인)들이 놀라는 것은 당연했다. 더욱이 여기에 유교적 권위에 대한 비판적인 요소가 내재하고, 평등주의·자유주의, 이단과 욕망을 솔직히 긍정하는 주장이 있음을 볼 때, 그들이 이를 왕조지배의 체제교학體制敎學으로 공인된 주자학적 예교체제禮敎體制를 위협하는 것, 즉 위험사상으로 파악한 것도 일리가 있었다.

과연 양명의 제자와 손자 계승자들 가운데에서 관념유희觀念遊戲에 전념하는 우파와 함께 대담하게 체제비판을 전개하는 좌파가 나타났다. 그들은 인간의 욕망도 천리天理라고 주장하며 독특한 열정으로 부지런히 실천활동에 나섰다. 후에 설명하겠지만 서민계급의 대두를 배경으로 그들의 활동대상이 된 것은 서민대중이었으며, 박학을 배척하고 쉽고 간단한 것을 존중하는 학설에 공명하여 상인·농민·직인職人·노동자들 속에서 학자가 배출되는 유례 없는 현상이 나타났다. 그리고 그들 중 가장 급진적인 경우는, 인욕人欲을 부정하고 공리功利를 천하게 보는 '정인군자正人君子=사대부'의 위선과 무능을 격렬하게 공격할 뿐 아니라 역사적 인물의 전통적 평가를 뒤집고, '만세萬世의 사표師表'인 공자孔子까지 부분적으로 부정하였다. 이 때문에 그들은 체제측=예교禮敎의 입장으로부터 도덕을 혼란시키고 사회질서를 붕괴시키는 자로서 '심학心學의 횡류橫流'라는 이름으로 심한 지탄의 대상이 되었다. 횡류라는 것은 무궤도無軌道한 유행이라는 정도의 의미다.

양명학은 오로지 위와 같은 이유 때문에 중국에서는 매우 평판이 나쁜 학문이다. 양명학이 가져온 것은 형태만 있고 내용은 없는 언론과 광인적狂人的인 행동, 구제하기 어려운 도덕적 혼란에 지나지 않는다는 평가인데. 이것은 이미 명대=양명학 성립 직후에도 있었지만, 이후 청대 학자들에 의해 정착된 듯하다. 이들의 말에 따르면, 명대 학자들에게는 사회성은 말할 것도 없거니와 학문적 양심이나 창조적 정신은 찾아볼 수가 없었다. 명조가 멸망한 것도 그 근원을 보면, "서적은 묶어 놓고 보지도 않고 근거도 없이 엉터리 담화를" 일삼고, "하늘이 무너지고 땅이 꺼져도 우리는 관계 없다"는 식의 양명심학陽明心學의 횡류橫流에 원인이 있으며, 양명학이 안으로부터 궤멸한 것이라고 한다.

다만 그 후 예외적으로 양명학에 대한 관심이 높았던 시기가 없었던 것은 아니다. 청조 말엽의 한 시기가 그 유일한 예다. 청말 개량주의자와 혁명가들 사이에 '행동철학'으로서의 양명학이 주목을 받았으며, 그 정열적인 실천성·행동주의가 배울 만한 가치가 있는 것으로 인식되었던 것이다.

메이지 유신과 일본의 양명학

이에 비해 일본에서는 양명학을 배우는 데 열심이었다. 일본 양명학파의 개조開祖라고 할 나카에 도주中江藤樹를 시작으로 구마자와 반잔熊澤蕃山, 미와 싯사이三輪執齋 등이 나왔고, 양명의 학문을 계승하였다. 물론 막부의 체제교학으로는 주자학이 있었기 때문에 양명학이 이단시되었던 것은 중국과 마찬가지다. 그런데 1790년(관정 2) 5월 소위 '이학異學의 금禁'으로 주자학 이외의 학문에 대한 탄압이 시작되었음에도 불구하고 양명학의 진수를 흡수하여 제자에 전하고 혹은 스스로 행동으로 막부의 정치를 비판하려고 하는 자가 끊이지 않았다. 후자의 대표로 오시오 헤이하치로大鹽平八朗가 있다.

그리고 이들 문하에서 가쓰 가이슈勝海舟, 요시다 쇼인吉田松陰, 사이코 다카모리西鄕隆盛 등 메이지 유신의 인재가 양성되었다. 가쓰 가이슈 등이 양명학자였는지 아닌지에 대해서는 이견이 있지만, 양명학 심취자 내지는 신봉자로 미시마 유키오三島由紀夫 등의 예에서 보이듯이 현재까지 계속되고 있다. 가쓰 가이슈의 어록 『빙천청화』氷川淸話에는 왕양명에 대한 다음과 같은 내용이 있다.

왕양명은 맹자 이래의 뛰어난 현인이다. 치양지致良知의 설이나 지행합일의 논이 철학계에 일종의 이채를 띤 것은 물론 시서詩書 등의 지엽적인 솜씨에도 독특한 묘미가 있을 뿐 아니라 그 문장은 당송팔대가 이외에 하나의 기치를 내세우고 있다. 사이고 난슈西鄕南洲 등도 이 인물의 학식과 덕행에 매우 감복하여 평생 본보기로 삼고 배웠다고 한다.

가쓰 가이슈는 위의 지적에 이어서 "양명의 학풍은 간단하고 쉬우며 곧고 사물의 구분을 명확히 하였기에 일본 국민의 기풍에 가장 잘 들어맞았다고 생각한다"라고 하였는데, 이것이 바로 일본에서 양명학이 널리 그리고 오랫동안 학습된 이유였을 것이다.

신 중국에서도 혁명의 적

그런데 현대중국=중화인민공화국에서도 양명학 또는 양명학에 대한 평판은 여전히 좋지 않다. 그 주된 이유는 양명학이 전형적인 주관적 유심론이기 때문이다. 이는 인민공화국의 이데올로기인 유물론적 입장에서 보면 당연한 것이지만, 이와 더불어 왕양명이 농민반란의 탄압자고 장개석蔣介石이 그를 '적비'赤匪 토벌의 철학자로 추켜세운 것과도 관계 있는 듯하다. 그리고 프롤레타리아 문화대혁명 이후, 이러한 평가는 점차 심화되어 간 듯하다.

그 한 예를 소개하면, 왕양명은 주관유심론 철학을 말했으므로 당시 첨예화한 농민과 지주 간의 계급모순, 지주계급 내부의 모순을 은폐시키고, 또한 유심론에 기초한 '영웅론'英雄論, '천재론'天才論을 전개하여 역사는 인민에 의해서만 창조된다는 관점에 반대했다는 것이 주요 비판점이었다.

게다가 중국 현대사에서 모든 반동파는 모두 왕양명에게 마음을 빼앗겼다는 단죄가 부가되었다. 즉, 장개석이 그랬고 '유소기劉少奇 류의 사기꾼'

140

(임표林彪를 지칭)도 왕양명을 선철先哲로 숭앙하여 마르크스주의에 반대하고, '천재론'을 고취하여 당黨을 파괴하였으며, 권력을 탈취하여 자본주의를 부활시키려 했다 하여 비림정풍운동批林整風運動과 함께 혁명중국에 대한 양명학의 범죄적 영향까지 지적되고 있다.

제4장 |
자금성의 석양

1. 북로와 남왜

만 3년을 허비한 대례의 의

음란과 쾌락을 일삼던 무종은 형제도 자식도 없었기 때문에 효종孝宗의 동생 흥헌왕興獻王의 아들인 후총厚熜을 후사로 맞아들였다. 그가 바로 세종世宗 가정제嘉靖帝(재위 1521~66)다. 세종이 즉위한 것은 15세로, 이미 돌아가신 부친을 이어 호북 안륙주安陸州의 번왕藩王으로 있었는데, 제위에 오르자마자 바로 이른바 '대례의'大禮議가 일어났다. 이것은 세종이 누구의 뒤를 이은 것인가라는 문제와 관련하여 부친을 어떻게 예우할 것인지를 둘러싸고 전개된 논의였다.

대례의 논쟁에서 내각수보內閣首輔로 가정제와 대립한 양정화楊廷和

그 경과를 보다 상세히 설명하면, 중국의 관습에서 세종은 사촌인 무종의 뒤를 이은 것이 아니라 그 선대인 효종을 이은 것이 된다. 여기에서 조법祖法을 중시하는 양정화楊廷和 등 대신들은 세종을 효종의 양자로 간주하여 효종을 황고皇考, 생부生父인 흥헌왕을 황숙부皇叔父로 해야 한다고 했다. 그렇지만 세종은 효도에 따라야 한다면서 흥헌왕을 황고皇考, 효종을 황백고皇伯考, 무종을 황형皇兄으로 칭해야 한다고 주장하였다. 이것은 원래 가족제도와 관련한 중대한 문제로서 온 조야에서 대논쟁이 전개되었다. 외국인에게는 이해하기 힘들겠지만, 가족윤리를 지배원리로 삼는 왕조국가에서는 존립의 본질에 관한 중대한 문제였던 것이다.

결국 이 사건은 세종이 대권을 발동하여 양정화 등 반대파를 사직시키고, 자기 심복들을 기용함으로써 자기 생각대로 결론을 내렸다. 이에 따라 대단한 논쟁도 종지부를 찍었는데, 이 논쟁은 세종 즉위 6일 후에 시작되어 만 3년 반이라는 세월을 소비하였다. 그러는 동안 논의는 예법 문제에서 정치문제로 발전하여, 다수의 관료가 희생된 반면 세종의 뜻에 따르는 자는 이례적으로 발탁되는 등 관계의 질서를 문란시키고 신정新政의 전도에도 불길한 그림자를 드리웠다.

그런데 건국 이래 이미 150년이 지나, 동아시아의 맹주로서 찬란한 문명을 쌓아 온 명제국의 위대함과 번영에 드리운 그림자로서, 46년간에 이르는 세종의 치세에 보다 두드러졌던 것은 이른바 '북로남왜'北虜南倭의 화禍였다. 북로란 북방으로부터의 몽골족의 침공이고, 남왜는 남쪽 연안에 대한 일본 해적의 약탈인데, 명제국의 지배체제는 이로 인해 중대한 위기에 직면하게 되었다.

몽골침입의 격화 – 경술의 변

북변방위는 명제국 최대의 관심사였고, 그 전략배치도 북방에 중점이 두어져 있었다. 일찍이 태조는 자주 몽골에 군대를 보냈으며 성조 역시 친히 다섯 번이나 출정하였다. 그러나 '토목의 변' 이후 이러한 적극적인 자세는 자취를 감추고 15세기 중엽부터 장성으로 몽골세력의 침입을 방지하는 소극책이 눈에 띄게 되었다는 것은 이미 서술한 바와 같다. 더욱이 북방방위의 성패와 관련이 깊은 오르도스河套 지역도 1450년대(천순 무렵)부터 몽골족이 장악하게 되고, 이후 몇 차례에 걸쳐 오르도스 탈환계획이 세워졌으나 결국 실현을 보지 못한 채 끝난 것이 15세기 말부터 16세기 초에 걸친 형국이었다.

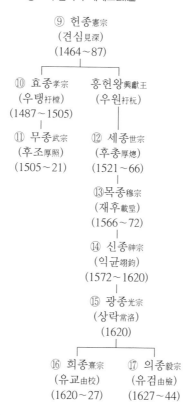

명조 후반기의 세계도世系圖

⑨ 헌종憲宗
(견심見深)
(1464~87)

⑩ 효종孝宗
(우탱祐樘)
(1487~1505)

홍헌왕興獻王
(우원祐杬)

⑪ 무종武宗
(후조厚照)
(1505~21)

⑫ 세종世宗
(후총厚熜)
(1521~66)

⑬ 목종穆宗
(재후載垕)
(1566~72)

⑭ 신종神宗
(익균翊鈞)
(1572~1620)

⑮ 광종光宗
(상락常洛)
(1620)

⑯ 희종熹宗
(유교由校)
(1620~27)

⑰ 의종毅宗
(유검由檢)
(1627~44)

*괄호 안은 재위 연수

한편 몽골에서는 15세기 후반, 홍치·정덕 무렵에 다얀칸達延汗, Dayan

Khan이 등장하여 현재의 내몽골 지역을 평정하고 새로운 지배체제를 형성하였다. 그는 이 영역을 좌우 양익兩翼으로 나누어 스스로 좌익의 차하르察哈爾 부에 있는 3만 호를 거느리고, 셋째 아들인 바르스 볼로드巴爾斯博羅特, Bars Bolod를 부왕副王으로 삼아 오르도스에 있는 우익 3만 호를 통솔토록 하였다. 그 후 다얀칸達延汗의 장자가 젊은 나이로 죽었기 때문에 좌익 세력은 흥성하지 못했지만, 우익 세력은 점차 강대해져 바르스 볼로드의 장자인 군 빌릭袞必里克, Gun Bilig이 아버지의 뒤를 잇고 둘째 알탄俺答, Altan, 셋째 쿤둘렌이 형을 도왔다.

이 우익 3부部 3만 호 가운데에서는 알탄俺答이 이끄는 부족이 가장 강하였다. 이들은 오르도스를 점거하는 등 우위를 보이며 1520년대인 가정嘉靖 초년부터 명제국 북변을 격렬히 침공하였다. 더구나 북방 전진기지 중 하나인 대동大同에 주둔한 명 군사들 가운데 반란을 일으킨 자들이 몽골에 투항하였다. 이들을 안내역으로 삼은 알탄의 침공은 하북과 산서 지방 깊숙한 지역에까지 미쳤다.

특히 1542년(가정 21)에 산서를 침공했을 때는 1개월여에 걸쳐 그 전역을 약탈했으며, 20여 만을 죽이고, 8만 호의 가옥을 불태웠으며, 10만 경頃의 토지를 황폐시킴과 아울러 200만 두의 가축을 탈취해 갔다. 이후에도 알탄의 침공은 매년 계속되었다. 특히 1550년(가정 29)에는 고북구古北口로부터 침입하여 북경성을 수일 동안 포위하는 긴박한 상황이 전개되었다. 이를 '경술庚戌의 변變'이라 부르는데, 이 사건을 계기로 북경성에 외성外城이 축조되었다(이 외성은 근년에 도시계획으로 철거되어 지금은 자취가 없어졌다).

마시＝명·몽 정기교역장의 설치

148

이렇게 알탄 등이 중국을 침입하였던 목적은 '마시'馬市를 통한 통상관계의 확립이었다. 그들의 유목생활도 중국의 산물이 없고서는 성립될 수 없었기 때문이다. 따라서 '경술의 변' 이후에도 알탄은 격렬한 대명공격을 반복하고 마침내는 외몽골 경략을 시작으로 중앙아시아로도 진출하였다. 그러나 명제국과 전투를 끝없이 계속하는 것은 어리석다고 판단하고, 내부에서 일어난 분쟁을 계기로 명 측이 제안한 화의에 응하였다.

1570년(융경 4) 화의는 성립되고, 다음 해에 명 조정은 알탄을 순의왕順義王에 봉하였다. 이 때 그의 자제에게도 관위를 제수하고 아울러 대동大同과 그 외 다른 지역에 마시를 개설하였다. 무역관계를 통해 알탄 때부터 염원해 온 그들의 희망에 응해준 것이다. 마시란 지정된 장소에서 일정 기간 동안 개설된 교역, 또는 교역장交易場을 말한다. 1571년(융경 5)에 개설된 마시는 이후 오랫동안 한漢・몽蒙 양 민족의 우호적인 무역의 장이 되었다. 당시 교역품은, 몽골 측에서는 금・은・말・소・양・가축 등이었고, 중국 측에서는 견포絹布・미맥米麥・철・냄비 등이었다. 이 무역관계가 정착되는 동시에 양 민족의 혼주잡거混住雜居가 시작되어, 몽골인 중에서는 마시 주변에 정착하여 유목생활을 버리고 농경에 종사하는 자도 많이 나타났다.

이렇게 해서 30년간에 걸친 격렬했던 알탄의 침공도 겨우 막을 내렸는데, 그 사이 명조가 받은 손해는 토지와 재화만 해도 막대한 액수에 달했다. 게다가 명조가 받은 타격은 이에 국한된 것이 아니었다. 직접 군사비 부담도 거액에 달하였다. 당시 북방 군사비의 하나로 호부戶部에서 지출되는 '경운연례은'京運年例銀이라는 항목이 있었는데, 그 총액을 보면 가정嘉靖 초년에는 59만 냥, 동 18년에는 100만 냥이었고, 동 29년('경술의 변'이 일어난 해)에는 220만 냥으로 급증하였으며, 이후 매년 200만 냥 이상이었다고 기록되어 있다. 이렇게 증대하는 재정부담은 결국은 농민에게 전가되었기 때문에, 매년 계속된 몽골군과의 전쟁으로 피해를 받는 것은 농민들일 수밖에 없었다.

후기왜구의 약탈

몽골세력과 더불어 명제국을 동요시킨 것은 일본이다. 당시 중일관계는 무로마치 막부室町幕府의 대명조공무역으로 대표된다. 그것은 아시카가 요시미쓰足利義滿가 '일본국왕신원도의'日本國王臣源道義라 하며 통교한 이래, 그의 아들 요시모치義持 시대에 한때 중단되기도 했지만 1547년(가정 26, 천문 16)까지 백 수십 년간 18차례에 걸쳐, 총 50척의 견명선遣明船에 의해 계속되었다. 그러나 막부의 약체화와 함께 무역의 관리권이 호소카와細川·오우치大內 등 유력한 슈고다이묘守護大名의 손으로 넘어가고, 호소카와와 결합한 사카이堺 상인과 오우치와 결합한 하카타博多 상인이 패권을 놓고 대립하게 되었다.

때마침 세종 즉위 직후인 1523년(가정 2) 5월에 양자의 조공사절이 영파寧波에서 정통성을 다투고, 여기에서 패배한 오우치 파의 사자가 분노하여 영파 부근 연해의 여러 주·현에 불을 지르고 약탈하는 사건이 일어났다. 사건 후 바로 명 조정은 이를 기회로 조공무역에 대한 태도를 바꾸었으며, 이에 부수한 사무역도 엄중히 단속한다는 방침을 세웠다. 그 결과 정상적인 통상 활동으로부터 쫓겨난 일본 상인들은 무력으로 화중·화남의 연해지역을 중심으로 격렬한 약탈무역을 전개하게 되었다. 이른바 '후기왜구'後期倭寇인데, 그 세력이 "이로 인해 해상은 평안한 날이 없었다"고 할 정도로 연안 주민에게 많은 피해를 입혔다. 다음의 시詩는 왜구를 피해 피난한 한 시인의 시다.

문란한 세상의 남은 인생이여
배고픔과 추위를 어느 곳에 의탁할 것인가
낮에 도피해서는 귀신의 곡소리를 듣고
밤에 도망하여 선유仙遊를 가려고 하네
샛길 있지만 바람은 쓸쓸하고
새들이 멈추려고 하는 산도 없구려
늙은 마누라가 하늘을 향해 묻기를
도적은 언제나 그칠 것인가. (진앙陳昻의 시詩)

명말 일용백과전서에 실린 왜구의 모습

이 시기의 왜구는 대부분 수십 명 정도의 소부대로, 해안으로부터 수백 리 깊숙이 침입하는 행태를 보였으며, 강소·절강·복건·광동 연해 각 지역을 공격하여 "향하는 곳마다 적이 없다"라고 할 정도의 상황을 연출하였다. 더구나 "진짜 왜眞倭는 2, 3이고 가짜 왜僞倭가 7, 8이다"라고 할 정도로 중국인 참가자가 많았다. 15세기 후반 이후, 복건과 광동 등 연해지방에는 밀무역으로 해외로 나가는 자가 있었는데, 이들도 일본 무역업자와 이해가 일치했기 때문이다.

명제국에게 왜구는 북로北虜 정도는 아니라 해도 두통거리임에는 틀림없었기 때문에 전력을 다하여 진압에 임했

후기왜구를 진압하는 데 혁혁한 공로를 세운 척계광戚繼光

다. 먼저 1547년(가정 26)에는 주환朱紈을 파견하여 밀무역의 거점인 장주漳州 월항月港을 대대적으로 탄압하였다. 그러나 밀무역으로 이익을 얻고 있던 지방 유력자들의 반대로 주환이 실각하여 자살을 할 정도로 문제는 복잡하였다. 이 탄압에서 살아남은 잔당은 왕직王直이라는 인물을 중심으로 조직을 재건하고 한층 격렬하게 약탈무역을 감행했기 때문에 '후기왜구'의 발호는 그 정점에 달하였다.

명 조정은 이 같은 상황에 대처하여 뛰어난 지모로 평판이 높은 호종헌胡宗憲을 총독으로 보내 토벌을 지휘하게 했다. 그는 1556년(가정 35)부터 이듬해에 걸쳐 왕직을 체포하는 데 성공하였으며, 이어서 63, 64년에 유대유俞大猷와 척계광戚繼光 등이 복건 평해위平海衛에서 그들의 주력을 격파함으로써 40년간 계속되었던 왜구의 세력도 점차 쇠퇴하게 되었다.

화남 해역에 뒤섞인 각국 상인

그런데 왜구는 단순히 물자를 도적질하는 부류는 아니었다. 원래 통상적인 무역관계가 없던 시기에 발생한 것으로서, 차라리 정상적인 무역관

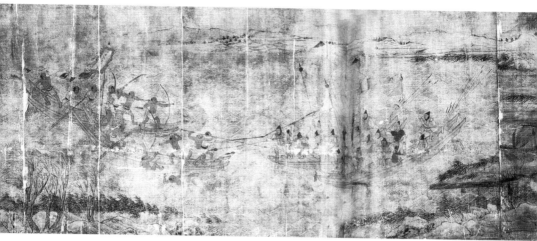

명의 관군과 왜구의 전투도

계를 요구하는 일종의 시위에 가까웠다고 할 수 있다. 그 까닭은 당시
중일무역이 양국의 경제발전 상황을 반영하여, 일본은 동전을 구하고
중국은 은화를 구하였는데 모두 다 사회적 요구가 강하였으며 또 양국
백성들에게 무역이란 생업의 하나였기 때문이다. 정부의 일방적인 사정으
로 무역이 금지되자 양국 백성들은 한층 괴로움을 당할 수밖에 없었다.

즉 동전을 손에 넣기 위해 태연히 조공국이 되겠다는 쇼군將軍이 있을
정도로 일본 측의 동전에 대한 요구는 강했으며, 상공업 발달이 현저해지
면서 은에 대한 수요가 높아지고 있던 중국 화중·화남의 연해 주민 역시
일본의 은을 구하기 위해 무역을 지지하였다. 왜구 가운데 중국인이 다수
참가한 것도 이러한 이유 때문이다. 따라서 호종헌 등이 왜구를 진압한
후에도 분쟁은 그치지 않았으며, 마침내 명 조정도 법령으로 단속하는
것은 무리임을 깨닫고 1567년(융경 원년) '해금'海禁을 중단하였다. 즉 무역
의 재개와 중국인의 해외도항을 인정함으로써 왜구 발생의 기반을 없앴던
것이다. 또 일본 측에서도 오다 노부나가織田信長와 도요토미 히데요시豊臣秀

秀에 의해 국내통일이 달성되면서 왜구는 종식되었다. 이후 일본상선은 고슈인센御朱印船으로 마카오澳門, Macao 무역에 참가하였고, 다시 동남아시아 각지로 진출하였다.

‘후기 왜구’가 활약한 16세기 중기는 바로 스페인, 포르투갈 등 유럽 세력이 중국 연해에 나타난 시기에 해당한다. 왜구가 무장을 동반한 밀무역업자라 한다면, 유럽 상인의 등장으로 국제무역의 기운이 한층 고조되고 그 구조도 보다 다채로워진 것은 의심할 여지가 없다. 왜구의 종식과 명조의 ‘해금’ 해제 이후, 동아시아 해역은 각국 상인이 들어와 뒤섞여 활약하는 국제무역의 무대가 되었다.

1557년(가정 36) 마카오에 거주를 허락받은 포르투갈 상인의 대명무역은, 서광계徐光啟 등 유식자가 “남만南蠻 무역이라 함은 명明·일日 무역에 지나지 않는다”라고 꿰뚫어 보았듯이, 일본산 은을 중국에 운반하고 중국의 생사와 견직물을 일본에 실어가는 중개무역으로서, 명조와 일본의 직접무역을 대행하는 역할을 하였다. 이 시대를 살았던 사조제謝肇淛는 중국과 관계를 가진 주변 여러 민족의 특징을 다음과 같이 서술하였다.

조선보다 예의 바른 민족은 없고, 타타르보다 용맹한 민족은 없으며, 또 왜노倭奴(일본)보다 교활한 민족이 없고, 류큐琉球보다 순박한 민족은 없으며, 진랍眞臘(캄보디아)보다 부유한 민족은 없다. (『오잡조五雜組』)

이에 의하면, 일본인을 이른바 경제적 동물economic animal로 부르게 된 것은 특별히 요즘에 시작된 것은 아닌 것 같다. 1563년(가정 42)에 완성된 『주해도편』籌海圖編은 중국인의 일본에 대한 지식을 일신시킬 만큼 획기적인 저술로 일컬어지는데, 당시 중국인의 일본에 대한 관심과 이해가 매우 높았던 것은 확실하다.

2. 재상정치

세종의 국정포기와 엄숭의 농단

세종은 즉위하자, 일찍이 인식하고 있던 이전 시대의 악정을 바로잡고 정치와 인심의 일신을 도모코자 결의하였다. 이 15세의 새로운 황제를 보필하여 정무를 담당한 자가 대학사 양정화楊廷和였다. 조세 감면을 꾀하고 무종의 불미스런 행동을 뒤처리하는 등 신정新政은 상당한 결실을 맺었지만, '대례의 의'라는 사건이 일어나 양정화 등이 사직하면서 형세는 점차 이상하게 돌아갔다.

앞서 서술한 '대례의 의'에서 알 수 있듯이, 세종에게는 자신의 의견이나 행동을 합리화시키려는 버릇이 있었다고 한다. 정계를 둘로 나눈 이 대논쟁에서 승리를 거둔 그의 관심은 점차 사전제도祀典制度의 개혁에 쏠렸고, 이윽고 도교에 열중하였다. 무종시대의 라마승을 대신하여 이제는 도사가 궁정에 출입하여 소원절邵元節과 도중문陶仲文 등 도사의 교설을 믿는 등 좋지 못한 도술道術에 심취하였다. 게다가 아직 젊은데도 불로장수의 비약을 찾고, 만수궁萬壽宮이라는 대궁전을 세워 도교 신들을 제사하도록 했다.

황제의 신임과 총애를 받는 도사들은 점차 정치에도 개입하였다. 특히 도중문은 예부상서에 임명되어 마음대로 권세를 부렸다. 백성을 교화하는 국가의 기본 문제에 도사가 관계하게 되자, 그 폐해는 정점에 달한 듯하였다.

도교에 열중한 세종은 당연히 정치에는 관심을 보이지 않고, 1539년(가정 18) 33세의 장년의 나이에 서원西苑 만수궁에 은거해 버렸다. 환관세력의 후퇴에 이어, 이제 정치의 실권은 대학사 엄숭嚴嵩이 장악하게 되었다. 선종과 영종시대 이래, 점차 그 권위를 높여 가면서도 한편으로는 환관의 밑에 있을 때가 많았던 내각대학사內閣大學士가 명실공히 재상으로서 지위와 권한을 갖게 되었던 것이다.

엄숭嚴嵩(1480~1567)은 강서江西 분의현分宜縣 사람인데, '대례의 의'에서 세종의 생각을 지지하여 총애를 받았다. 수석대학사首席大學士(=수보首輔)가 되어 정권을 장악하자, 도교에 빠진 세종을 대신하여 전후 20여 년간, 북로남왜의 큰 문제를 안고 있던 가정시대의 국정을 혼자서 결정하고 뇌물정치를 널리 실시하였다. 유근의 전철을 밟은 것이다. 그러나 만년에 이르러 세종도 차차 이들 전횡을 방임할 수 없게 되고 탄핵의 세론도 일어나자, 1562년(가정 41) 5월에 그의 관위를 박탈하고 하옥시켜 버렸다. 이 때 몰수된 엄숭의 재산은, 토지가 수만 경(1경頃은 약 6ha), 금은보화와 서화·골동품의 수는 사람들을 놀라게 하기에 충분했다.

왕조 말기 용렬하고 나약한 군주가 즉위하면 권신權臣이 발호하여 황제의 폐립에까지 관여한다는 것은 역대 왕조에 보이는 공통된 형태인데, 명대에는 이러한 일은 결코 일어나지 않았다. 엄숭도 한 번 세종의 신임을 잃자 바로 그 지위에서 밀려났다. 이는 환관 유근의 경우와 똑같은데, 명조 황제의 권력이 얼마나 강대했는가를 이해하는 하나의 증거가 될 것이다.

토지집중화의 진행과 유능한 관료 해서

처음에는 혁신의 기세로 제위에 오른 세종이었지만, 내외로 중대한 문제를 안고서 이렇다 할 치적을 남기지 못하고 북로남왜에 의한 재정적자의 해소책도 없이 재위 46년 만인 1566년(가정 45) 12월 60세에 불로장수의 단약丹藥에 중독되어 죽었다. 그의 뒤를 이어 황태자 재후載垕가 제위에 올랐다. 그가 목종穆宗 융경제隆慶帝(재위 1566~72)다.

청렴하고 강직한 관료로 평판이 높았던 해서海瑞

목종시대에는 서계徐階·고공高拱·장거정張居正 등의 대학사들이 있어, 보필輔弼 임무를 다했기 때문에 재상정치가 성과를 거두었다. 특히, 알탄 칸의 통교를 허락하여 북변에 평화를 가져온 것은 크나큰 성과였다. 이로써 절약된 군사비는 매년 100만 냥에 이르렀다고 한다.

그런데 가정·융경 연간에 걸쳐 중국사회는 보다 큰 모순을 잉태하고 있었다. 바로 토지의 집중과 대토지 소유의 전개다. 이를 당대의 유능한 지방 관료로 알려진 해서海瑞(1514~87)의 경력을 통해 살펴보도록 하겠다.

해서는 광동 경산현瓊山縣 출신으로 드물게 해남도海南島 출신의 관료인데, 강서·복건·절강·남직예의 지방관을 역임하였으며 강직한 성격과 정의감으로 농민에게 선정을 베풀어 백성들의 지지와 칭찬을 받아 역사에 이름을 남겼다고 평가받는 인물이다. 그러나 그는 정부당국의 지지와 황제의 보호를 받지 못한 채 지주의 공격을 받아 관직을 그만둠으로써 그의 정치적 주장을 관철시킬 수 없었다.

1569년(융경 3) 6월 해서가 강남지방의 순무巡撫가 되었을 때의 일이다. 원래 이 지방은 전국에서 가장 풍요로운 곳이었지만 실제로는 농민들의 생활이 매우 어려웠다. 원인은 세량稅糧과 요역徭役의 부담이 전국에서 가장 무거웠던데다 토지가 대지주들에게 집중되어 있었기 때문이다. 이 지방의 최대 지주는 그 전해까지 재상직에 있었던 서계徐階로 4,000경頃의 토지를 소유하고 있었다. 해서는 이들 대지주가 불법으로 소유한 토지를 반환시 키고, 소작인에 대한 도를 넘는 착취를 제한하고자 했다. 그러나 지주들이 여기에 강하게 반발하였다. 결국 북경 조정과 긴밀한 관계를 가지고 있던 그들의 공격으로 "진신搢紳을 어육魚肉처럼 함부로 칼로 쳐 죽이며 이름을 팔아 정치를 문란시킨다"라는 이유로, 해서는 순무 직에서 추방되어 고향 인 해남도로 돌아가 칩거생활을 하라는 명을 받았다.

대지주의 중앙정부 고관

이 사례에서 알 수 있듯이, 당시 토지의 집중화가 진행되고 대지주가 출현하자 농민의 대부분은 그들의 소작인이 되어 심한 수탈을 받아야 했다. 더구나 대지주 중에는 엄숭嚴嵩과 서계徐階 같은 중앙정부의 고관들도 포함되어 있어 그들의 뜻을 거스르면 곧바로 면직되는 상황이었다. 황실 도 역시 대지주였다. 무종시대 강남의 관전官田은 별개로 치더라도, 황실이 하북지방에 소유하고 있던 장전莊田은 3만 5천 경에 달했다고 전해진다. 이렇게 지주와 농민小作人의 계급적 모순은 점차로 첨예화되어 갔다. 은경 제도 점차로 사회에 침투하여 왕조체제를 동요시켰다. 공공연한 뇌물행위 도 그 하나의 표현이라 할 것이다.

해서는 이렇게 해서 역사의 물결 속에 파묻혔지만, 그의 이름은 근년에 다시 사람들의 기억에 되살아나고 있다. 그간의 사정은 이렇다. 1959년 9월 중국공산당원의 역사학자로 북경시 부시장였던 오함吳晗이 해서를 주제로 한 『해서론』海瑞論을 발표하였으며, 다시 61년 1월에는 역사극인

『해서의 면관免官』을 써서, 해서가 긍정해야 할 역사적 인물임을 강조하였다. 오함이 말하고자 하였던 바는 후에 '청관론'淸官論으로 불리게 되는데, 요컨대 봉건사회에서도 농민 편에 선 관료가 있었다는 주장이었다.

그러나 오함은 혁명파로부터 격렬한 비판을 받게 되었다. 즉 그가 주장하는 바는, 사람들의 눈을 농촌의 계급투쟁에서 딴 곳으로 돌리는 의미를 가지며, 또 관직에서 물러난 해서를 특별히 찬양함으로써 1959년 9월에 모택동毛澤東 노선에 반대하여 파면당한 국방장관 팽덕회彭德懷를 변호하려 했다는 지탄을 받은 것이다. 1965년 11월 무렵의 일인데, 이는 중국 문화대혁명의 개막을 알리는 신호였다.

장거정의 신정

목종은 재위 7년 만인 36세의 장년에 급사하고 10세인 황태자 익균翊鈞이 그 뒤를 이었다. 그가 신종神宗 만력제萬曆帝(재위 1572~1620)다. 신종의 48년에 이르는 치세 가운데 초반 10년 동안 어린 신종을 도와 정무를 담당한 이가 대학사 장거정이다.

장거정張居正(1525~82)은 호북성 강릉현江陵縣에서 출생하였고, 무종과 세종 2대에 걸쳐 정치의 부패와 그로 인해 좀먹은 사회를 재건하고자 노력한 '혁신적인 정치가'로서 최근에 이르기까지 중국에서 송대의 왕안석王安石과 함께 높이 평가받는 인물이다. 그는 목종의 즉위와 함께 대학사로 기용된(1567, 융경 원년) 이래 1582년(만력 10)에 재직중에 죽을 때까지 16년간 재상의 지위에 있었다. 특히 신종이 즉위하자 그는 어린 황제의 학문 상의 선생이었던 것과 관련하여 '수보'의 지위에 올라 "국가는 내가 담당한다"는 자부심을 가지고, 독단적으로 전횡을 한다는 비난을 받을 정도로 강한 의지와 실행력으로 국무에 진력하였다. 동북 방면에서의

만력제의 후견인 역할을 수행하여 재정을 충실히 했던 장거정張居正

몽골족의 공격에 대한 방어를 굳게 다지고, 조선인 장군 이성량李成梁에게 명하여 건주위建州衞를 토벌케 하였으며, 사천지방의 토번吐蕃을 토벌하고 남방의 요족猺族을 평정하는 등 주변 여러 민족과의 현안문제를 해결하였다. 그러나 역시 그의 정치적 업적은 내정의 정비에서 더욱 두드러진다.

장거정은 국무를 총괄함에 있어 가장 먼저 관계의 기강을 확립하는 데 뜻을 두었다. 행정개혁을 실시하여 용관冗官(필요없는 관직)을 없애고, 황실과 제왕諸王과의 관계를 조정함과 동시에 1578년(만력 6)부터는 반계순潘季馴을 등용하여 황하를 수리·복구하고, 대운하의 하천을 준설하여 수송 능력을 향상시켰다. 또 전조前朝의 북로남왜에 대한 막대한 지출 때문에 궁핍해진 국고를 충실히 하기 위해서도 여러 가지 대책을 마련하여 실행하였다. 그 가운데 가장 큰 것이 전국적인 토지장량土地丈量이다.

장량이라 함은 달리 청장淸丈이라고도 부르는데, 일본에서는 이를 검지檢地라고 한다. 청장을 행함으로써 은전隱田(장부에 파악되지 않은 토지)을 적발하여 정부는 과세 대상이 되는 토지의 정확한 면적을 파악할 수 있게 되고, 세수입의 증가도 기대할 수 있게 된다. 그런 만큼 농민은 물론 은전을 많이 소유한 지주들의 강한 저항에 부닥쳐 흐지부지 끝나는 것이 다반사였다. 명대 태조시대에도 장량이 한 번 실시되었다는 것은 앞에서 이미 서술한 바 있는데, 청대에는 그 필요가 절실했음에도 결국 한 번도 실행에 옮기지 못하였다.

이처럼 매우 곤란한 농지의 실지측량을, 장거정은 1578년(만력 6)을 기해서 전국적으로 실행하였다. 도요토미 히데요시豊臣秀吉의 '다이코 검지' 太閤檢地보다 대략 10년 앞선 일이었다. 그 결과 전국의 경지면적은 약 30% 가 증가했다고 한다. 다만 전국적으로 검지檢地가 완료될 때까지 그는 살지 못했으며 실시방법에도 결함이 있어 그 성과와 검지로 인해 확실시된 토지면적에 대해 의문을 표시하는 경향도 있었다. 아무튼 장량과 병행하여 세제 개혁도 행해져서 '일조편법'一條鞭法이라는 새로운 세법이 보급되었다. 장거정의 장량이 이것과 연관이 있으며 또 이를 촉진시켰다는 점에 대해서는 뒤에서 서술하겠다.

명재상의 죽음

이렇게 역사에 길이 기록될 여러 시책을 포함하여 장거정의 재정재건계획은 특필할 만한 성공을 거두어 걸출한 명재상이라는 이름에 걸맞는 업적을 남겼다. 그는 1582년(만력 10) 6월에 죽었는데, 당시 정부의 창고에는 10년분의 쌀이 비축되어 있었고, 국고 잉여금은 400만 냥을 넘었다고 한다. 명 일대를 통해 170여 명의 재상이 배출되었지만 장거정만큼 많은 일을 한 재상은 없다. 무종·세종 2대, 50년~60년 동안에 걸친 문란한 정치와 무질서한 세간의 정황은 그에 의해 다소 바로잡아졌다고 해도 좋을 것이다.

그러나 이로 인해 장거정에 대한 정계나 세간의 반감이 강했던 것도 사실이다. 특히, 농단이라고까지 표현되는 그의 활동은 정계의 비난의 대상이 되었고, 장량으로 은전을 적발당한 지주들의 원성도 격렬하였다 그러나 표면적으로 보면, 그에 대한 비난 가운데 가장 중대했던 것은 중국이 예절의 나라답게 이른바 '탈정기복'奪情起復이라는 문제였다.

예로부터 중국에서는 부모가 죽으면 관료는 사직하고 고향에 돌아가 복상服喪을 하는 것으로 되어 있다. 그런데 장거정은 1577년(만력 5) 9월에 부친이 죽었음에도 국정의 대사를 구실로 대학사 직에 머물러 북경을 떠나지 않았다. 이것이 '탈정기복'인데, 고향에 돌아가 복상을 하고 있는 동안 반대파의 세력이 커질 것을 두려워했기 때문이다. 더구나 신종의 혼례의식이 행해졌을 때 그는 복상의 몸이면서 상복을 벗고 예복禮服을 착용하고 참가하였다. 이는 효도를 인륜의 기본으로 삼는 중국에서는 최대의 불효가 되는 행위였으며, 이 때문에 그는 격렬한 비난을 받게 되었다.

과연 1582년(만력 10) 6월 장거정이 죽자, 이제까지 활동을 멈추고 있던 불평파·반대파가 일제히 그를 공격하기 시작했다. 맨 먼저 공격의 대상이 된 것은 '탈정기복' 문제였는데, 그 동안 무리하다 싶을 정도로 밀어붙인 그의 여러 정책 때문에 기득권을 침해당한 사람들의 원한이 이를 증폭시켰던 것은 여심의 여지가 없다.

세론의 격렬한 비난 앞에서 그를 '장소사선생'張少師先生이라고 부르며 사제의 예를 취했던 신종도 태도를 바꾸지 않을 수 없었다. 장거정이 죽은 다음 해에 신종은 그에게 사여한 문충文忠이라는 시호도 관위도 박탈하고 가산을 몰수하였으며, 가족은 변경에 유배시키는 가혹한 처벌을 그의 시신에 가하였다. 언변이 뛰어나고 아첨하는 신하인 영신佞臣이면 몰라도 장거정 정도의 공신조차 한 번 황제의 눈 밖에 나니 운명은 이와 같았다.

3. 항왜원조

만력 삼대정벌

장거정이 죽은 뒤, 명제국의 정치는 다시 문란해지기 시작했다. 더욱이 이 무렵이 되면 은을 중심으로 한 화폐경제가 사회 구석구석에까지 침투하여 사람들의 생활이 화려해졌고, 농촌의 피폐한 상황과는 달리 도회에서는 사치스러운 생활이 유행하였다. 이런 풍조는 말할 것도 없이 궁정 내부에도 파급되었다.

신종 만력시대 후반기에는 궁전의 대규모 신축과 증축이 잇달아 시행되고, 궁정용 공장에서는 거의 예술품이라 해야 할 정교한 견직물이 만들어졌다. 또 유명한 도자기 산지인 강서의 경덕진景德鎭에는 아낌 없이 돈을 들인 화려한 도자기들이 발주되었다. 게다가 황자皇子의 결혼비용으로 2,400만 냥의 은이 사용되었는데, 이는 정부의 연간수입을 웃도는 액수였다. 이 정도 되면 아무리 풍부한 재원을 가지고 있다 하더라도 조달할 수 없었다. 장거정이 고심하며 쌓아놓은 국고의 금은도 순식간에 없어지게 되었다.

이렇게 해서 국가의 재정은 다시 위기를 맞이하게 되고, 이 즈음 제국 내외에서 발발한 크고 작은 전란들은 이 위기에 박차를 가하였다. 이들 전란 가운데 가장 중요한 것이 '만력 삼대정벌'萬曆三大征伐이다. 영하寧夏에서

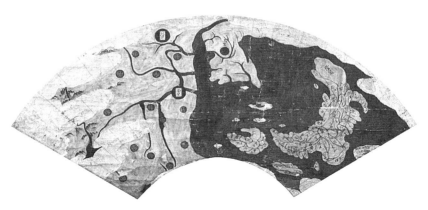

도요토미 히데요시가 부채에 그린 한중일 삼국의 지도. 삼국을 아우르겠다는 야망의 표현이다.

의 보바이哱拜의 반란, 도요토미 히데요시의 조선출병朝鮮出兵, 파주播州(귀주성貴州省 준의遵義)의 추장 양응룡楊應龍의 난이 그것이다.

먼저, 1592년(만력 20) 2월 영하에서 몽골 출신 장군 보바이가 순무인 당형黨馨과 불화하여 거병하여 영하성寧夏城을 점거하였다. 이들은 오르도스河套에 있던 몽골 세력과도 통하여 의기가 왕성했기 때문에, 당초 토벌에 나선 명 군대도 쉽게 제압하지 못하였다. 오히려 여러 차례 패배를 맛보기까지 하였다. 이에 어쩔 수 없이 동북방면을 지키고 있던 최정예 부대를 멀리 요동遼東으로부터 증원군으로 파견하여, 지휘관 이여송李如松의 활약에 힘입어 같은 해 9월에 겨우 성을 탈환하고 반란을 제압하는 데 성공하였다.

보바이의 반란이 한창 진행중이던 같은 해 4월에는 조선반도에 도요토미 히데요시가 이끄는 일본군이 침략하였기 때문에, 명조는 원병을 보내야 했다. 일본이 조선을 침략한 이 전쟁은 전후 7년이 걸렸는데, 이 전쟁이 끝나지도 않은 상황에서 또 파주의 토관土官(이민족 추장에게 부여한 관직) 양응룡이 전부터 품고 있던 반명조反明朝의 의도를 공공연하게 무장반항武

裝反抗으로 드러내었다. 반란은 1597년(만력 25) 7월에 시작되고 명조는 대군을 동원하여 공격 포위하였지만, 그들의 세력이 매우 강력했기 때문에 총독 이화룡李化龍 등의 분전으로 1599년 3월에야 겨우 평정할 수 있었다.

이상이 '만력 3대정벌'의 경위인데, 그렇지 않아도 쇠약해져 가고 있던 명제국의 국력은 한층 더 소모되지 않을 수 없었다. 파국은 도요토미 히데요시의 조선침략으로 결정적 단계로 돌입하였다.

도요토미 히데요시의 조선침공

조선이란 '동방의 해가 뜨는 곳'이라는 의미로, 예로부터 중국과는 정치적·문화적으로 밀접한 관계를 맺어 왔다. 중국에 명제국이 들어서는 것과 거의 때를 같이하여 고려에 대신해서 조선왕조가 성립하였다. 1392년(명 태조 홍무 25)의 일이다. 조선에서는 '반원친명'反元親明을 부르짖은 창업자 이성계李成桂(태조) 이래의 방침으로 명제국을 종주국으로 받들었으며, 고명誥命과 금인金印을 받고 신하로서의 예를 취해 받들었기 때문에 조선 국왕으로부터 원조를 요청받자, 명 조정으로서는 체면 때문에라도 이에 응하지 않을 수 없는 관계에 있었다.

한편 일본과 조선의 관계는, 조선에 앞서 고려 말기부터 왜구가 반도연안을 황폐화시켰는데, 무로마치 막부室町幕府가 성립하여 일본 국내의 통제가 강화되자 왜구는 자취를 감추고 조朝·일日 양국간에는 평화로운 무역이 시작되었다. 동시에 중국의 조공국으로서 대등한 외교관계를 갖고 사신의 왕래도 빈번하게 이루어졌다. 목면이 조선에서 일본으로 전해진 것은 이 시대의 일이다.

그런데 16세기 중·후기에 들어와 막부가 쇠퇴하고 전국戰國시대를 맞자, 재차 왜구의 활동이 거세게 일어났다. 이것이 '후기왜구'다. 그러나 이것도 곧 도요토미 히데요시豊臣秀吉에 의해 국내통일이 완성되자 왜구가 활약할 여지는 없어지게 되었다. 그런데 대신 국내통일의 여세를 몰아 도요토미 히데요시는 조선반도 출병이라는 대담하고 무모한 기도를 시작하였다. 필시 국내의 여러 가지 불만을 해소하고 해외로 영토를 획득하여 자신의 공명심을 만족시키려는 데 목적이 있었을 것이다. 그것은, 또 명제국을 중심으로 하는 동아시아 국제체제에 대한 도전이기도 했다.

1587년 도요토미 히데요시는 쓰시마對馬의 소씨宗氏를 사신으로 조선에 보낸 것을 시작으로 세 차례에 걸쳐 입조를 촉구하고, 중국에 대한 침공의 선도역할을 해줄 것을 요구했지만 보기 좋게 거절당하였다. 조선과의 교섭이 생각처럼 이루어지지 않음을 깨달은 도요토미 히데요시는 정명征明 사업의 제일보로 조선정복을 결의하였다.

1592년에 그는 본영本營을 히젠肥前의 나고야名古屋에 설치하고 전국에서 약 30만 대군을 집결시켰다. 그리고 우키다 히데이에宇喜多秀家를 총대장으로 고니시 유키나가小西行長·가토 기요마사加藤清正·구로다 나가마사黑田長政 등이 이끄는 15만 8천의 일본군이 이 해 4월에 부산 부근에 상륙했다. 일본군은 여기에서 세 길로 나뉘어 국도인 한성을 향해 진격했는데, 향하는 곳마다 저항이 약해 5월 초에는 한성을 점령할 정도였다. 일본군의 승리를 결정지은 것은 조선의 지배자 내부의 당쟁에 도움을 받은 점도 있지만 무엇보다도 포르투갈인으로부터 제공받은 신병기新兵器(철포)의 위력이었다.

원조군의 잇단 패배

일본군의 빠른 진격에 놀란 선조宣祖(재위 1568~1608)는 한성을 버리고

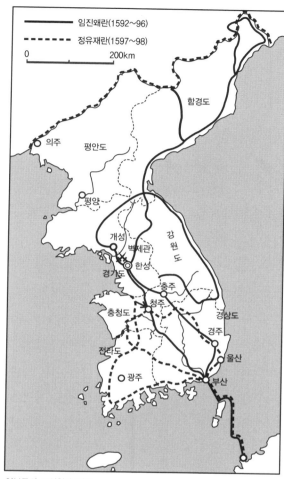

일본군의 조선침략 지도

개성으로 피난했지만, 이 곳에서도 안주할 수 없게 되자 다시 평양으로 후퇴하였다. 계속해서 6월에 평양도 고니시 유키나가에게 점령되었기 때문에 더욱 북으로 올라가 명제국과의 국경인 의주義州에 머물게 되었으며, 자국의 힘만으로는 일본군을 막을 수 없음을 알고 계속 원군을 명 조정에 요구하였다. 이러는 사이에 가토 기요마사는 반도 동북부의 함경도까지 진군하여 두 왕자를 포로로 잡았을 뿐 아니라, 멀리 올량합兀良合(우량카이, 두만강 연변과 그 북쪽에 살던 여진족 가운데 한 부족)지역에까지 침입하였다.

구원을 요청받은 명 조정은 우선 여진女眞에 대비하여 요양遼陽에 주둔하고 있던 조승훈祖承訓의 부대를 남하시켜 원조하게 했는데, 7월에 고니시

이순신의 거북선

유키나가에게 대패하고 주장 조승훈은 겨우 목숨만 건져 도망쳐 왔다. 이 패보敗報는 명 조정을 크게 놀라게 하여 전비에 충실을 기하는 한편 심유경沈維敬을 파견하여 화의에 나서게 함으로써 시간을 벌었다. 그 사이 영하의 보바이 토벌에 용맹을 떨친 이여송李如松을 불러 어왜총병관禦倭總兵官에 임명하여 조선에 출동시켰다.

다음 해 정월 이여송이 이끄는 4만의 부대가 평양을 탈환하고 계속해서 개성을 탈취했으며, 나아가 한성을 탈환하기 위해 한성 북쪽 5리 거리에 있는 벽제역碧蹄驛에 이르렀다. 이 곳에는 조선이 명나라 사신을 영접하는 벽제관碧蹄館이 있었는데, 고니시 등은 이 곳에 방위선을 펴 격전 끝에 명군을 격파하여 이여송을 물리쳤다. 이것이 '벽제관 전투'인데, 이 일전을 계기로 명明·일日 양국은 대치상태에 들어갔다.

그러나 일본군은 상륙한 이래 이미 1년이 지나면서 전쟁이 장기화됨에 따라 보급에 어려움이 생기고 적응하기 어려운 기후와 병에 시달려 전쟁에 대한 염증이 퍼져나가기 시작했다. 또 전국戰國시대의 기질 그대로 공적을 다투는 대장들로 인해 의견이 일치되지 않아 지휘계통 상의 문란도 표면화되었다. 특히, 연전연승하는 육군과는 반대로 해군은 명장 이순신李舜臣이 지휘하는 조선해군에게 패하여 최후까지 제해권을 확보할 수 없었기 때문에 일본군의 보급은 매우 곤란한 상황이 되었다. 게다가 조선 백성들의 의병이 활약하여 점령지를 습격하였다. 일본군이 이 이상 전쟁을 계속하는 것은 확실히 불리했다.

한편 명군 측에서도 패전으로 사기가 저하되어 결전을 원하지 않았다. 여기에서 양국은 화의를 맺게 되었으며, 도요토미 히데요시는 전군에 퇴각을 명령하였다.

제2차 명·일전쟁

이후 명·일 양국 간에는 심유경과 고니시 유키나가를 중심으로 평화교섭이 이루어졌지만, 양자의 입장은 근본적으로 엇갈렸다. 도요토미 히데요시가 전승국의 입장에서 조약을 체결하려 한 데 반해, 명 조정은 일본을 이적夷狄 가운데 한 나라로 생각하여 도요토미 히데요시를 일본국왕에 봉하고 조공을 인정하는 것으로 국면을 매듭지으려 했기 때문이다. 게다가 심유경과 고니시는 이러한 이견을 감추고서 화의를 서둘렀기 때문에 두 사람의 노력도 1596년 6월에 도요토미 히데요시가 오사카성大坂城에서 명 조정의 책봉사册封使를 만나게 되면서 수포로 돌아갔다. 도요토미 히데요시로서는 명국이 항복하여 황녀皇女를 천황에게 시집보내고 조선의 남반부를 할양할 것으로 기대했던 것 같다. 그러나 사신이 전한 것은 다음의 한 사안뿐이었다.

그대 도요토미 히데요시豊臣秀吉는 해방海邦에서 일어나 중국을 받드는 것을 알고, 서쪽으로 한 사람의 사절을 보내 공경하여 사모하여 오고, 북으로 만리萬里의 관關을 두드려 복종하기를 간절히 구하였노라. 정情은 이미 공순함이 두터우니, (황제의) 은恩이 회유함을 애석히 여기겠는가. 이에 특히 그대를 일본국왕에 봉하고 여기에 고명誥命을 하사하노라.

이 의외의 태도에 놀라고 분노한 도요토미 히데요시는 즉시 정벌의 명령을 내렸다. 이리하여 다음 해 정월부터 14만의 일본군이 다시 조선 땅을 밟게 되었다. 그러나 이번 출정은 일본군의 상륙과 동시에 명군이 출동하였고, 조선도 전비를 정비하여 저항하였기 때문에 전황이 저번처럼 진전되지 못했다.

그럼에도 일본군은 한반도 남부를 점령하고 한성 가까이까지 진격하였다. 그러나 곧 겨울이 닥쳐 추위와 배고픔에 시달리게 되었다. 게다가 해가 바뀌자, 명 조정이 14만 대군을 보내어 총공격을 가하였고, 조선의 민중들도 결사적으로 저항했기 때문에 심하게 고전을 해야 했다. 양군이 사투를 거듭하던 1598년(만력 26, 경장 3) 8월 도요토미 히데요시가 후시미 성伏見城에서 죽고, 조선에서의 군사행동을 중지하라는 유언을 남겼다. 이에 양군은 평화교섭을 결정하고, 같은 해 말까지 조선 땅에서 완전히 퇴각하였다.

이렇게 전후 7년에 걸친 전쟁은 도요토미 히데요시의 죽음으로 싱겁게 막을 내렸다. 이 전쟁을 일본에서는 '분로쿠文祿·게이초慶長의 역役' 조선에서는 '임진壬辰·정유丁酉 난亂' 등으로 부르고, 중국에서는 1950년의 '항미원조전쟁'抗美援朝戰爭이라는 표현과 더불어 '항왜원조전쟁'抗倭援朝戰爭으로 부르고 있다. 전쟁에 붙인 이름과 함께 전쟁에 참여한 각 국에 끼친 영향도 각기 다르다.

조선 전토의 황폐와 명조 재정의 파국

이 전쟁으로 일본은 출병 목적을 달성하지 못하고, 출정한 장병의 3분의 1에 달하는 다수의 장병과 군수물자를 잃는 손해를 입었다. 그러나 이 침략전쟁으로 조선의 진보된 문화·기술이 일본으로 전파되는 등 보탬이 된 측면도 있었다. 출정했던 다이묘大名들은 5만~6만 명이나 되는 조선인을 포로로 끌고 갔는데, 그 중에는 학자 외에 다수의 도자공陶磁工과 활판공活版工들이 포함되어 있었다. 이들에 의해 일본에 들어오게 된 수많은 서적, 도업陶業과 새로운 인쇄기술이 일본 근세문화의 내용을 풍부하게 만든 것은 부정할 수 없다. 에도 막부江戸幕府의 체제교학體制敎學이 된 주자학도 조선의 학자에 의해 들어온 것이다.

그런데 큰 이유도 없이 전쟁을 시작하고 억지로 전장으로 끌려 나와야 했던 조선의 경우는 그렇지 않았다. 국토의 대부분이 격렬한 전장으로 변하여, 쌍방 합하여 수십 만 대군이 격돌하였고 사람과 가축·가옥·토지는 막대한 피해를 입었으며, 도시·농촌 할것없이 완전히 폐허가 되었다. 전 국토의 손해는 "난 후, 8도의 전결田結은 겨우 30여만 결結로 평시 전라도의 전결에도 미치지 못했다"고 할 정도였다. 전쟁 직전의 전토 총 면적은 170만 8천여 결(1결結은 1등전等田으로 약 1ha, 토지의 등급에 의한 1결의 면적은 차이가 났다)로 기록되어 있기 때문에 실제로 1/5로 격감된 것이다. 점령지에 군정을 시행하고 식량을 약탈적으로 거두어들였던 일본군의 압정이 이러한 참상과 관계가 있었던 것은 말할 것도 없다.

전쟁이 끝난 후 조선은 일시적으로 정치적·경제적·사회적 질서를 완전히 잃었다고 해도 과언은 아니다. 이를 재건하는 것은 쉽지 않은 대사업이었다. 더구나 조선 자체가 피폐해져 있어, 전토 면적의 감소로 인한 세입 부족을 농민에 대한 한층 가혹한 과세로 보충하려 했던 정책은 간신히 살아남은 농민까지 쉽게 일어설 수 없게 만들었다. 이 전쟁에서 받은 타격으로 조선민족의 발전은 후세에까지 크게 저해 받았던 것이다.

이 전쟁에 참가한 명제국도 대단한 타격을 입었다. 조선에 대군을 두 차례나 보냈기 때문에 그 재정부담은 1천만 냥을 넘어 국가재정을 궁핍으로 몰아넣음으로써 국운의 쇠퇴에 박차를 가하게 만들었다. 더욱이 국방에서도 요동 방면의 주둔군을 조선에 파견하는 바람에 이 방면의 방위체제를 약화시킴으로써 여진인이 비약할 수 있는 좋은 기회를 주게 되었다. 결국 명제국은 수십 년 후 이 여진족에 의해 멸망당하였다.

4. 유럽인의 내항

유럽 상선의 동양진출

가정嘉靖에서 융경隆慶을 지나 만력萬曆에 걸쳐, 즉 16세기 후반에서 17세기 초에 명제국이 여전히 대제국의 실체를 유지하면서 내부적으로는 여러 가지 모순을 안고 점차 쇠퇴기로 향해 가던 시기, 그리고 동아시아 여러 나라가 명제국을 중심으로 하면서 새로운 통상권을 목표로 하고 있던 이 시기에, 중국은 새로운 유럽 세력과 접촉한다.

중국은 예로부터 외국, 특히 서방 여러 나라와 교섭을 갖고 상호 문물을 교류하면서 그 문화를 보다 다채롭게 발전시켜 왔다. 그러나 그것은 또한 우발적이고 간헐적인 것이었다. 그런데 15세기 말 인도양 항로가 개척되고, 16세기에 들어와 포르투갈을 선두로 한 신흥 유럽 여러 나라의 상선이 모습을 드러내자 중국과 이들 여러 나라와의 교섭은 종래의 그것과는 성격을 전혀 달리하는 것이었다.

바꾸어 말해, 15세기 말부터 16세기 초에 걸친 시대는 유럽인에 의해 세계정복이 개시된 시기고 많은 민족과 국가가 지배·피지배 관계로 편입되어 이후 수세기에 걸쳐 전 세계에 유럽화의 범람이 역사의 주류가 되는데, 중국 역시 이러한 시대의 흐름과 무관할 수 없었던 것이다.

그러나 '지대박물'地大博物을 과시하는 당시의 중국은 처음부터 유럽 세력에 굴복했던 것은 아니다. 오히려 16~18세기를 통해서는 중국이 항상 주도권을 장악하였는데, 어느 면에서 중국 자신도 유럽세력과의 접촉을 통해 서서히 자기 변혁을 강요받고 있었던 것이 사실이었다.

유럽의 선두에 선 포르투갈 사절이 처음 중국에 들어온 것은 1517년(정덕 12)이다. 그들이 통상의 거점으로 삼고, 최근에 중국에 반환한 마카오에 거류지를 얻은 것은 그로부터 40년 후, 즉 1557년(가정 36)이었다. 포르투갈인은 마카오에 거점을 두고 중국인, 일본인과 섞여서 국제무역에 종사하였다.

선교사 마테오 리치와 명 조정

당시 동아시아로의 새로운 항로를 연 유럽 상선은 말할 것도 없이 인도·동남아시아·중국과의 무역을 목표로 하였다. 이 무역을 통해 견직물과 도자기의 대가로 대량의 은이 중국에 유입되어 은경제銀經濟의 발달을 촉진시켰으며, 한편으로 이 배에는 기독교 선교사들의 모습이 보였다고 한다. 그들은 동방무역의 이윤과 밀접히 관계를 맺으며 "후추胡椒와 영혼을 위해" 정력적인 포교활동을 전개하였다. 그들을 맞이한 중국에서도 원조가 멸망한 이래 끊긴 기독교 포교가 다시 부활하였다. 그 중에서 가장 일찍부터 전도에 착수하여 매우 많은 전도사를 보내온 것은 제수이트회耶蘇會, Jesuit Order였다.

제수이트회는 잘 알다시피 루터Martin Luther(1483~1546)의 종교개혁에 대항하여 일어난 반동종교개혁反動宗教改革의 일환으로 생겨났는데, 유럽에서 쇠퇴한 교세를 신천지에서 만회하기 위해 많은 유능한 선교사를 멀리 파도를 넘어 동아시아 각국으로 파견하였다. 이들은 모두 엄격한 규율

마테오 리치가 중국에 소개한 천주교 선전품

하에서 훈련을 받은 우수한 선교사였을 뿐 아니라 최신 학문과 기술을 터득한 일류의 전문가이기도 했다. 때문에 그들이 중국에 들어옴으로써 중국에는 기독교와 함께 당대 유럽의 최신 학문과 기술이 전해졌으며, 철학 부문이 약간 비정상적이라 할 만큼 비대한 감이 있던 중국학술에 신선한 자극을 주었다.

제수이트 선교사의 선두 주자로 동아시아에 들어온 사람은 프란시스코 사비에르Francisco Xavier(1506~52)였다. 그는 1549년에 일본에 도착한 후, 52년에는 중국에 대한 포교를 위해 마카오로 향했지만, 같은 해 말 광동만廣東灣 밖에 있는 상천도上川島에서 병으로 죽었다. 그의 유지를 이어받아 다수의 선교사들이 속속 들어 왔는데, 그 중에서도 가장 유명한 사람이 마테오 리치利瑪竇, Matteo Ricci(1552~1610)다.

마테오 리치는 1582년(만력 10) 마카오에 상륙하여 중국에서의 포교를 개시하였는데, 처음 활동한 곳은 광주廣州 부근이었다. 그는 가장 잘하는 수학·천문학·지리학으로 사람들의 관심을 끌고, 세계지도와 지구의地球儀·혼천의渾天儀 등을 사용하여 새로운 지식을 소개하였다. 그 때문에 관리와 학자로서 교회당을 방문하는 자가 점차 늘어났다. 그러나 선교 노력에

예수회 선교사로 천문·지리·수학 등의 서양과학을 명조에 전한 마테오 리치(좌)와 천문·역법에 밝았던 아담 샬(우)

비하면 그 수가 늘지 않았기 때문에 국도인 북경으로 가서 황제의 칙허를 얻어 대대적인 포교를 하고자 하여, 수년 후 신종神宗에게 배알을 허락받았다. 1601년(만력 29)의 일이다. 이 때 마테오 리치는 기독교 교리와 유럽의 정치정세 등에 대하여 질문을 받았고, 헌상한 물품 중에서는 자명종이 대단히 신종의 마음에 들었던 것 같다.

신종으로부터 신임을 얻은 리치는 북경성 내에 천주당 건설을 허가받아 드디어 숙원을 이루었다. 그래서 수년 동안 북경에서만 200여 명의 신도를 모았는데, 그 가운데는 신종의 황자 두 명도 포함되어 있었다고 한다. 리치는 북경에 체재한 지 10년째 되는 1610년(만력 38)에 그 곳에서 죽었는데, 신종은 부성문阜成門 밖에 토지를 주어 그를 장사지내 주었다. 이후 이 곳은 북경에서 죽은 선교사들의 묘지가 되어 아담 샬湯若望, Adam Schall과 페르비스트南懷仁, Verbiest 등도 이 곳에 묻히게 되었다.

독일 출신의 예수회 선교사로 서양식 역법
曆法을 전수한 아담 샬

아담 샬의 신학술과 지식

리치를 이어 활약한 선교사로는 아담 샬이 유명한데, 그의 정열적인 포교활동으로 리치가 중국에 와서부터 명조가 멸망할 때까지 50～60년간 신도 총수는 2만～3만 명에 이르렀다고 추정된다. 다만 이 숫자는 기독교가 전래된 이래 약 1세기 동안 신도 수가 100만 명 이상으로 늘어났던 일본에 비하면 매우 적었던 것으로, 두 나라에서 기독교에 대한 저항이 매우 달랐음을 엿볼 수 있다.

그렇지만 신자 가운데에는 황자와 후비 등 황실 관계자와 함께 전통사상의 옹호자였던 사대부와 고관들도 상당히 포함되어 있었다. 『농정전서』農政全書의 저자로 예부상서禮部尙書와 동각대학사東閣大學士를 역임한 서광계徐光啓, 그와 함께 유럽의 역법曆法과 수학책을 한역漢譯한 태복시소경太僕寺少卿

유클리드 기하학을 『기하원본』幾何原本으로 공역한 마테오 리치(좌)와 서광계徐光啓(우)

이지조李之藻, 명조 멸망 후 반청 저항운동을 지휘한 구식사瞿式耜·정궤초丁魁楚·정지룡鄭芝龍 등의 이름은 잘 알려져 있다. 또 명조 멸망의 뒤를 이어 강남에 망명정권을 세운 영명왕永明王(영력제永曆帝)의 일족과 그 측근에는 신자가 많았으며, 1650년 로마 교황에게 원조를 청하는 서신을 보내기도 하였다.

이처럼 신자 수로만 본다면, 기독교 포교사업은 선교사들이 기대한 만큼 큰 성과를 거두지는 못했다. 그렇지만 그들이 포교하는 한편에서 중국 전통사상과 대결하여 포교를 쉽게 할 목적으로 발표한 많은 저술은, 유럽의 첨단 과학지식과 기술을 소개함으로써 중국 사회와 문화에 큰 영향을 미쳤다. 이 점에서도 일본이, 유럽인이 가지고 온 것 가운데 '다네가시마 총'種子島銃 이외의 것을 받아들이지 못한 것과는 차이가 있다.

마테오 리치가 중국어로 공간한 저서로는 『천주실의』天主實義, 유클리드 기하학幾何學을 소개한 『기하원본』幾何原本, 세계지도인 「곤여만국전도」坤輿萬國全圖가 유명한데, 이를 통해서 중국은 이제까지 스스로의 힘으로는 가질 수 없던 새로운 학문과 지식을 접할 수 있었다. 그 중에서도 특히 큰 의미를 갖는 것은 대포·역曆·지도의 제작이라고 하는 실용과 밀착된 기술 분야였다.

선교사에 의한 대포와 역·지도

마테오 리치가 중국에 온 16세기 말기에, 명제국은 동북 방면에서 흥기한 여진족의 무력에 압도되었으며 오랫동안 유지해 온 동북지방을 잠식당하여 패색이 점점 짙어 갔다. 그러나 이 패색의 기운을 일시적으로나마 만회하게 한 것이 선교사들이 만든 대포였다. 처음 서광계는 마테오 리치로부터 유럽 화기의 우수성에 대해 듣고 대포 주조를 건의했는데, 숭정崇禎연간(1628~44)에 이르러 명 조정은 아담 샬에게 명하여 대포를 주조하고 그 조작을 훈련시키도록 했다.

이렇게 하여 신의 복음을 전파하는 선교사들에 의해 만들어진 대포는 동북지방 전장에서 뛰어난 위력을 발휘하여, 그렇게도 용맹을 떨치던 여진족도 전에 없던 참패를 당하였다. 태조 누르하치努爾哈赤, Nurhaci는 포탄의 파편 때문에 생긴 상처로 생명을 잃었다고 한다. 때문에 이 대포가 여진족의 수중에 들어왔을 때 그 기쁨은 대단하여, 태종 홍타이지皇太極, Hong Taiji는 대포에 '홍이대장군'紅夷大將軍이라는 최고 관직을 부여할 정도였다. 그래서 이번에는 반대로 명군을 포격하여, 명제국의 멸망을 앞당기게 되었다.

새로운 천문학과 역산학曆算學도 중국의 역법에 큰 영향을 끼쳤다. 원래 중국에서는 정확한 역曆을 만드는 데 상당한 열의를 보여 새로운 지식을 채용하는 데에도 의욕적이었다. 때문에 선교사가 전한 역학이 중국에서 예로부터 내려오는 것보다 뛰어나다는 사실이 입증되자 선교사들은 이 분야에서도 중용되었다. 이 분야에서 가장 이름을 떨친 자는 아담 샬(1591~1668)이다.

그는 천문·수리·기계·포술 등에 해박한 지식을 가진 선교사로, 1627년(천계 7) 이래 북경에 머물면서 천문학과 역산학의 진보에 크게 기여하였다. 특히 그가 흠천감欽天監(천문대)의 잘못을 바로잡자 1643년(숭정 16)에 칙명으로 종래의 역을 폐지하고 이후 유럽 역제曆制(태양력)의 채용을 포고한 것은 특필할 만한 것이었다. 다만 다음 해 1644년 3월에 명제국이 붕괴했기 때문에 모처럼의 역曆 개정의 포고문은 시행되지 못하였다.

곤여만국전도

선교사들이 가져온 새로운 지식으로서 눈에 띄지는 않지만 현저한 영향을 준 것은 세계지도다. 그것은 마테오 리치의 「곤여만국전도」坤輿萬國全圖로 대표된다.

즉 마테오 리치는 조경肇京과 남경南京에 있을 무렵에도 세계지도를 만들었는데, 그 중에서 가장 유명한 「곤여만국전도」는 1602년(만력 30) 북경에 도착한 다음 해에 간행되었다. 세로 179cm, 가로 414cm의 목판으로 인쇄한 대형지도로 6폭으로 나누어 접게 되어 있다. 이 지도는 현재 로마 바티칸 도서관, 교토대학 부속도서관, 센다이仙臺 미야기 현宮城縣 도서관에 각기 한 본씩 소장되어 있는데, 세계지도인 동시에 난欄 밖에는 세계 각지의 지지적地誌的 기술과 지구구체설地球球體說 등 초보적 설명이 붙어 있어 간단한 지리서 역할도 겸한 것이었다. 중국과 일본에 대해서는 다음과 같은 설명이 있다.

대명국大明國. 대명大明의 명성과 문물의 성盛함이 15도에서 45도(모두 위도를 가리킴)에 이른다. 그 나머지 사해四海 조공국은 매우 많다. 이 총도總圖는 악독嶽瀆(산하)과 성도省圖(지방행정구획)의 대략을 기재한다.

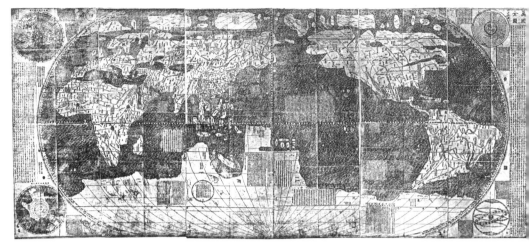

마테오 리치가 이지조李之藻와 함께 제작한 세계지도인 「곤여만국전도」

나머지는 통지統志와 성지省志에 상세하다. 모두 다 서술하지는 못했다.

　일본은 즉 해내海內의 한 큰 섬으로 길이 3,200리, 폭은 600리에 지나지 않는다. 지금 66주州가 있고 각각 국왕이 있다. 풍속은 강력하여 총주總主가 있다고는 하지만 권력은 항상 강신強臣에게 있다. 그 백성들의 대부분은 무武를 배우고, 문文을 배우는 자는 적다. 토지에서 은과 철, 좋은 칠기가 산출된다. 왕이 아들을 낳아 나이 30세가 되면 왕은 아들에게 양위한다. 그 나라는 대체적으로 보석을 좋아하지 않고 단지 금과 은 및 오래된 도자기를 중히 여긴다.

「곤여만국전도」가 공간되자 중국인의 세계관이 크게 변하였다. 성조시대에 일시적으로 해외지식의 증대가 있었다고는 하지만, 이를 계승하지 못한 16세기 말기의 중국인에게 이 지도가 가져다준 쇼크는 대단했다. 중국 밖에는 4이四夷(동이東夷・서융西戎・남만南蠻・북적北狄)만 있다고 생각하고 있던 중국인에게, 그 밖에도 광대한 땅이 있고 미지의 세계가 몇 개나 더 있음을 깨닫게 해주었기 때문이다. 그 뿐만이 아니다. 이 지도가 설명하는 지구 구체설은 전통의 '천원지방'天圓地方관, 즉 대지는 네모나고 하늘은 그 위에 둥글게 펼쳐져 있다는 중국인의 우주관을 뒤흔들었다. 지구가 둥근 형체라는 것은 원대元代에 이슬람의 지구의가 전해져 왔기 때문에 전혀 새삼스러운 지식은 아니었지만, 그것이 중국에서 인정된 것은 「곤여만국전도」가 나오게 된 데에서 비롯한다.

이 지도가 당시 동아시아 식자층을 얼마나 놀라게 했는가는, 각양각종의 다른 판본이 중국에서는 물론, 조선·일본에서 만들어졌다는 사실에서도 충분히 이해할 수 있다. 에도江戶 시대 일본인의 세계에 대한 지식은 기본적으로 이 지도에 힘입은 바가 컸다. 그 한 예를 들면, 아라이 하쿠세키新井白石는 「곤여만국전도」를 소유했던 것 같으며, 그의 저작으로 일본 최초의 세계지리서이기도 한 『서양기문』西洋紀聞에는 「곤여만국전도」의 기재가 14 군데에 걸쳐 인용되어 있다.

더욱이 대포와 역, 지도가 들어왔을 뿐 아니라, 이 시기에 처음으로 유럽 세력과의 접촉을 통해 신대륙을 원산지로 하는 고구마·감자·옥수수·낙화생·담배 같은 농작물도 들어옴으로써 중국의 농업형태를 보다 다양화시키기도 했다.

중국을 중심으로 한 동아시아 세계는 확실히 커다란 변모를 하고 있었던 것이다.

제5장 |
변모하는 사회

1. 농가의 생활

이갑제의 붕괴 – 이농자의 속출

태조가 고심해서 만들어 놓은 명제국 존립의 물질적 기반인 농촌체제가 일찍이 1430·40년대에 이르러 동요하면서 농민의 반항운동이 시작되었다는 것에 대해서는 이미 서술하였다. 그것은 먼저 은경제의 보급과 침투에 의해 일어났는데 농촌지배의 기초인 이갑제里甲制도 또한 제도 자체가 가진 내재적 모순으로 해체되기 시작했다.

이갑제의 임무 중 하나가 부역賦役의 징수다. 각 리里·각 갑甲·각 호戶 간에는 처음부터 부담 능력에 차이가 있음에도 불구하고 제도적으로는 모두 균등하다고 간주하였는데, 이러한 이념에 기초한 부역의 수탈은 불균등성을 확대시키는 결과를 초래했다. 더욱이 토지는 세량할당의 대상이었을 뿐만 아니라 요역할당의 대상이기도 했기 때문에, 토지소유액과 소유명의를 거짓으로 꾸며 세역稅役을 기피하려는 자가 증가하자 부담의 불균등이라는 모순은 더욱 확대되어 갔다. 부역 기피의 주역은 관청의 하급사무원인 서리胥吏와 민간의 유력호有力戶 및 일부 부호였는데, 이들은 서로 공모하여 부역할당의 기초인 「부역황책」賦役黃冊을 문란케 하여 부담을 보다 가볍게 하고자 전력을 다하였다.

그런데 이갑제에 의한 부역징수는 일단 결정된 세액은 변경하지 않는다고 하는, 이른바 원액주의原額主義를 원칙으로 하고 있기 때문에 징수액은 고정되어 있었다. 따라서 기피자의 몫은 각 리里·각 갑甲 내의 다른 호戶가 대신 부담하게 되어 있었다. 그 여파는 기피할 수단이 없었던 호戶, 농촌에 가장 광범위하게 존재한 일반 농가에게 전가되었기 때문에 납세 시기가 다가오면 가옥을 팔고 토지와 소를 팔았으며, 결국에는 처자를 팔거나 자살하는 자까지 나타나게 되었다. 팔려고 내놓은 토지는 유력자가 매입하였고, 그들은 부역기피의 주역이었기 때문에 부역을 부담하지 않았다. 결국 부담을 견디지 못해 도망자가 나오면 그 분량의 부역은 다시 남아 있는 자가 또 부담해야 했다. 이렇게 이갑제의 유지는 매우 곤란한 상황에 처하게 되었다.

이러한 과정의 진행은 당연히 극소수의 부호·지주와 대다수의 빈농을 만들어 냈다. 지주제는 이갑제의 제도적 모순이 현저해진 것과 병행하여 확대되었다고 해도 좋을 것이다. 상업과 화폐경제의 침투가 여기에 박차를 가한 것은 말할 필요도 없다. 이미 각지에서 토지가 지주에게 집중되어 갔다는 사실은 앞에서 서술한대로고, 16세기 말부터 17세기 초기에 가장 선진경제지대로 "재부財賦가 모이는 곳"으로서 특별히 무거운 부역이 부과되어 온 양자강 하류 델타평야에서는 "토지를 소유한 자는 10명 가운데 1명에 지나지 않고, 지주의 소작인이 된 자는 10명 가운데 9명이나 된다"라고 일컬어질 정도였다. 이농현상도 눈에 띄었다. 16세기 말엽, 한 사람은 그러한 현상을 다음과 같이 기록하고 있다.

> 정덕연간(1506~21) 이전에는 백성들은 각기 정해진 직책을 가져 농민은 안심하고 농경에 종사하여 쓸데없는 생각을 하는 자가 없었다. 위에서도 농업을 장려하고 여분의 일을 강요하지 않았다. 그런데 이후 40~50년 동안 세금은 날로 증가하고 요역노동의 부담도 날로 무거워졌다. 백성들은 견딜 수 없어 모두 전업하였다. 이농자離農者가 가는 곳으로, 퇴직관리의 집에 머슴살이가 된 자가 이전의 10배, 관청으로 들어가는 자가 5배, 상공업으로 전업한 자가 3배에 달하는 상태였다. 이농자의 20~30%는 빈둥대면서 먹고 살 것을 찾는 파락호破落戶(무뢰도)가 되었다. 이래저래 결국 농민의 60~70%가 이농해 버렸다. (하량준何良俊, 『사우재총설』四友齋叢說)

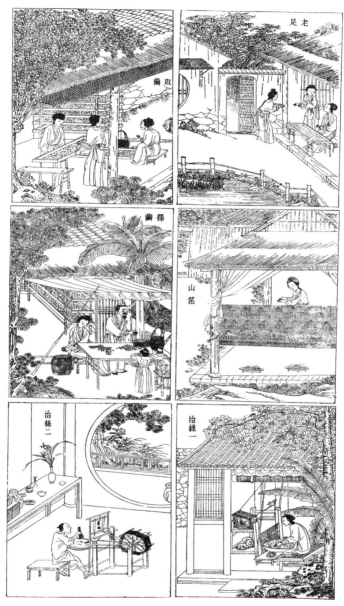

명대의 누에 치는 모습

농가경영의 실태

그런데 이 델타평야에 있는 농가는 가장 좋은 경우가 30무畝 그렇지 못한 곳이 5무 정도를 소유하고 있었다. 부부 둘이서 경작할 수 있는 면적은 평균 10무(약 60a) 전후였다. 이것은 보통 규모의 자작농이나 소작농에 해당되는데, 이 숫자를 기준으로 이들의 경영 실태를 계산해 보면 다음과 같다.

16세기에서 17세기에 걸쳐 이 지역의 수전경작水田耕作 기술은 구중국에서 최고 수준에 달했는데, 무畝당 수확량은 1~3석이었기 때문에 10무의 수전을 경작하고 1무의 평균 수확량을 2석이라 한다면 20석의 미곡을 거둘 수 있다. 이에 대해 가족 한 명이 연평균 4석을 먹는다면, 당시 평균 가족수를 5인으로 잡을 경우 20석을 필요로 하기 때문에 수확량은 가족의 1년간 식량밖에는 되지 않는다. 다만 이 계산에는 그루갈이로서의 보리 재배는 고려되지 않았지만, 그렇다고 해도 벼 재배 수확량의 반 혹은 그 이상의 세량稅糧 내지 소작료小作料를 지불할 여유는 확실히 없었다고 할 수 있다. 그럼에도 불구하고 농민들은 그 무거운 부역부담을 견디고 생활을 할 수 있었던 것일까? 더구나 당시는 은을 중심으로 한 화폐경제가 농촌의 생활 상황에 변화를 요구하고 농기구와 비료는 물론, 일용잡화까지 화폐로 사지 않으면 안 되었던 시대였다.

비밀을 푸는 열쇠는 이 지방의 농가가 거의 모두 새로운 생산활동으로서 부업, 즉 면화재배와 면방직업, 양잠과 제사·견직업을 겸하여 경영했던 데에 있다. 면업과 견업은 이 지방만의 특유한 산업은 아니었지만 농촌에서의 부업 경영의 실태는 이 지방의 농가를 가장 전형적으로 보여주고 있다. 이하에서 그 예를 들어 시대의 거센 파도를 극복하고 살았던 농민의 일상생활을 묘사해 보겠다.

면업에 의한 가계보충

면화가 중국에 전해진 것은 송대 말기(12세기)의 일이지만, 원대를 통해 각지에 재배가 확대되었고 명대에 이르면 정부당국의 장려도 있어 거의 중국 전토에 보급되어 면포는 재래의 마포를 누르고 가장 보편적인 대중적 일상 옷감으로서 확고한 지위를 차지하게 되었다. 각지의 농가에서는 '남경여직'男耕女織(남자는 경작하고 여자는 직물을 짜는) 형식으로 오로지 자가 소비를 위한 면포가 자가 재배된 면화를 원료로 직조되었다.

그런데 15~16세기 무렵이 되면 이러한 면포생산은, 면포가 대중적인 옷감으로 급속히 보급됨에 따라 다른 물품에 앞서 전국적인 규모의 시장을 형성할 가능성을 지니게 되었다. 그런 까닭에 제일 먼저 상품시장의 경쟁을 통해 가장 생산력 높은 선진경제지대로 인정받은 강남=양자강하류 델타평야에 집중되었으며, 이 지방에서 생산된 면포가 거의 전국 시장으로 유통되게 되었다. 그리고 이와 관련해서 전국 각지에서 행해진 직포업무織布業務가 대부분 어떤 것은 쇠퇴하고 어떤 것은 원료작물인 면화재배로 전업하는 등으로 재편성되었다.

강남지방에서의 면업은, 지역적으로는 이 델타평야의 동부·북부, 소주蘇州·송강부松江府 지방을 중심으로 전개되었다. 토양과 기후가 면화재배에 적합한데다, 15세기 무렵에는 이미 면화의 주요 산지인 화북 방면에서 당시의 중심적 교통로인 대운하大運河를 통해 면화의 반입이 쉬워지게 되었다. 원료수입이라는 점에서 이점이 있을 뿐 아니라 방직기술에서도 전통적인 견직물 기술을 응용하여 다른 지방보다 탁월하고 우수한 기술을 가질 수 있었다. 이런 요소들이 이 지방의 면업을 전국 제일로 만들었다고 생각된다. 그와 동시에 이 지방의 면업이 농촌에 정착된 것은, 1433년(선덕 8) 이후 면포를 세량의 대납 물량으로 허가한 것이 중요한 계기로 되었다는 점도 의심할 여지가 없다.

이렇게 면포생산이 보급·확대되자 이에 응하여 면화의 수요도 증대했다. 이 때문에 화북 방면에서의 유입량이 당연히 증가했던 것인데, 당지에서의 면화재배도 한층 대규모화 하여, 미작米作과 경제적 우열을 비교하여 수도작水稻作 재배를 그만두고 면작으로 바꾼 곳도 나타났다. 그리고 뒤에 서술할 도시수공업의 발전, 비농업인구의 증가와 아울러 강남지방 식량의 대부분은 상인이 다른 곳에서 운반해 온 미곡에 의지하지 않을 수 없게 되었다. 송대 이래 수백 년에 걸쳐 중국 최대의 곡창지대를 이루어 "소항숙 천하족"蘇杭熟 天下足(소주蘇州·항주杭州에 풍년이 들면 천하가 풍족하다)라고까지 일컬어지던 이 지방이 그 지위를 신흥의 호광湖廣지방에 양보한 것은 바로 16세기 초기의 일이었다.

면화·면포의 생산과 유통

농촌부업으로서 면업의 생산구조에 대해 보면, 앞에서 서술한 이유에서 알 수 있듯이 그것은 생산물의 판매를 목적으로 하고 있고 농민의 재생산 과정에서 불가결한 일부분이었지만, 원료생산인 면화재배와 면사·면포의 제조공정製造工程과는 처음부터 분리되어 있었다. 그것은 면업이 상품생산으로 전개되고 또 경영주체가 영세농민이었기 때문에 항상 자금부족에 시달려 소규모 재생산을 단기간 내에 되풀이하는 형태를 취하지 않을 수 없었던 것과 연관되어 있다.

즉 면작농가에 의해 생산된 면화는 일부를 '화조'花租로 지주에게 넘겨주고 그 밖의 대부분은 곧바로 면화상인에게 매각되었다. 때문에 농민이 방적과 직포를 행하려고 하면 원료인 면화를 상인에게서 사들이지 않으면 안 되었다. 기록에 의하면, 어떤 사람은 매일 아침 성시城市에 와서 면사綿絲

를 팔고 면화를 사가지고 돌아갔다고 하고, 또 어떤 사람은 밤새도록 짠 면포를 이른 아침에 시장에 운반하여 면사로 바꾸어 돌아갔다고 한다.

이처럼 면작綿作·방적紡績·직포織布의 각 과정은 농민이 전문적으로 분담했는데, 이것은 필연적으로 각 경영단위 사이에 상인을 개재시켜 상업자본의 격심한 수탈을 가능케 하는 결과를 초래하였다. 더구나 상품생산의 정도가 높아질수록 상인들이 제공한 원료와 제품판매에서 상인에 대한 농민의 의존도는 점차 강해져 상인의 농민착취는 한층 강화되었다. 농민들이 상인이 경영하는 도매상점을 '살장'殺莊이라 부르며 증오할 정도였다.

그뿐만이 아니었다. 농민은 국가와 지주의 수탈대상이기도 했으므로 이러한 이중삼중의 압력을 뿌리치고 생산을 발전시켜 이윤을 축적하고 경영을 확대하여 부농이 되기란 매우 곤란했다.

견직물의 상품화와 그 생산기구

견직물은 중국의 특산물로서 예로부터 유명하였고, 당대唐代에는 각 지방마다 각기 독특한 제품을 생산할 정도로 발전하였다. 그런데 15~16세기가 되면, 강남 델타평야의 서부 태호太湖 주변에서부터 호주湖州·가흥嘉興·항주杭州에 걸친 농촌에서는 농민들이 스스로 입기 위해서가 아니라 팔 목적으로 생사와 견직물을 만들었다고 한다. 즉 상품생산의 성격을 띠는 데까지 견업絹業을 발전시켰던 것이다.

이 지방의 생사는 '호사'湖絲로 불리는 우수품으로 국내는 물론, 일본과 유럽 등의 국외시장에까지 진출하여 대량의 은을 가져올 정도로 발전했다. 하지만 그것은 갖가지 수탈을 견디며 살려고 한 농민들 스스로가 추진하였다는 점은 면업의 경우와 마찬가지다.

농가가 양잠을 하려 할 경우, 우선 자금을 준비해야 했다. 그런데 그것은 자기 자금이기보다는 수확을 담보로 빌린 돈(이자는 월 2~3할)이 대부분이었다. 자금이 마련되면 도구를 장만하고 종지種紙(잠란지蠶卵紙)를 사야 하는데, 이 역시 누에를 기르기 위한 뽕잎과 함께 상인에게서 공급받는 것이 보통이었다.

다음으로 누에고치가 되면 나방이 나올 때까지 짧은 기간에 조사 작업繰絲作業(고치에서 실을 켜는 작업)이 행해진다. 당시는 누에고치를 죽이는 기술이 일반에 알려지지 않았기 때문에 양잠농가가 직접 고치에서 실을 켜서 생사를 만들어야 했다. 그런데 이 때가 바로 모내기 시기와 겹치기 때문에 고치에서 실을 켜는 작업은 모든 가족 노동력을 동원하여 행하였다.

이렇게 해서 완성된 새로운 생사는 모두 즉시 부근에 있는 시장으로 팔려 나갔다. 시장은 농촌 주변의 도시적 취락인 시市와 진鎭에 있었는데, 여기에는 중개상인과 도매상 점포가 줄지어 있어 전국 각지에서 온 상인들이 상품을 대량으로 사들였다. 이 경우 값을 매기는 자는 상인이었고, 농민은 일방적으로 값을 후려쳐서 팔 뿐이었다. 농민들은 생사 상인을 '사귀'絲鬼라 불렀다고 전해진다. 그리고 겨우 손에 들어온 현금도 곧 빌린 돈을 갚는 데 써야 했기 때문에 농민의 호주머니는 조금도 풍부하지 못했다.

다만 견직 공정에 대해서는 견직물이 면포에 비해 고급 옷감이고 포를 짜는 것보다 고도의 기술이 요구되었기 때문에 농촌 견직업 제품은 도시를 거점으로 한 고급 견직업 제품에 비하면 가격이 싼 하급품이 많았다. 그렇지만 선덕宣德 연간(1426~35)부터 도시를 떠나 농촌으로 이주해온 장호匠戶(전문직인)들에 의해 그들의 진보된 기술이 소개되자, 농촌의 견직업은 급속도로 발전하였다.

그렇다고는 하나 도시에서 만들어진 고급품은 말할 것도 없지만 농촌의 제품인 하급 견직물도 일용 옷감으로 보급된 면포에 비하면 가격은 높고 내구성도 떨어졌기에 일반 백성들을 소비자로 삼아 적극적으로 발전하기에는 매우 어려웠다. 따라서 생사를 판 대금으로 면화와 면사를 구입하여 이를 원료로 방적과 면직에 종사하는 농가도 많았다.

이처럼 15~16세기 이래 농민은 가장 선진경제지대인 강남 델타평야의 농민에게서 전형적으로 볼 수 있듯이 농경에 종사하는 한편 자가 소비를 목적으로 의료를 생산하고 있던 종래의 경영형태를 극복하였다. 그러나 그들이 새로운 생산활동으로 행한 부업경영도 상인과 고리대의 심한 수탈을 받았기 때문에 생활은 조금도 나아지지 못했다. 당시 상품생산의 원료로서, 또 농가의 가계보충을 위한 수입원으로서 사천·호광·강서·절강·복건 각지에서는 차茶, 복건·강서에서는 쪽藍(마디풀과에 속하는 일년초로 남색의 염료), 사천·강서·복건·광동·광서에서 사탕수수 등의 상품작물이 재배되었는데, 사정은 강남지방과 꼭 같았다. 때문에 이들 가운데 이농자離農者와 도망자가 속출하여 이른바 농민반란도 끊이지 않았다. 그리고 농촌을 떠날 수 없고, 또 반란에도 가담하지 못한 농민들은 여러 형태의 수탈을 견디며 부지런히 일하였다. 명제국의 위대함과 번영은 이러한 농민에 의해 지탱되어 왔던 것이다.

2. 초에서 은으로

초의 휴지화

명대에 발행한 지폐인 대명보초大明寶鈔

명대의 중국사회 변모의 실례로 주목해야 할 것 가운데 하나가, 자주 언급했듯이 은을 주체로 하는 화폐경제의 발전이다.

중국에서는 예로부터 동전이 통화로서 사용되어 왔다. 그러나 동전은 가격에 비해 무거웠기 때문에, 사회의 경제활동이 활발해지고 대량의 물자가 거래되면서 동전 사용은 점차 불편하게 느껴졌다. 여기에서 금은金銀 또는 초鈔(지폐)의 사용이 일반화되었다. 중국의 지폐 사용은 세계에서도 가장 오래되어 이미 송대부터 시작된다. 그러나 지폐를 액면 그대로의 가치로 유통시키려면 발행자인 정부의 신용이 높고, 혹은 충분한 태환兌換 준비를 위한 귀금속을 갖고 있어야 한다는 등의 조건이 충족되어야 한다. 이 점에서 송·원시대의 초鈔는 불충분한 점이 있고, 특히 왕조 말기에 재정이 궁핍할 때에는 남발되기도 하여 초의 가치폭락은 항상 있어 왔다. 그래서 초를 대신하여 은이 사용되게 되었다.

명제국의 통화정책은 원조의 예를 답습하여 동전과 지폐 양본위兩本位로 시작하였다. 지폐는 '대명보초大明寶鈔'라 불렸으며, 이를 유통시키기 위해 금은을 화폐로 멋대로 사용하는 것을 법령으로 엄중히 금지시켰다. 그러나 보초寶鈔는 순전히 불환不換지폐로서 태환兌換 준비금 없이 발행만 할 뿐 회수가 적절히 행해지지 못했다. 이에 가격이 점차 하락하여 발행한 지 60~70년이 지난 선덕 연간에는, 동전 1천문文=초 1관貫으로 정해져 있던 것이 점차 초 1관이 동전 2~3문밖에 되지 않았다. 이래서는 초가 휴지 취급을 받을 수밖에 없기 때문에 정부의 금령은 무시되고 은의 사용이 계속 확대되었다. 1436년(정통 원년)에는 정부방침에 충실해야 할 관료들조차 미맥과 초로 지급받은 봉급을 은으로 지급받고 싶다고 말을 꺼내기 시작하였다. 은에 대한 매력이 이처럼 커지게 되었던 것이다.

세량의 은납화

관료의 봉급을 은으로 지불하기 위해서는 국가의 수입도 은으로 바꾸지 않으면 안 되었다. 이러한 사태에 대응하여 정부가 세량징수의 은 대납을 인정하였던 것은 앞서 서술한 대로다. 이 사실은 은을 화폐로 사용하는 것이 이미 금지할 수 없는 현실임을 정부 스스로 인정하였음을 말한다. 그러나 이 경우에도 원칙으로는 어디까지나 미맥 등의 현물징수를 원칙으로 하였으며 은은 대납품이라는 입장을 관철하고 있었다. 그렇지만 은에 의한 대납을 허가했기 때문에 화폐로서의 은 사용이 공인되었다고 해석해도 틀린 말은 아니다.

그런데 은에 의한 대납은, 정부의 입장에서 보면 단지 미맥이 은으로 대치된 것에 지나지 않았다 하더라도 이를 납부하는 농민 측에서 보면 중대한 문제였다. 상품생산이 발달한 강남 델타평야 등지에서는 일찍부터 은이 유통되고 있었고 그 입수도 비교적 간단했지만, 그렇지 못한 지방에서는 이러한 조치가 경제실정에 맞지 않았기 때문이다. 이러한 경우, 세량의 은납화 자체가 은의 유통을 촉진시키는 역할을 하였다고 생각되는데,

은을 획득하기 위해서라도 농민은 부업경영과 상품작물의 재배 등 새로운 생산활동을 개시하지 않으면 안 되었다.

본래 화폐라는 것은 위정자의 사정에 따라 유통시키는 것이 아니다. 요컨대 사회의 생산력이 아직 성숙되지 못하여 분업도 이루어지지 않고, 교환경제도 발달하지 못한 곳에서는 아무리 강제를 한다 해도 유통시킬 수는 없다. 그러나 15세기 중반의 중국사회는 거의 전국에 걸쳐 은경제를 허용할 정도로 성숙되어 있었다. 그리고 이 시기 이후에 세량의 납입은 물론 민간에서의 거래에서도 고액일 경우에는 은이, 소액일 경우는 동전이 사용되었고, 이러한 관습은 명 일대를 거쳐 청대에도 계속되었다.

대외무역과 은수입

이렇게 통화로서 은의 지위가 확립되고 그 사용이 점차 보급되었다. 그렇지만 중국에서는 은생산량이 많지 않았기 때문에 대부분은 거의 외국에서 들여온 것이었다. 예컨대 13세기 몽골족의 서방원정으로 대량의 은이 유입되었으며, 무로마치室町 시대 일본에서도 은이 중국에 수출되었던 것 등은 잘 알려져 있다.

게다가 16세기 중기부터 시작된 유럽 여러 나라와의 교역으로 중국은 막대한 양의 은을 손에 넣었다. 16세기 말부터 17세기 초에 걸쳐 전 세계의 은생산량은 연평균 60만 kg으로 추정되는데, 멕시코가 25만 kg, 유럽이 15만 kg, 일본이 20만 kg의 비율로 그 대부분은 중국으로 들어갔다고 생각된다.

이들 은 가운데 특히 멕시코 은은 은화 형태로 유입되었다. 그렇지만 대부분의 경우 중국에서는 무게를 달아 재료로서의 금속처럼 취급되었기 때문에 원형 그대로 유통되는 일은 적었다. 당시 매매를 할 때 상인이

주머니에서 저울을 꺼내 무게를 달아 은을 받는 정경이 소설 등에 묘사되어 있는데, 외국인의 눈에 묘사된 그러한 광경은 곤잘레스 드 멘도사 Gonzalez de Mendoza의 『지나대왕국지』支那大王國誌에 다음과 같이 기록되어 있다.

이 나라에서 통용되는 화폐는 금 또는 은으로, 각인刻印은 하지 않고 칭량秤量(양을 저울에 다는 것)으로 사용한다. 따라서 필요한 물건을 살 때에는 누구나 저울과 조그만 은과 금조각을 갖고 다닌다. 많은 양의 물품을 달기 위해서는 큰 저울과 공인公印이 찍힌 추를 준비한다. (조난 미노루長南實·야나기사와 도시히코矢澤利彦 옮김)

은경제의 보급과 부역제도의 동요

그런데 은경제의 보급은 농민에게 부업 혹은 상품작물의 재배를 강제했을 뿐만 아니라, 국가의 부역제도에도 큰 영향을 미쳤다. 부역 가운데 토지세인 전부田賦는 당말唐末(8세기) 이래, 양세법兩稅法에 의해 하세夏稅와 추량秋糧으로 나뉘어 미맥米麥과 생사生絲 등의 현물을 납입하도록 정해져 있었다. 그런데 경제계에서 은의 지위를 무시할 수 없게 된 선덕 연간(1426~35)부터는 전부의 은납이 시작되었는데, 이에 대해서는 이미 몇 차례 언급한 바 있다.

그런데 명조의 부역제도는 농민들에게 전부와 함께 요역徭役 즉 의무노동을 부과하였는데, 이 요역 부담이 더 무거웠다. 요역은 이장里長과 갑수甲首(정역正役) 외에 관청에서 필요로 하는 다양한 형태의 노역勞役(잡역雜役)을 제공하도록 한 것으로, 조세의 일종으로 인정되지 않았던 것은 아니지만 수량적으로 국고수입에 해당되는 성질의 것은 아니었다. 더욱이 정역正

명 중기 이후 전부 田賦의 은납화가 개시
되어 은이 중요한 화폐로 등장하였다.
명의 50냥 은정銀錠(1588, 복건성)

役·잡역雜役 모두 시대가 지날수록 그 부담이 커져 갔다.

　요역을 할당하는 기준으로서 각 호戶의 인정수人丁數, 세량의 다과多寡, 재산의 유무有無에 기초하여 3등 내지 9등의 등칙等則(戶等)이 결정되었는데, 무거운 역役은 상등호上等戶가, 가벼운 역은 하등호下等戶가 담당하게 되어 있었다. 그리고 요역 역시 전부田賦와 마찬가지로 처음에는 노동력의 제공 즉 실제 노역에 종사하는 것이 원칙이었지만 은경제의 침투와 함께 은납화가 시작되었다. 요역의 은납은 전부의 은납보다 다소 늦은 15세기 중엽에 강남지방의 특정 요역에서 시작되었는데, 일반적 현상으로서 요역의 은납이 사회적으로 정착된 것은 16세기 초다. 은납화된 역은 '은차'銀差라고 불렀다.

　한편 이미 서술하였지만, 부역제도의 운영과 밀접하게 관계되어 있는 이갑제도 흔들리기 시작하였다. 제도 자체에 문제가 있었을 뿐 아니라, 유력호有力戶가 관료와 결탁하여 부역을 회피할 목적으로 토지의 소유액과 명의名義를 속이고 인정人丁을 은닉하기도 했기 때문이다. 그 결과 유력호가 면한 부역의 부담은 이갑 내의 다른 인호人戶에게 전가되었기 때문에 이들의 몰락과 이농을 촉진하였을 뿐 아니라 부세징수를 어렵게 만들고 만성적인 체납을 가져왔다. 이갑제를 단위로 한 징세체계가 중대한 위기를 맞게 되었던 것이다.

이처럼 부역징수를 둘러싼 폐해가 현저해지자 정부로서도 사태를 그대로 방치할 수는 없었다. 그것은 국고수입에 직접 관련되는 동시에 국가존립의 기초를 위태롭게 만들었기 때문이다. 이미 선덕 연간부터 부세제도賦稅制度의 개혁, 특히 요역제도의 개혁이 문제시되어 몇 번이나 개혁이 시도되었다. 이러한 노력은 은경제의 보급·침투 및 은에 대한 지배자의 욕구와 결합되어 새로이 '일조편법'一條鞭法이라고 부르는 징세체계를 최종적으로 고안해 냈다.

새로운 징세체계 – 일조편법의 시행

일조편법一條鞭法은 일조편법一條編法·일조법一條法 등으로도 불리며 조편條編·조편條鞭으로 약칭되는데, 당대의 '양세법'兩稅法과 더불어 중국 세역사상稅役史上 2대 개혁의 하나로 꼽힌다.

그 내용에 대해서는 지역 차와 시대에 따른 변화의 흔적이 인정되기 때문에 엄밀히 정의를 내리기는 어렵다. 그렇지만 첫째 전부田賦 각 항목의 합병, 둘째 요역 각 항목의 합병, 셋째 요역과 전부의 합병이라는 세 가지 타입으로 크게 구분할 수 있다. 징세의 수단이 된 것은 말할 필요도 없이 은이었다. 야마네 유키오山根幸夫에 따르면 일조편법이란 "부賦·역役의 할당과 징수를 한 조목으로 만들어 부역제도의 간소화·능률화를 목표로 삼은 것"으로 이해되고 있다. 그 원초적인 형태는 가정嘉靖 연간(1522~66)에 나타났고, 융경隆慶·만력萬曆 연간을 거쳐 각 지방에 따라 나름의 조건을 고려하면서 실시되어 이윽고 전국적으로 보급되었다.

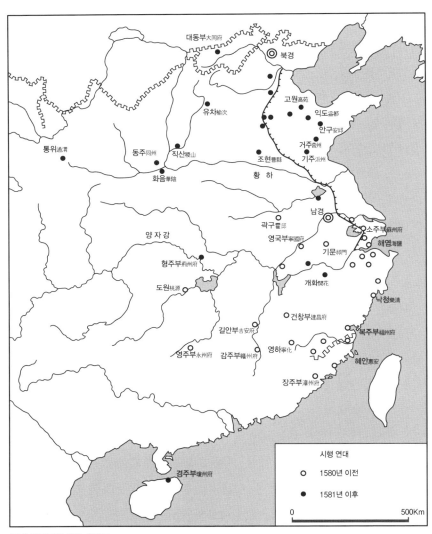

명대 일조편법 시행 연대도

이를 실시 과정에 따라 설명하면, 우선 각 현縣마다 전부田賦든 요역이든 잡다한 항목을 하나로 묶어 정리한다. 이어 전부의 과세대상인 전토의 지목을 정리하여 세칙을 균일화하고, 은 형태로 합산된 전부 총액에서

전지田地 1무畝당 은 몇 전錢이라는 식으로 징수액을 결정한다. 이것이 앞에서 든 첫 번째 타입이다. 또 요역에 대해서도 인정人丁 1명에 대해 은 몇 전이라는 식으로 정하고 이를 과세대상인 토지와 인정에 대해 균등하게 할당한다. 이것이 두 번째 타입이다. 그리고 최고의 발전형태인 세 번째 타입으로서 전부와 요역이 합병된 경우, 양자를 합하여 할당해서 징수하는 방법이 가해졌다. 이 단계에서 이갑里甲을 단위로 하고 호등戶等을 기준으로 삼는 종래의 부역제도는 폐기되었다.

이처럼 일조편법은 다양한 형태를 띠었는데, 요컨대 모든 부세와 요역을 일체화해서 징수를 간소화·능률화·은납화하는 세법이었다. 징세의 간소화·능률화라는 점에서 본다면, 정부와 농민 쌍방에게 편리한 세법이었다고 할 수 있다. 또 과세 기준으로서 호등이라는 모호한 것이 없어지고 비교적 명확한 인정人丁과 전토田土가 중시되었기 때문에 종래보다 탈세를 하기도 어려워져 부세수입賦稅收入을 확보하는 데도 상당한 성과를 거두었다. 그러나 농민들의 부담이 대폭 경감되었던 것은 아니다.

다만 이 세법을 완전하게 운용하기 위해서는 정부가 과세대상인 인정수와 전토면적을 정확하게 파악해야 했다. 이 점에서 장거정張居正에 의해 실시된 전국적인 토지장량土地丈量이 그 중요한 전제가 되었다는 것은 부정할 수 없다. 장거정이 단호하게 장량을 행하였던 것은 이러한 정치적 요청에 부응하기 위해서였다. 그는 결코 일조편법의 창시자는 아니지만 그 실시와 보급에 공헌한 인물이라고 하는 것은 이러한 이유에서다.

그런데 일조편법 시행의 사회적 배경을 생각하면, 은경제의 보급은 말할 것도 없고 한편으로 대토지소유의 발전, 상품생산의 전개와 더불어 복잡한 지주·전호관계의 현실이 있음을 간과해서는 안 된다. 국초의 토지소유관계는 실질적으로 붕괴하였는데 이러한 사태에 대응한 새로운 세법으로서의 성격을 일조편법이 가지고 있다는 점은 의심할 수 없다. 따라서 일조편법의 시행과 함께 국초의 토지관계를 기초로 하여 성립한 농촌의 지배체제=이갑제 자체도 결정적으로 영향을 받지 않을 수 없었다. 즉 일조편법의 시행으로 일찍이 부역징수의 기본단위였던 이갑제는 과세 기준이 호등戶等에서 인정人丁・전토田土로 이행되었던 것도 한몫하여 그 존재의의를 크게 잃게 되었다. 때문에 이 시점에 이르면 태조가 고심하여 이룩한 농촌의 지배체제도 역시 크게 붕괴되었다고 할 수밖에 없다.

이 일조편법은 마침내 18세기가 되면 지정은地丁銀 제도로 발전한다. 지정은에 대해서는 뒤에서 설명하겠지만, 이로 인해 요역(=정은丁銀)은 전부田賦(=지은地銀)로 편입되어 소멸한다. 결국, 중국 세역사稅役史에서 전부와 함께 오랫동안 2대 지주支柱였던 요역이 전부田賦 속에 흡수되어 단일 세單一稅로서의 지정은이 성립한 것이다. 일조편법은 그 선구적인 형태였다. 부역제도 면에서 보더라도 16세기의 중국사회는 크나큰 전환기에 접어들었다고 할 것이다.

3. 도시와 상인

진・시 – 농촌 정기시장의 도시화

앞에서 명확히 했듯이 선진 경제지대인 강남 델타평야에서는 15~16세기 이후, 전호佃戶(소작인)를 주체로 하는 농민의 상품생산으로서 면업綿業과 견업絹業이 발전하고 있었다. 상품생산은 시장의 성립과 상업자본의 활동을 전제로 성립할 수 있다. 따라서 상업자본에 의존하여 그 강력한 수탈을 받지 않을 수 없었지만, 상업자본의 거점이 도시였기 때문에 농촌에서의 상품생산의 발전과 더불어 도시의 발달 또한 현저하였다.

강남지방에서는 송대宋代(10세기) 이래, 주요 교통로인 운하를 따라 일종의 도시가 형성되는 움직임이 보였다. 이렇게 태어난 도시는 대부분 진鎭 또는 시市라고 불렀는데, 모두 농촌의 정기시定期市에서 발달한 도시적 취락이었다. 그리고 명대에 이르면 진과 시의 발달이 농촌에서의 면업과 견업의 전개에 힘입어 한층 더 급속도로 이루어졌던 것이다.

가령 견직물로 유명한 생산지인 소주부蘇州府 오강현吳江縣의 진택진震澤鎭을 예로 들면, 원대元代에는 호수가 50~60호 정도 되는 한적한 촌락에 지나지 않았다. 그러나 명말 무렵에는 1,000호에 가까운 대취락으로 발전하고, 마침내 1726년(청 옹정 4)에는 독립하여 진택현으로 승격되었다. 또 같은 오강현의 성택진盛澤鎭도 명 초에는 수십 가家의 촌이었는데 15세기 후반부터 인구가 급증하여 명 말에는 천 수백 가를 넘어 명주와 생사의 도매상점이 줄지어 설 정도로 번영하였고, 이윽고 청대 강희康熙 연간(1662~1722)에는 거류민이 만여 가로서, 오강현에서 가장 큰 진으로 일컬어지기에 이르렀다.

이러한 사례는 이 밖에도 많이 볼 수 있는데, 이들은 15~16세기에 획기적으로 농촌지방의 소도시가 어떻게 급속히 발달했는가를 보여준다. 더구나 이들 소도시는 상거래의 중심지였을 뿐 아니라 수공업 도시의 성격을 겸비하고 있었다.

진택진의 경우 원대까지는 소주부성蘇州府城에서 전문 직조업자(기호機戶)만이 견직물을 짜는 정도였는데 명대 초기에는 오강현에서도 직조를 하게 되었다. 그것도 처음에는 부성府城의 직인을 고용해서 일을 시키는 정도였으나, 15세기 후반부터는 현성縣城 밖의 농민들까지 기술을 습득하여 베 짜는 일을 점차 생업으로 삼았고, 진택진과 주변의 여러 촌에서도 많은 농민들이 견직물 생산에 종사하게 되었다고 한다.

이처럼 진과 시 등 소도시의 발달은 새로운 산업의 발흥과 밀접하게 연관된 경우가 많았다. 여기에는 생산물 거래시장에서 활약하는 상인과 함께 생산자로 활동하는 많은 농민들의 모습도 보인다. 명말의 단편소설집인 『성세항언』醒世恒言에서 당시의 활동하는 농민의 모습 한 토막을 소개해 보겠다.

소설 『성세항언』의 생산자 농민

때는 가정嘉靖 연간(1522~66)으로, 성택진盛澤鎭 부근에 거주하는 농민 시복施復이 이야기의 주인공이다. 시복 부부는 누에를 길러 생사를 만들고 명주를 짜서 생활을 꾸려나가고 있었다. 자본이 부족하여 명주를 만들자마자 3~4필疋씩 매일 마을의 도매상점에 팔러 나갔다.

어느 날 그는 여느 때처럼 늘 다니던 도매상점으로 명주를 가지고 갔다. 상점에는 서너 명의 상인이 물건을 사려고 와 있었다. 도매상점 주인은 계산대에 앉아서 가지고 온 명주에 값을 붙였으며, 시복은 몸과 머리를 굽혀 보따리를 풀고 명주 상태를 보여주었다. 주인은 상인들에게 "이 사람은 의리가 있는 자니 좋은 값으로 사주십시오"라고 말하였고, 상인들은 물품을 살펴보더니 값을 정해서 은을 건네주려고 하였다. 시복이 품에서 저울을 꺼내 달아보니 조금 가벼웠다. 그는 은을 좀더 받고 싶다고 흥정을 하고 흥정이 받아들여지자 "수고하셨습니다"라고 공손하게 인사를 하고 상점을 나왔다.

돌아오는 길에 그는 보자기 하나를 주웠다. 풀어 보니 그 속에는 은괴銀塊와 동전이 들어 있었는데 6냥 정도 되는 금액이었다. 그는 기뻐하며 보자기를 손에 쥐고 공상에 빠졌다.

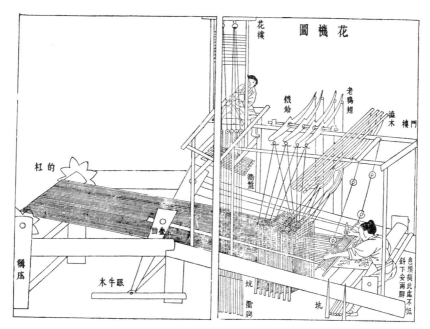

花機圖
花樓
鐵鈴
老鴉翅
遊木
樓門
疊盤
杠的
助盤
稱压
木牛眠
坑
衢脚
坑
包頭機此處不低
斜下安兩脚

명대의 직기織機

　이것을 자본으로 삼아 또 한 대의 직기織機를 사면 이익은 더 많아지겠지. 그 이익을 없는 셈치고 저축을 해 놓으면 일년이 지나 또 한 대를 살 수 있겠다. 이렇게 10년이 지나면 천금의 부도 꿈은 아니다. 그렇게 되면 집도 짓고 땅도 살 수 있겠지.

　그런데 여기에서 그는 정신을 차리고 보자기를 떨어뜨린 주인의 일을 생각해 보기 시작한다.

　만일 이 돈이 부자의 것이라면야 큰 손해는 아니니까 가져도 좋겠지. 상인의 것이라 해도 고생해서 얻은 이득을 떨어뜨린 것이니 미안하기는 하지만 이 정도 손실이야 곧 회복할 수 있을 것이다. 그러나 중개인이

떨어뜨린 것이라면 이 돈은 생명줄이나 다름 없을 것이니 어쩌면 일가족
이 흩어지고 혹 자살할지도 모른다.

그래서 주인에게 되돌려주기로 결심한 그는 곧바로 보자기를 주운 장소
로 돌아가 주인이 나타나기를 기다렸다. 얼마 후 한 젊은이가 땀을 흘리며
오는 것을 보고 이 사나이가 떨어뜨린 것을 알 수 있었다. 젊은이의 말에
따르면, 이 돈은 농사를 지을 자본이었다. 그는 사례를 하겠다고 했지만
시복은 받지 않고 집으로 돌아왔다. 그러나 이 일이 있고서부터 시복의
집에는 행운이 계속 찾아와 바라던 대로 4, 5대의 직기를 가진 공장의
주인이 되고, 집안 생활도 풍부해져 부근의 여러 사람들로부터 시윤택施潤
澤으로 불리게 되었다.

요컨대 이 이야기는, 선행이 좋은 결과를 낳아 일가가 번영하였다는
단순한 인과응보의 이야기에 지나지 않는다. 현실적으로 농민에게 이렇게
부유해지는 길이 막혀 있었다는 것은 이미 서술한 대로다. 그러나 도매자
본에 압박을 받으면서도 부지런히 일 하는 농민의 모습과 그들이 품고
있던 꿈을 이 이야기 속에서 엿볼 수 있을 것이다.

생산도시의 탄생과 발달

성택진盛澤鎭과 진택진震澤鎭의 경우는 견직업으로 발달한 도시적 취락인
데, 이러한 성격을 가진 진鎭과 시市는 면직업에서도 볼 수 있다. 송강부松江
府에 속한 주경진朱涇鎭과 풍경진楓涇鎭 등이 그 좋은 예다. 더구나 이러한
현상은 강남지방에만 한정된 것이 아니고 다른 지방에도 확대되었다.
가령 도자기 생산으로 유명한 강서의 경덕진景德鎭, 철 냄비의 제조로 알려
진 광동의 불산진佛山鎭, 양자강 중류지역의 유통기지인 한구진漢口鎭 등이

명대 강서江西 경덕진景德鎭에는 정부의 전용공장인 어기창御器廠이 설치되어 색깔, 특히 적색물감을 사용한 자기들이 발달했다. 청화전지련반靑花纏枝蓮盤(선덕 연간)

자기의 생산 과정

그 가장 대표적인 예다. 경덕진에 대해서 보면, 만력 연간(1573~1619)에는 관사官私 공장이 즐비하여, 이 곳에서 일하는 노동자의 수는 수만 명에 달했다고 한다.

이들 진·시의 발달을 기초로 더욱 큰 상공업도시가 발달했다. 대개 구중국의 도시, 특히 대도시는 정치도시로서의 성격이 강하고 경제적으로는 소비도시여서 주목할 만한 산업을 갖지 못한 것이 보통이다. 기껏해야 상업도시적인 성격을 띤 몇 개만이 존재하였을 뿐이다. 그런데 16세기에 들어서면 생산도시의 성격을 띠는 도시가 나타난다. 가령 면포의 도시라고 할 송강松江, 생사와 견직물로 번영한 호주湖州·가흥嘉興·항주杭州, 염업鹽業의 중심지인 양주揚州 등이 그렇다. 그리고 이러한 도시를 무대로 한 새로운 생산활동을 중국 역사가들은 '자본주의의 맹아'라고 부르는데, 그 대표적인 예로서 어느 곳보다도 소주蘇州를 들지 않을 수 없을 것이다.

소주는 강남 델타평야의 중심도시로서 송대부터 "하늘에는 천당이 있고, 땅에는 소주蘇州와 항주杭州가 있다"고 찬양된 곳으로, 원대에 이 곳을 방문한 마르코 폴로Marco Polo의 눈에도 그 번영이 경이적으로 비쳐졌음이 그의 『동방견문록』東方見聞錄에 보인다.

원말 동란기에 소주는 장사성張士誠의 근거지였기 때문에 전화로 황폐해졌지만 곧 종전의 번영을 되찾아 15세기 중엽에는 이전 시대를 능가하는 활황을 맞았다. 15세기 말에 이 곳을 지난 조선인 최부崔溥도 기행문에서 천하제일의 도시라고 격찬하고 있다. 그 후 이른바 '후기왜구'의 피해를 받고, 또 명조 멸망기에 청조 군대의 공격으로 많은 손해를 입었지만, 명청 시대를 통해 소주는 "상고商賈가 몰려드는" 대상업도시로서, 또 견직업을 중심으로 한 수공업도시로서 중국 제일의 번영을 누렸다.

당시 소주의 시가지를 살펴보면, 부성府城 동쪽이 견직업 지구고, 명말 무렵에는 기호機戶(=직물업자)가 약 1만 호에 달하였다. 그 중에는 수십 명의 직공을 고용한 민영공장이 있고, 또 단공緞工은 화교花橋, 사공紗工은 광화사교廣化寺橋, 낙사공絡絲工은 염계방濂溪坊이라는 식으로 매일 아침 노동력 시장이 섰다. 그들의 기술은 수공업으로서는 최고 수준이었고, 그들이 만든 견직물은 궁정과 부호를 고객으로 하는 고급품이었으며, 수출품으로서 해외시장에도 진출하였다. 이에 반해 서쪽은 상업 지구였다. 특히 부성

府城의 서쪽 외곽 대운하를 따라 상당가上塘街·남호가南濠街로 불리는 한 구역이 있어 면포 도매상과 견직물 도매상, 미곡상점 등이 줄지어 들어서 전국 각지에서 수많은 상인과 대량의 물자가 모여 성대하게 거래가 행해졌다. 풍교楓橋의 미곡시장, 남호南濠의 어염시魚鹽市, 동서회東西匯의 목패시木牌市는 전국적으로 이름이 널리 알려졌고, 면포의 가공공장으로 윤택을 내는 공장인 단방踹坊도 이 부근에 위치하여 당시 1만 명 이상의 노동자가 일을 하였다.

　도시의 규모가 이렇다 보니 당연히 인구도 많았다. 16세기 말엽 소주의 인구는 100만에 가까웠던 것으로 추정되는데, 대부분은 상업과 직물을 주력으로 삼는 수공업과 연관된 사람들이었다. 크고 작은 여러 상인과 수공업경영자·교통수송업자·창고업자, 이들에게 고용된 노동자 등이 헤아릴 수 없을 정도였다. 농촌에서 온 이농자도 섞여 있었다. 아무튼 이리하여 소주蘇州에 가면 먹을 것은 걱정이 없다는 말이 있었던 것이다.

산서상인과 신안상인

　그런데 이들 여러 도시의 주인공은 상인이었고, 이들은 유통·화폐경제의 리더였다.

　처음 태조는 상업을 경시하여 농업만큼 주의를 기울이지 않았다. 농민에게는 견직물의 착용을 허가한 데 비해 상인에게는 면포밖에 인정하지 않을 정도였다. 그러나 은을 위주로 한 화폐경제가 발달하면서 사정은 크게 변하였다.

　우선 국도를 북경으로 옮기고, 북변방위를 위해 장성지대에 다수의 군대가 상주하게 되자 소비의 중심이 생산의 중심(=강남 델타평야)에서 멀리 떨어진 곳에 형성되게 되었다. 이에 상업은 국정 운영에 불가결한 일이 되었다. 이어서 상품작물의 재배가 확대되고 상품생산이 발달하여 면포를 선두로 면화·생사·견직물·미맥·차·사탕 등이 전국의 시장을 무대로 유통되자, 상업의 중요성은 증대되고 상인의 활동은 점차 활발해졌다.

당시 상인은 크게 원격지 교역에 종사하는 '객상'客商과 지방상인인 '토상'土商, 점포상인인 '좌고'坐賈로 나뉘는데 대체로 객상에는 대상인이 많았다. 이 가운데 상업계에 군림한 것이 '산서상인'山西商人과 '신안상인'新安商人으로 불린 그룹이다. 전자는 산서 출신 상인을 가리키고, 후자는 안휘의 휘주부徽州府(신안新安은 옛 이름) 출신 상인을 말한다. 마치 일본에서 '오미상인'近江商人 등으로 칭하는 것과 마찬가지다. 이들 중 대상인大商人으로 인정되는 규모는 50만~100만 냥의 자금을 가졌고, 중상인中商人은 30만~40만 냥을 소유했다고 한다.

산서상인이 성장하게 된 것은 북방문제와 밀접하게 관계되어 있다. 즉, 명조는 북변의 군사적 소비에 충당하기 위해 둔전屯田을 설치하여 양식을 자급토록 하는 동시에 개중법開中法을 실시하였다. 개중법은 상인에게 쌀을 운반하게 하고 그 대가로 소금판매권을 주는 방법인데, 고향인 산서가 변경에 가깝기 때문에 지역적인 이점을 가지고 있던 이들은 미곡상米穀商과 염상鹽商을 겸하여 거부가 되었다. 소금은 국가 전매품이어서 막대한 이익이 보장되어 있었다.

한편 신안상인은 객상으로 활약하였는데, 15세기 후반(천순·성화 무렵)부터 개중법이 은납銀納으로 바뀌자 염상鹽商이 된 자가 많아지고, 소금의 도시인 양주揚州로 이주한 산서상인과 함께 염업계鹽業界의 주도세력이 되었다. 이들의 주요 업무는 염상과 전당상典當商(금융업)이었다.

양주 염상鹽商의 정원 개원介園

유통기지인 대도시의 형성

산서·신안 상인을 중심으로 한 상인의 활동범위는 거의 중국 전 국토에 걸쳤고 때로는 해외로까지 확대되기도 했다. 후기 왜구의 수령인 왕직王直은 신안상인 출신이었다. 상인들은 도시에서 도매와 중개업을 행하고 농촌에 진출하여 쌀·면화·면포 등을 취급하여, 이것들을 각지 시장에 운반하여 팔아 매매차액의 이익을 얻었다. 그리고 이들 상인의 활약과 함께 북경과 남경 외에 남창南昌·항주杭州·복주福州·광주廣州 등 각 성도省都의 대도회지는 유통기지가 되었을 뿐 아니라, 북변의 대동大同과 선부宣府도 군사적 소비를 배경으로 이들에 못지않는 번영을 구가하였다.

북경과 소주 등에는 산서·신안상인의 동향同鄉·동업同業 조합이 조직되고 그 집합장소인 회관도 건설되었다. 더구나 그들 중 일부는 제조가공업에도 손을 대어, 제지·제철·염색 등의 공장을 경영하였다. 소주에서의 면포의 마무리 공정인 단포업踹布業이 신안상인의 지배 하에 있었던 것 등이 그 예다.

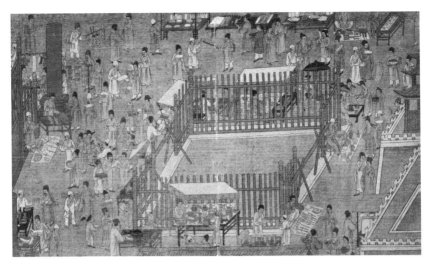

명대 북경의 번화가

명대 강남의 번영

　　이처럼 명대에 상인의 활동은 중기(15세기) 이래 매우 활발했는데, 대부분의 대상인들은 정부와 결합된 정상政商이었으며 그 전형으로는 염상鹽商

산수화와 시·서예 등에 뛰어났던 문징명文徵明의 글씨

을 들 수 있다. 당시 최대의 소비자는 정부고, 국가는 또 세역의 은납을 통해 은을 가장 많이 소유하고 있었기 때문에 이들과 결합하여 이권을 획득하는 것은 치부에 가장 좋은 방법이었다. 따라서 그들은 동향의 단결을 돈독히 하는 동시에 자제를 관계로 보내어 스스로 관직을 사서 유리한 입장에 서기 위해 열중하였다. 고급관료 가운데 상인 자제가 많은 것은 명대의 특징이다.

이상에서와 같이 상업도시·수공업도시가 발달하고 그 주인공인 상인이 실력을 갖추게 되자, 도시를 둘러싼 정신적 분위기도 역시 변화하지 않을 수 없었다. 더구나 도시의 주인은 상인으로 한정되지 않았고 수공업자, 여기에서 일하는 직인·노동자, 그 밖에 잡다한 직업을 가진 사람들이 거주했기 때문에 더욱 그러했다. 가령 소주의 경우를 보면, 이 지역은 오랜 역사와 문화를 갖고 있으며 심주沈周·문징명文徵明·당인唐寅 등 명대를 대표하는 화가가 태어나 활약한 예술의 고장이었다. 또 과거 합격자 수도 항상 전국에서 제일 많아 높은 지적 수준을 과시한 곳이기도 했다.

가정 연간 도자기. 이전의 정형적인 도자기에서 생생함이 묻어나는 대중적인 디자인이 들어간 도자기로 변화한 모습을 보여준다.

그렇지만 이 곳에서는 이른바 전통적 문화와는 분위기를 달리하는 다른 문화가 생겨났다. 그것은 당연히, 이미 앞에서 설명한 대로 생산활동을 담당한 사람들에게도 지지를 받았음에 틀림없다.

이러한 토양에서 자라난 문화는 국도인 북경 등 정치적 도시에서 배양된 문화와는 이질적인 것이었다. 서민문화의 발달이 바로 그것이다.

4. 서민의 문화

새로운 시대의 문화

명대의 문화유산으로 현재 우리가 볼 수 있는 것은 북경의 고궁故宮(정확히는 그 규모), 명13릉(明十三陵), 만리장성 등의 건축물, 선덕시대의 남빛무늬를 물들인 천, 만력시대에 적색을 주로 사용해서 그린 도자기, 앞에서 서술한 심주沈周 등의 회화 등인데, 일반적으로 명대는 문화 면에서 매우

수수하여 정채精彩가 부족한 시대로 많이 일컬어진다. 그러나 사실 반드시 그렇지만은 않다. 명대 사회는 그 발전에 대응하여 종래의 가치관을 뛰어넘는 새로운 생생한 문화를 만들어냈던 것이다.

다만 개괄해서 말한다면 국초의 문화는 거의 볼 것이 없었다. 내전에 이은 외정, 피의 숙청과 사상탄압 등 살벌한 '정치의 계절'의 연속 때문이었을 것이다. 또 이 제국이 전통적인 중국문화를 무시한 몽골제국을 이어받았다는 것과도 관계가 없지는 않을 것이다. 아무튼 명제국에는 송왕조와 같은 문화국가의 부활을 목표로 한 자취는 보이지 않는다.

그러나 이미 설명한 바와 같이, 16세기는 사회와 경제가 획기적으로 변하고 있었으며 농촌의 피폐는 제외하고 도시 혹은 도시적 취락인 진鎭과 시市의 발전은 눈부셨다. 거기에는 새로운 생산활동이 발흥하고 그 주인공으로서 서민 또는 시민이라 불려도 될 만한 사람들이 성장하고 있었다. 명대의 문화는 이윽고 이들에 의해 질적인 면이라면 몰라도 문화담당자층의 두터움이라는 양적인 측면과 그 가치관에서 독자적인 수준에 도달하게 되었다.

가령 이 시대를 대표하는 양명학이 "성인의 도道는 내 마음 속에 있다"는 슬로건을 내걸고 너무 잘고 번거로운 박학을 배척하여 농민·직인과 상인 가운데서도 동조자가 나왔듯이, 일대를 통해 전에 없는 성황을 이룬 희곡·소설 등의 문학 또는 전통적 문화의 제일인자로 군림해온 시문학 등의 제작에 간략함과 솔직함을 특징으로 많은 시민이 참가한 사실을 지적하고 있다.

이처럼 상품생산의 전개, 상업·화폐경제의 발달, 상공업도시의 발전을 배경으로 새로운 담당자에게 맡겨진 명대의 문화현상은 프랑스의 중국학자인 자크 제르네Jacques Gernet에 의해 제2의 중국의 르네상스로 평가되

고 있다. 자크 제르네는 이에 앞서 이루어진 첫 번째 르네상스를 송대로
보았는데, 이 점에서는 미야자키 이치사다宮崎市定와 일치한다. 아무튼 명
대의 문화가 새로운 성격과 내용을 가졌다는 것은 의심할 여지가 없다.

그런데 원래 중국에서는 철학과 문학이 밀접하게 연결되어 있었는데,
양명학의 특징 중 하나는 문학에 대해 자극적이라는 점이다. 종래의 학자
들로부터는 문제가 되지 못했던 통속소설류가 양명학파 사람들에 의해
올바른 평가를 받게 된 것은 문학사상 특필할 만한 일이다. 특히, 양명학
좌파의 최대 최후의 인물인 이탁오(1527~1602)가 이 분야에 끼친 공적은
절대적이다.

통속문학의 전성시대

성인의 절대성을 문제삼은 양명학 좌파 학자인 이탁오李卓吾(이지)

이탁오李卓吾의 본명은
지贄고 송대부터 개항장
이었던 복건성 천주泉州
에서 태어났다. 중국인
과 아라비아인의 혼혈인
아버지의 피를 받아, 이
슬람교도였던 것 같으며
관료 생활을 마치고 평론
가 또는 저작가로 활약하
였다. 그는 학문을 서술
할 때 계급에 구애되지
않고 남녀의 구별도 무시
했는데, 문학 역시 속세

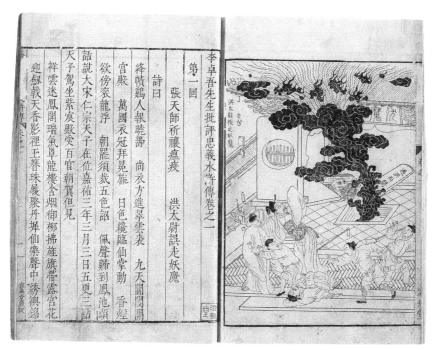

李卓吾先生批評忠義水滸傳卷之一

第一回

詩曰
張天師祈禳瘟疫　　洪太尉誤走妖魔

絳幘雞人報曉籌　尚衣方進翠雲裘　九天閶闔開
宮殿　萬國衣冠拜晃旒　日色纔臨仙掌動　香煙
欲傍袞龍浮　朝罷須裁五色詔　佩聲歸到鳳池頭

話說大宋仁宗天子在位嘉祐三年三月三日五更三點，
天子駕坐紫宸殿受百官朝賀但見
祥雲迷鳳閣瑞氣罩龍樓含煙御柳拂旌旗帶露宮花
迎劒戟天香影裡玉簪珠履聚丹墀仙樂聲中　　　繡

이탁오가 저술한 이탁오선생비평충의수호전일백권李卓吾先生批評忠義水滸傳一白卷

의 티끌에 더럽혀지기 이전의, 인간의 때 묻지 않은 마음 즉 동심童心의 자연적 발로여야 한다고 생각하였다. 옛 시문의 모방을 일삼는 것은 거짓된 문학이고, 구어체 문장으로 자유로이 인간의 심정과 욕망을 이야기하는 소설이야말로 본래의 문학='천하 최고의 글'이라고 하였다. 여기에서 통속소설에 대한 적극적인 평가의 근거가 설정되었다. 더욱이 그는 스스로 『수호전』水滸傳에 서문을 써서 "성현이 분발하여 만든 것"이라 평하고, 그 창작 동기는 사마천司馬遷의 『사기』史記와 같다고까지 단언하였다. 이것은 중국 문학평론사에서 혁명적인 선언이었다.

　명대의 문학은, 전통문학 분야의 경우 16세기 이몽양李夢陽 등을 주창자로 하는 고문사古文辭 운동 즉 "문文은 반드시 진한秦漢, 시詩는 반드시 성당盛

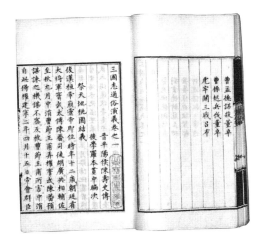

나관중의 『삼국지연의』

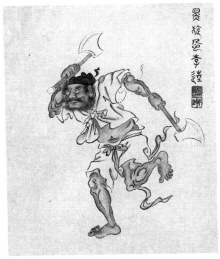

『수호전』의 인물권人物卷

唐, 이에 어긋나면 말하지 않는다"라는 강렬한 고전주의적 문학운동 등도 있다. 그러나 이는 활력을 잃었으며 당唐의 시詩, 송宋의 사詞, 원元의 잡극雜劇에 대해 명대를 대표하는 것은 구어체 소설이다. 『삼국지연의』三國志演義, 『수호전』水滸傳, 『서유기』西遊記, 『금병매』金瓶梅 등 4대 장편소설이 정리 또는

명대의 극작가로 유명한 탕현조湯顯祖와 『모란정환혼기』牡丹亭還魂記

창작된 것은 16세기의 일이고, 이와 병행하여 단편소설도 수없이 많이 씌어져 활발하게 읽혔다. 그들 중 몇 개는 유럽과 일본으로도 전해져 그 지역의 문학에 매우 많은 소재를 제공하였다. 에도江戶 시대의 시민문학은 명대 말기의 시민문학 없이는 생각할 수 없다고 한다. 앞서 인용한 『성세항언』醒世恒言도 이 시기에 나온 소설집 가운데 하나였다.

소설과 함께 원대 이래 희곡에도 작자가 많았고 명 말에는 많은 걸작이 출현하였다. 그 중에서도 탕현조湯顯祖(1550~1617)의 『모란정환혼기』牡丹亭還魂記가 유명한데, 작자인 탕현조는 1583년(만력 10)의 진사로서 양명학에 심취해 있었다고 하는 점에서 당당한 사대부·지식인이었다고 해야 할 것이다. 그러한 그가 종래 거의 무시되어 온 분야의 작품을 썼다는 것은 소설과 희곡 등 통속문학의 작자가 어떠한 사람들이었는가를 보여주는 한 예일 것이다. 동시에 그것은 또한 독자이며 관객인 서민과 작자인 사대부·지식인이 동일 문화를 공유하는 시기에 도달했음을 증명하는 것이기도 하다. 혁명문학가 노신魯迅이 잡문집인『분』墳에서 지적하고 있듯이, 그것은 원대元代 이래로 마을 사람들이 사대부 흉내를 내어 서로를 호號나 자字로 불렀던 시대적 분위기의 산물이기도 했을 것이다. 당시 상인들이 소설의 애독자였다는 것은 다음 이야기에서 엿볼 수 있다.

이미 서술했듯이 산서지방은 명청시대를 통해 많은 상인을 배출한 지역인데, 요시가와 유키지로吉川幸次郎에 의하면 이 지방은 또한 소설의 옛 판본이 많이 발견된 곳으로 알려진 지역이다. 즉 민국시대民國時代 북경의 고서점 주인들은 고판본古版本 소설을 찾을 경우에 으레 산서로 출장을 갔는데 그 이유인즉 이 지방에서는 많은 사람이 상인이 되어 각 지역으로 나가 이윽고 재산을 모으게 되면 노후를 고향에서 보내고자, 재미로 머리를 씻어줄 도구, 즉 기분을 풀 대상을 소설에서 구했다고 한다. 때문에 이 지방에는 좋은 판본이 남아 있을 것이라고 설명하였다. 현재 중국문학을 연구하는 사람들 사이에 중시되는 명대판明代版『금병매』金甁梅가 발견된 곳도 산서지방이다.

이처럼 16세기 말에서 17세기 초에 걸쳐 소설과 희곡 등 통속문학이 널리 세간에 유행했는데, 양명학의 경우처럼 전통적 문학관에서 보면 이들 문학은 세상의 도리와 인심을 문란하게 만들 뿐 아니라, 문체에서나 내용에서나 문제가 되지 않는 저급한 것으로 인정받은 것들이었다. 때문에 서민들의 압도적인 지지에도 불구하고 기성 문학계에서는 음지의 꽃으로 평가되는 데에 그쳤다. 이들 작품이 문학으로서 인정받기 위해서는 청조시대를 지나 민국시대의 '문학혁명'文學革命 시기까지 3백년 가까운 세월을 필요로 했다.

다양한 학술 – 질보다도 양의 확대

이상에서 보았듯이 명대 문화의 방향을 민중성·서민성에 놓고 본다면, 그것은 문화의 질적 우수성을 희생한 양의 확대였다고 할 수 있다. 이러한 특징은 학술분야에서도 엿볼 수 있다. 우선 수학을 예로 들어 보자.

중국 고유의 수학은 부득이 극히 적은 수의 기초적 계산을 빼고는 모두 현실 문제를 다룬다는 특징을 갖는데, 송원시대에는 '천원술'天元術이라 부르는 독특한 대수학代數學을 발달시켰다. 그런데 명대에 이르자 이 천원술을 이해할 수 있는 학자가 한 사람도 없게 되었다. 이런 의미에서 보면, 명대는 수학사상 암흑시대였다.

그러나 명대의 수학은 학자들만의 수학이 아니라 민중의 수학으로 발달하였다. 특히 상업의 발전과 더불어 산학算學에 대한 필요가 강조되고 아울러 주판의 사용이 보급되는 등의 특징을 가지고 있다. 그리고 만력萬曆 연간(1573~1619)에 이르러 한 묶음의 산술서算術書로 결실을 보았다. 이것들은 세계적 수준에 도달한 것으로 평가받고 있는데, 이들을 대표하는 『직지산법통종』直指算法統宗에서 가장 간단한 계산문제를 소개하면 다음과 같은 것이 있다.

지금 갑·을·병·정 4명이 자금을 내어 장사를 하고 있다. 갑은 20냥, 을은 30냥, 병은 40냥, 정은 50냥으로 합계 140냥을 출자하여 이익으로 70냥을 얻었다. 각 사람이 받아야 할 이익금은 얼마인가?

또 당시의 상업이 가격의 매개로서 은을 사용하였음을 반영한 것으로서 다음과 같은 예제도 있다.

가령 지금 순은純銀 15냥 2전을 가지고 순도純度 95%의 은으로 바꾸면

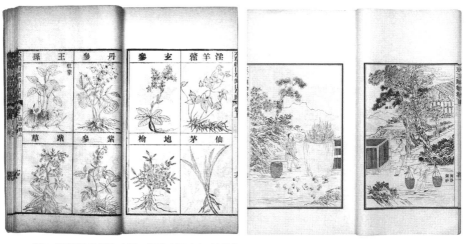
대략 1,890종류의 동물, 식물, 광물을 분류하여 기술한『본초강목』과, 18개 분야에 걸쳐 농업을 시작으로 명대의 여러 산업에 관한 기구나 제조과정을 설명한 『천공개물』

받아야할 은은 얼마인가?

실용주의의 소산 – 다양한 백과전서

명대 문화의 서민성 지향은 또한 실용적인 학문을 발달시켰다. 즉 생산 기술의 백과전서라고 할 송응성宋應星의『천공개물』天工開物(1637), 약학藥學 백과전서인 이시진李時珍의『본초강목』本草綱目(1578), 농학農學 백과전서인 서광계徐光啓의『농정전서』農政全書(1639) 등은 유명하다. 이 밖에도『삼태만 용정종』三台萬用正宗(1599)을 대표적인 서적으로 들 수 있는 일용 백과전서 종류가 많이 출판되었다.

이들 저술은 희곡, 소설과 마찬가지로 모두 전통적인 학자들로부터 완전히 무시되었던 분야를 다루었는데, 이러한 문제가 구체적으로 취급된 것은 획기적인 일이었다. 더구나『천공개물』이 전통적인 기술을 집대성한 것인 데 비해『농정전서』에는 당시 기독교 선교사에 의해 소개된 유럽의

222

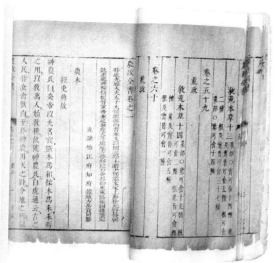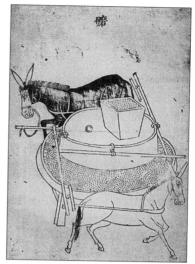

전제田制 수리水利, 농구農具, 농작農作, 양잠, 흉년대책 등 농업 전반을 기술한 『농정전서』

기술에 유의한 기재가 있어 외래문화에도 무관심하지 않았던 시대풍조를 전해주고 있다. 앞서 서술했듯이 기술적인 것에 대한 관심은 양명학에 의해 넓혀졌던 것이다.

시대의 관심은 생산기술과 일상 생활의 주변으로만 한정되었던 것은 아니다. 즉 넓은 미지의 세계에 대한 탐험에도 눈을 돌려, 중국 최대의 여행가로 알려진 서하객徐霞客(1586~1641)을 낳았다. 그의 발자취는 매우 넓은 지역에 미쳤는데 특히 직접 답사를 통해 금사강金沙江이 양자강 상류에 있다는 사실을 확실히 한 것은 중국의 지리학地理學·지도학 상 가장 중요한 발견이었다고 한다.

서하객은 단순한 여행가·탐험가만은 아니었다. 그는 자세한 일기를 쓰고 관찰한 바를 정확히 기록하여 『서하객유기』徐霞客遊記를 저술하기도 하였다. 이것은 『천공개물』과 함께 실증주의 정신을 뚜렷하게 보인 2대 명저로 높이 평가받고 있다.

이 실증주의 정신은 순수학술 면에서도 발휘되었다. 당시 유행하고 있던 양명심학陽明心學의 반서적주의反書籍主義, 즉 학문은 경서를 읽는 것이 아니라 우리 마음의 반성이라고 주장하는 반발을 포함하여, 고염무顧炎武와 황종희黃宗羲 등의 대가가 나와 '경세치용經世致用의 학學'을 일으켰다. 그것은 주자학의 '격물치지'格物致知를 경서의 연구법으로 확립하여, 경서를 실증적으로 다시 읽어야 한다는 학문이었다. 이 학풍이 곧 청대의 고증학考證學, 즉 실증주의적 문헌학文獻學으로 발전했다는 것은 잘 알려져 있다.

서양문화 흡수의 한계성

명대의 문화, 특히 명말의 문화를 논할 경우 잊어서는 안 될 점은 기독교 선교사들에 의해 들어온 유럽의 과학·기술의 영향이다. 그 가운데 가장 주목해야 할 것으로서 대포와 세계지도는 이미 언급했지만, 그 밖의 분야에서는 어떠한 것들이 있을까?

황제와 일부 위정자·지식인들은 유럽의 학문·지식·기술의 가치를 인식하여, 이를 채용하는 데 열의를 보였다. 그러나 그것은 주로 그들 지배체제의 유지에 필요한 범위, 천문학·역학·지리학·대포의 제조 등 최소한의 실용 면에 한정되어 있었다. 직접적으로 생산과 관계를 갖는 농학과 광산학 분야에서는 지식만을 수용하는 데 그치고, 응용 또는 실용화가 시도된 흔적은 없다. 때문에 일부를 제외하고서 유럽 최신의 학문과 기술의 영향력에는 한계가 있었다고 말할 수밖에 없다.

그 이유로서는, 아마도 이들 최신 생산기술을 활용할 조건이 당시 중국에는 충분히 성숙되지 못한 점도 있지만, 무엇보다도 지배자가 이들 기술을 채용하는 데에 관심을 갖지 못한 점에 있다고 해도 좋을 것이다. 만약 이들 기술이 채용되어 생산력에 비약적인 변화가 일어났다면 그들이 세운 지배체제에 파탄이 일어날지도 모르기 때문에, 지배자의 입장에서는 새로운 생산기술을 채용하는 데 소극적이었다고 해도 당연한 것이다. 사회변혁을 고려하지 않는 흥미본위의 기술주의의 한계였다.

그러나 이 책임은 중국 측에만 있었던 것이 아니다. 일부분은 선교사 측에도 있다. 그 이유는, 마테오 리치 이후의 선교사들이 중국을 잘 이해하여 중국적 기독교를 설명할 필요성을 중시한 나머지 유교에서의 천天을 상제上帝로 간주하여 기독교의 천주天主와 같다고 타협한 점을 들 수 있다.

이것은 곧 교회 내부의 종론宗論 — 이른바 '전례논쟁'典禮論爭의 단서가 되었는데, 원칙을 굽힌 타협이었다. 따라서 포교에는 편리했을지 모르지만, 이 때문에 중국의 전통사상은 기독교와 대결할 좋은 기회를 놓쳐 버렸다. 이리하여 선교사들이 중국에 들어 온 것을 "의義를 흠모하여 멀리서 온" 것으로 중국 측에서 가볍게 받아들이게 되고, 그들이 가져온 새로운 문화를 그저 단순한 기술로 받아들이게 된 것은 당연한 귀결이었다.

제6장 |
저물어 가는 노제국

1. 삼안과 당쟁

광세의 화와 신종의 죽음

16세기와 17세기의 교체기인 신종神宗 만력萬曆 연간은 그 시대 사람들로부터 '풍형예대'豊亨豫大(세상이 태평성대라 백성이 행복을 누림)라 찬양받는 측면을 가지고 있었다. 이 말은 『역경』易經에 나오는 말로 국가의 부유와 융성을 의미하는 관용구다. 그러나 이 시대는 또 후세에 "명明이 망한 것은 숭정崇禎 시대가 아니라 만력萬曆 시대였다"라고 평해지듯이 군사적·정치적·경제적 여러 모순이 일제히 표면화되어 명제국의 쇠퇴는 결정적이 된 시기이기도 하다. 특히 장거정張居正이 죽은 뒤 국가재정은 극도의 궁핍에 시달리고 있었다. 화폐경제에 휘말려 사치스러워진 궁정의 소비생활, 이른바 '만력3대정'萬曆三大征으로 인한 군사비의 급증, 공교롭게도 소실된 궁전의 재건을 위한 지출이 그 주된 원인이었지만, 말년에는 다시 요동遼東 방면에서 일어난 여진인女眞人을 방비하기 위한 전비戰費가 이에 더해졌다.

이 사태에 대응하기 위해 정부는 증세를 실시하였는데, "폐하는 재화를 좋아하는 버릇이 있다"라는 지적을 들을 정도로 금전에 이상하리만큼 집착을 보였던 신종은 의외로 궁정비宮廷費의 조달에 열의를 보였다. 그래서 주요한 유통수단인 은을 입수하고 재원으로서 상품 유통과정을 장악하기 위해 광세礦稅와 상세商稅의 징수를 계획하여 환관을 각지에 파견하였다.

그런데 환관은 권력을 등에 업고 칙지의 이름을 빌려 모든 수단을 동원해서 수탈을 했기 때문에, 실적은 오르지 않고 도리어 백성들의 원한만 사게 되었다. 징세사徵稅使인 환관은 도로와 수로에 관소關所를 세워 상세를 거두고, 지하에 은광이 있다고 하여 주민들의 가옥을 파괴했다. 이것이

북경 북방에 있는 명대 역대 황제들의 묘인 명 13릉. 태조의 묘인 효릉孝陵만 남경에 있다.

그 악명 높은 '광세鑛稅의 화禍'인데, 피해를 당한 곳에서는 예외 없이 반세反
稅투쟁인 '민변'民變이 일어났다. 피해는 바다 건너 루손섬 Luzon島(필리핀)
에까지 미쳤으며, 이것이 원인이 되어 1603년 마닐라에서 화교 학살사건
이 일어날 정도였다.

　이리하여 국운이 급속히 기울어져 가는 1620년(만력 48) 7월, 신종은
58세로 병으로 죽었다. 유체遺體는 생전에 6년의 세월과 800만 냥이라는
거금을 들여 조영된 '정릉'定陵에 안장되었다.

　'정릉'은 북경 북방 40km에 있는 천수산天壽山 기슭에 있는데, 이 부근에
는 성조의 '장릉'長陵을 필두로 이른바 '명 13릉'의 능묘군陵墓群이 있다. 현재
이들 능묘는 다른 문화유산과 마찬가지로 중국정부의 적절한 관리와 보호
를 받고 있는데, '정릉'은 1956년부터 그 다음 해에 걸쳐 발굴조사가 이루어
져 그 전모가 밝혀졌다. 보고서에 따르면, 지하 20m 깊이에 전·중·후의
3실室이 있고, 전장 88m, 높이 7m로 조영된 이 능묘 궁전은 규모가 거대하

신종 만력제의 정릉 내부

면서도 부장품의 호화스러움과 정교함으로 사람들의 눈길을 빼앗는다고 한다. '명13릉'을 방문한 외국인이 안내받는 곳이 바로 이 '정릉'이다.

신종의 후계를 둘러싼 세 가지 괴사건

그런데 신종의 실태失態는 정치와 재정 면에 그치지 않고 후계자 문제에서도 분쟁의 씨앗을 낳았으며, 국가의 전도를 어둡게 하는 일들이 벌어졌다. 즉 신종에게는 장자인 상락常洛이 있었지만 총비寵妃인 정귀비鄭貴妃와의 사이에서 태어난 상순常洵을 귀여워하여 오랫동안 황태자를 정하지 못하였다. 제위 계승자를 결정하지 못한 것은 국가의 중대사였기 때문에 정신廷臣들이 차례로 나아가 황제에게 간諫한 끝에 마침내 1601년(만력 29) 10월 상락을 황태자로 삼고 상순을 복왕福王에 봉함으로써 일이 일단락된 것처럼 보였다. 그러나 이것이 단서가 되어 궁정 깊은 곳에서는 수년간 세 차례에 걸쳐 괴이한 사건이 발생하였다.

먼저 신종 재위중인 만력 43년(1615) 5월에, 장차張差라고 하는 정체를 알 수 없는 사내가 돌연 몽둥이를 들고 동궁東宮 거처에 침입하여 황태자 상락을 암살하려는 사건이 일어났다. 이를 '정격의 안'挺擊案이라 일컫는데, 여기에는 황태자 옹립에 얽힌 복잡한 문제가 개재되어 있었으며, 사건은 미수로 그쳤지만 궁정 내외에 큰 물의를 일으켰다.

그로부터 5년 후, 신종이 죽고 황태자가 즉위하여 광종光宗 태창제泰昌帝 (재위 1620)가 되었는데 곧 제2의 사건이 일어났다. 광종은 태어나면서부터 병약하였는데 즉위 얼마 안 되어 병에 걸렸다. 이에 측근이 붉은 환약丸藥을 올렸는데 이를 먹은 황제가 바로 사망한 것이다. 재위한 지 불과 1개월밖에 되지 않은 때였다. 이를 '홍환의 안'紅丸案이라고 한다.

유모 이선시李選侍와 기거한 희종 천계제

이어 광종의 장자인 유교由校가 즉위하자 '이궁의 안' 移宮案이 일어났다. 황제 위를 계승한 희종熹宗 천계제天啓帝 (재위 1620~27)는 16세의 소년이었기 때문에 생모가 죽은 후 양육을 맡았던 이선시李選侍라는 여관女官을 귀비로 승격시켜 함께 기거하게 하였다. 그런데 이를 싫어한 일부 관료가 이선시를 별궁으로 옮겨놓았던 것이다. 그 녀를 희종熹宗과 동거하게 하면 정치에 간여할지도 모른다는 염려에서였다고 한다.

　이상을 '삼안'三案이라고 하는데, 모두 다 궁정 내부에서 일어난 사건으로 진상은 사건 당초부터 애매한 점이 많았다. 그 때문에 억측이 오가는 등 논의가 비등하였고 그 때마다 "온 나라가 미친 듯 하였다"라고 형용되는 사태가 되풀이되었다. 더욱이 사건 그 자체는 제위를 둘러싼 일종의 집안 소동에 지나지 않지만 '삼안'이 마무리된 희종시대가 되자, 이 문제는 새로이 관계 내부의 당파싸움의 불씨로 재현되어 국가 쇠운은 뒷전에 두고 일대 논전이 벌어졌다.

환관파와 반환관파의 싸움

　관계에 파벌과 당파가 존재한 것은 동서고금에 걸쳐 그다지 진귀할 것이 없다. 명대의 관료 역시 출신지에 따라 향당鄕黨을 만드는 일이 많았는데, 사회정세의 변화에 따라 구래의 지연관계에 의한 결합을 넘어서 정치적 입장에 의한 결합도 희귀한 일이 아니었다. 특히 만력 중·후기에 이르면, 관계는 '광세' 등 징세 문제를 둘러싸고 환관과 손을 잡고 내각에서 정권을 좌우하는 일파인 엄당閹黨과 그 반대파로 양분되었다.

　이 반환관파는 보통 '동림당'東林黨으로 불리는데, 지도자는 고헌성顧憲成이었다. 그는 강소성江蘇省 무석현無錫縣에서 태어나 관계에 진출하였으나, 황태자 책립冊立 문제로 신종의 노여움을 사서 만력 30년 무렵 관직을 그만두고 향리로 돌아왔다. 그리고 송대의 주자학자인 양시楊時가 세운 동림서원東林書院을 다시 일으켜 여기에 동지인 조남성趙南星·추원표鄒元標·고반룡高攀龍 등을 불러 자기의 설을 강의하는 한편, '강학'講學이라 칭하는 토론회를 열어 정치비판의 기염을 토했다. 반환관파를 동림당이라 부르게 된 것은 동림서원의 명칭에서 유래한다.

반환관파反宦官派의 우두머리 고헌성顧憲成

양명심학陽明心學의 유행을 매우 불쾌하게 여겼던 고헌성에 의하면, 학문은 박식과 흥미의 대상일 수 없고 정치비판의 방법이어야 했다. 따라서 학자란 눈앞의 정치적 부패에 대해서 어디까지나 저항해야 한다고 하였다. 환관의 정치 참견을 허용하는 정치체제는 단호하고 철저하게 비판해야만 했던 것이다.

이러는 사이에 고헌성 등의 명성이 천하에 알려지면서 많은 학자·관료·지식인의 공감을 얻어 동림당의 권위가 커졌다. 이에 동조하는 자는 일반 서민들로까지 확대되었다. 그러자 이에 대항하여 반동림파도 환관과 연결하여 결속을 굳건히 하여 두 파 사이에는 격렬한 당쟁이 시작되었다. 특히 '삼안'이 일어나자, 논쟁은 한 단계 확대되어 서로 헐뜯으며 추잡한 싸움으로 바뀌어 갔다.

이 논쟁에서는 동림당이 정치성을 중시하여 이론적이었던 데 비해, 반동림파는 현실적으로 대처했다고 한다. 그렇지만 반동림파가 자파세력을 강화시키기 위해 환관 위충현魏忠賢에게 권력을 맡기게 되자 당쟁은 정쟁의 양상을 띠고 사건마다 이론을 제기하며 대립하여 국사는 전혀 안중에도 없는 상황을 만들어 내게 되었다.

환관 위충현의 공포정치

위충현魏忠賢(?~1627)은 명대 최대의 환관으로 악명 높은 인물인데, 희종의 유모에게 환심을 사서 황제의 신임을 얻고 동림·반동림의 당쟁을 기화로 정치의 실권을 장악하자 공포정치를 단행하여 천계天啓 연간(1621 ~27)의 정국을 독점하였다. 그는 특무경찰特務警察 '동창'東廠을 지배하여 경찰권을 장악하고 구실을 붙여 동림당을 탄압하였다. 서원書院은 파괴되고 강학講學은 금지되었다. 당시 그에게 반대하는 자는 모두 동림당으로 몰려 좌천·면직은 물론 투옥 후 심한 고문을 받아 고통 속에서 죽는 자도 속출하였다.

이러한 동림당 처단이 정점에 달한 1626년(천계 6) 3월 면직되어 소주蘇州에 돌아와 있던 주순창周順昌이라는 자가 체포되자, 그를 지지하는 자들의 반대운동='개독開讀의 변變' 등도 일어났지만 대세를 뒤집지는 못하였다. 체포되어 살해된 자들의 후임에는 위충현의 뜻대로 움직이는 반동림파가 임명되었기 때문에 국정은 완전히 그의 뜻대로 되었다.

위충현이 강대한 권력을 발동하게 되자 자연스럽게 그에게 아첨하여 자신의 영달을 꾀하려는 자가 많아졌다. 속셈 있는 자는 극구 위충현을 칭찬하였고 더 나아가 그를 공자孔子와 함께 국학國學에 제사해야 한다는 자가 있는가 하면, 그를 사람의 모습으로 세상에 태어난 신이라면서 생사生祠(생존해 있는 사람을 신으로서 제사지내는 사당 | 역주)를 조영해야 한다는 자까지 나타났다. 위충현의 생사 조영은 항주杭州에서 시작하여 남경南京과 소주蘇州로부터 요동遼東 지방에 이르기까지 거의 전국적으로 파급되었는데, 건축비는 많게는 수십만 냥, 적게는 수만 냥이 들었다고 한다.

그 비용을 부담한 것은 말할 필요도 없이 백성들이었고 이에 반대하는 자는 즉시 투옥되었다. 그리고 위충현이 북경 거리를 지나면, 백성들은 땅에 엎드려 황제에게 하는 '만세'萬歲에서 천세千歲를 뺀 '구천세'九千歲라 외치도록 강요받았다고 한다.

위충현의 몰락과 반환관파의 무능

위충현의 공포정치로 국정이 문란해지고 백성들이 고통에 처하게 되었음에도 불구하고, 명조에서 가장 무능한 군주로 평가받는 희종은 깊은 궁궐 속에 틀어박혀 그의 취미였던 세공細工 작업에 정력을 쏟았다고 한다. 이리하여 무능한 통치자 아래서, 관계의 당쟁에 편승하여 권력을 장악한 한 명의 환관에게 정치주도권을 빼앗겨 250년을 이어온 명제국은 암담한 쇠퇴의 길로 접어들게 되었다.

무위무책으로 8년을 재위한 희종이 죽자, 그의 배다른 동생 신왕信王 유검由檢이 제위를 이었다. 그가 의종毅宗 숭정제崇禎帝(재위 1627~44)다. 의종은 제국부흥의 뜻을 세웠으며 위충현의 전횡에 대해서도 반감을 품고 있었다. 의종은 즉위하자마자 정국전환을 위한 대책을 강구하였다.

위충현은 이미 희종이라는 방패막이를 잃었고, 그를 탄핵하는 목소리는 정부 내부에도 민중들 사이에서도 가득찼다. 대단한 위세를 떨쳤던 그도 이제 모면할 길이 없음을 깨닫고 스스로 목을 매어 죽었고, 그의 재산은 몰수되었다. 액수에 대한 기록은 없지만 아마 유근劉瑾을 능가했을 것이다. 그러나 민중의 노여움은 그치지 않았다. 이에 의종도 칙명을 내려 위충현의 시신을 책형磔刑(몸을 찢어 죽이는 형벌 | 역주)에 처하고 천하에 그의 죄를 물어야 했다. 그와 결탁하였던 반동림파 관료는 살해되거나 추방되어, 반동림파 세력은 정부요직에서 축출되었다.

의종의 즉위와 함께 동림당은 정권을 획득했다. 그러나 위충현의 철저한 탄압으로 동림당은 유력한 지도자 대부분을 잃었으며, 살아남은 자들은 대부분 입만 살아 있는 무리로서 현실의 정사를 처리할 능력은 부족하였다. 게다가 사태는 이미 그들의 손이 미치지 못하는 데로까지 급박하게 움직이고 있었다. 인심은 이미 명조에서 떠나고 있었다. 국내 각지에서는 굶주린 농민들이 봉기를 하였고, 요동 방면에서는 여진인이 무시할 수 없는 세력으로 성장하여 국경을 위협하였다. 명제국의 운명은 이젠 풍전등화와 같았다.

2. 민변과 항조 - 신시대의 태동

직용의 변에서 본 도시시민의 폭동

명제국의 멸망은 이제 피할 수 없는 추세라는 것이 누구의 눈에도 확실히 보이기 시작할 무렵, 도시와 농촌에서는 반세反稅·반조反租·반권력反權力의 실력투쟁이 계속 일어났다. 그것은 제국의 말기적 증상의 표현인 동시에 15~16세기 이래 발전해 온 사회경제의 필연적 산물로서 고유의 시대성을 띤 투쟁이기도 했다.

이 가운데 도시민중의 투쟁을 '민변'民變이라고 부르는데, 1590년대부터 1630년대에 걸쳐 일어났다. 더구나 민변은 전국적인 유통시장에 연결된 상품생산의 전개라는 시대적 특징에 부응하여 전국적인 범위로 파급되어, 북경을 시작으로 임청臨淸·무창武昌·한양漢陽·광주廣州 등 대도시에서부터 유명한 요업지窯業地인 경덕진景德鎭에까지 미쳤다. 이 민변의 실태로, 소주에서 발생한 '직용織傭의 변變'을 예로 든다면 다음과 같다.

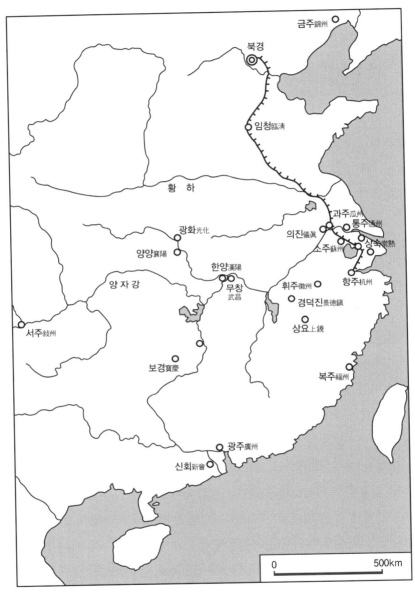

금주錦州

북경

임청臨淸

황 하

광화光化

양양襄陽

과주瓜州

통주通州

의진儀眞

소주蘇州

상숙常熟

한양漢陽

무창
武昌

휘주徽州

항주杭州

양 자 강

경덕진景德鎭

상요上饒

서주敍州

보경寶慶

복주福州

광주廣州

신회新會

0   500km

민변의 주요 발생지

238

이미 서술했듯이 소주는 당대 제일의 상공업도시였다. '직용의 변'은 시대를 상징하는 이 대도시의 번영에 어두운 그림자를 드리운 이른바 '광세礦稅의 화禍'에서 발단했다. 이 때 재원을 구하러 이 곳에 파견된 징세사는 환관 손륭孫隆이었다.

1601년(만력 29) 5월 초순, 손륭은 소주에 도착하자 즉시 부성府城의 6개 성문에 세관稅關을 설치하고 교통의 요충지를 감시하게 하여 통행하는 상인들로부터 상세를 거두어들이기 시작하였다. 이 때문에 일용품과 수공업원료 등 여러 물가가 폭등하고 구매력은 급속히 저하되어 물자유통이 거의 정지되어 버렸다. 더욱이 손륭은 직기織機에도 과세를 하려 했기 때문에, 인심이 동요하고 유언비어가 난무하여 기호機戶와 도매상 가운데에는 폐업하는 자가 나오기 시작하여, 이 곳에서 일하던 수천 노동자가 일자리를 잃고 생활수단을 잃게 되었다. 소주의 중심산업인 견직물업에 중대한 위기가 찾아 온 것이다.

6월이 되자 파시罷市(상인의 파업)가 발생하고, 군중이 거리마다 넘쳐나 성내는 어수선한 공기에 휩싸였다. 이 같은 정세를 배경으로 직용織傭=베 짜는 직인을 중심세력으로 하는 폭동이 발발하였다.

반세투쟁의 승리

6월 6일 이미 실력행사 계획을 세운 직공織工 2천여 명이 6개의 대오를 조직하고, 각 대隊에는 파초芭蕉로 만든 부채를 가진 지휘자가 선두에 서고 직공들은 곤봉을 든 채 그 뒤를 따랐다. 이들은 성내 동부 수공업지구에서 행동에 나섬으로써 질서정연한 반세反稅투쟁이 개시되었다.

먼저 놀라운 수완을 발휘하여 사람들을 두려움에 떨게 한 징세리徵稅吏 황건절黃建節이 희생되었다. 사태를 우려한 지현知縣 등운소鄧雲霄는 이 때

손륭의 하수인으로 활동한 무뢰배 2명을 체포 투옥하고 징세리의 불법부정을 사죄하고 무마하려 했지만, 직공들은 노여움을 풀지 않고 징세관의 집과 가재를 불태워 버렸다.

다음 날 7일에도 직공이 주동이 된 민중은 나머지 세리稅吏의 집을 둘러싸고, 그들을 운하에 처넣거나 도로 옆에서 처단하는 등 맹위를 떨쳤다. 가옥을 부수거나 세리의 가족을 살해하거나 부상을 입히는 등의 사건도 빈발했다. 민중의 노여움에 두려움을 느낀 등운소는 할수없이 전날 체포한 무뢰배를 끌어내 책형磔刑에 처했고, 민중들은 이를 여덟 갈래로 찢어 평소의 울분을 풀었다. 봉기자들은 다시 이번 사건의 장본인이 손륭이라 하면서 그가 있는 관청으로 몰려가 상세의 철폐를 요구했다. 놀란 손륭은 담장을 넘어 탈출하여 항주杭州 방면으로 도망쳤다.

폭동은 다음 날 8일에도 계속되었다. 그러나 이 날은 지부知府 주섭원朱燮元이 중재에 나서 민중을 설득 무마시킴으로써 사건을 겨우 마무리하였다.

이러는 동안 갈성葛成이라는 직공이 폭동의 주모자를 관헌이 체포하려 한다는 소식을 듣고, 스스로 자기의 이름을 대며 자기에게 모든 책임이 있다고 했다. 이 때문에 채찍을 맞고 거의 죽을 지경에 이르렀는데, 그의 이 같은 의기에 감동한 민중들은 그를 살아 있는 신으로 받들어, 갈현葛賢이라든가 갈장군葛將軍으로 불렀을 뿐만 아니라 지식인들도 글을 써서 그를 찬양하였다.

6월 9일, 성내城內에 고시를 붙이고 징세사의 해독이 모두 제거되었다는 것을 통지함으로써 사건은 막을 내렸다. 직공들은 목적을 달성했던 것이다.

당시 현지에 있었던 순무巡撫 조시빙曹時聘은 이 사건을 다음과 같이 보고하여 직공들에게 깊은 동정을 보이고 있다.

그들은 조그마한 칼도 지니지 않았고 어느 조그만 물건도 약탈하지 않았으며, 불이 나면 인근에 알려 불이 나는 것을 막았고, 도적과 같은 세리稅吏를 때려 살해하고 그들의 재산을 전부 들추어내어 절도의 죄를 없애려는 데 지나지 않았습니다. …… 그들은 일자리를 얻으면 살고, 일자리를 잃으면 곧 굶어 죽을 상태에 있습니다. 최근에 신臣이 본 바에 의하면, 염방染坊(염색공장)과 기방機房, 機屋의 조업정지로 실업한 염공染工과 직공織工이 각기 수천 명에 달합니다. 그들은 모두 스스로의 노동으로 생활을 꾸려가는 양민으로 일거에 사지로 내쳐진 것입니다. 신은 마음 속으로 이들의 처지에 대해 슬퍼합니다. (『명 신종실록』明 神宗實錄 권361)

도시시민의 정치투쟁 – 개독의 변

'직용의 변'은 대략 이상과 같은데, 폭동의 주체가 직공이고 그들이 책임을 지면서 결말이 난 데서 알 수 있듯이, 그것은 직공의 대두와 함께 일어난 역사적 사건이었다. 당시 직공은 전근대적인 노동지배를 받고 있었지만 스스로의 노동으로 생계를 꾸리는 임금노동자로서, 또 새로운 생산력의 담당자로서 성장하고 있었다. 이러한 배경 아래 생산과 생활을 위협하는 것에 대해 협동해서 격렬한 싸움을 벌였던 것이다.

이런 의미에서 '직용의 변'은 악랄한 징세사의 수탈에 반대한다고 하는, 왕조 말기에 항상 등장하는 폭동의 성격을 띠면서도 새로이 상품생산 속에서 성장해온 직공들이 상품생산의 보다 나은 발전을 요구하는 싸움으로서의 중국사상 최초의 사건이었다고 할 수 있다. 바꾸어 말하면, 그것은 상품생산의 발달이 두드러지고 시장형성이 진행되고 있던 명말 사회, 그것도 당시 가장 큰 수공업도시였던 소주에서 처음 발생한 역사적 사건이었다.

이 사건에서 제시된 도시민의 힘은 정치투쟁에서도 발휘되었다. 앞에서

잠깐 언급한 바 있는 '개독開讀의 변變'이 그 좋은 예인데, 여기에는 보다 넓은 계층의 시민들이 참여하였다.

'개독의 변'은 관계에서 동림東林·반동림反東林 당쟁이 정점에 달한 1626년(천계 6) 3월 같은 소주蘇州에서 일어났는데, 그 계기는 동림파의 퇴직관료인 주순창周順昌의 체포 사건이었다.

주순창은 소주 출신으로 1613년(만력 41) 진사가 되어 관계에 진출했지만 곧 사직하고 향리로 돌아왔다. 퇴직 후 그는 동림파 인사답게 악정에 항의하고 민중에 대한 억압을 완화시켰으며 가난한 사람들에게 도움을 아끼지 않았다. 그 때문에 자신의 생활은 어려웠지만 사람들이 그의 은혜에 깊이 감사했다고 한다. 그러한 그에게 위충현魏忠賢은 다른 사람의 잘못된 일에 관계했다는 이유로 체포령을 내렸다.

3월 18일 개독의 의식이 찰원察院(형옥刑獄을 담당하는 안찰사按察使의 역소 | 역주)에서 행해지게 되었다. '개독'이란 체포에 앞서 황제의 명령을 피의자와 여러 사람들에게 읽어 알려주는 행위다.

이 날 주순창을 지지하고 그의 체포에 항의하는 수천 명의 사람들이 몰려와 관청 주위에서 대중적 시위행동을 벌였는데, 그 선두에는 부학府學·현학縣學의 생원生員(학생)들이 섰다. 의식이 시작되고, 민중시위에 화가 난 제기緹騎(경찰)의 위협적인 발언을 계기로 민중의 반항이 시작되어, 회장會場은 대혼란에 휩싸였다. 사람들은 무기를 손에 쥐고 난폭해져, 제기한 명이 맞아 죽고 다른 자들은 도주했다.

이에 놀란 관헌은 의식을 중지하고, 식을 행하지 않고서는 주순창을 북경으로 보내지 않겠다고 약속하여 사태를 수습하려고 하였다. 민중은 이 약속을 믿고 해산하였다. 그러나 관헌은 이 약속을 어기고 은밀히 순창을 북경으로 보내버렸으며, 민중들이 해산한 것을 보고 즉시 탄압에 나서서 주모자를 체포하고 옥에 가두었다.

　같은 해 6월 주순창은 북경에서 옥사하고, 다음 달에는 폭동의 주모자로 체포된 5명도 처형 되었다. 이들은 모두 상인과 가마꾼들이었다. 사건은 이렇게 민중 측의 완전한 패배로 막을 내렸다. 소주 사람들은 처음에는 위충현의 위세에 눌려 손을 쓰기 어려웠지만, 이듬 해(천계 7) 11월 그가 주살되자 서로 돈을 내어 처형된 5명의 유해를 인수하여 묘지를 만들고 후하게 장례를 지내주었다고 한다.

　동림파에 속한 다른 체포자에 대해서도 정도 차이는 있지만 이와 유사한 사건이 일어났고, '개독의 변' 때와 같이 위력을 발휘하였다. 이 때 주역을 맡은 자는 도시 민중이었다. 또 민중에게 호의적이었다고는 하나 지배계급이었던 관료의 체포에 민중이 목숨을 걸고 항의하였다는 데에 이들 사건의 특색이 있다. 여기에는 권력을 멋대로 농단한 위충현에 대한 분노를 한 축으로, 민중과 관료를 포함한 지식인들 사이에, 관계官界에 있어서 당쟁이라는 하나의 정치문제에서 파생된 사건도 공통의 문제로서 수용할 수 있는 장場이 형성되어 있었다는 사실을 인정할 수 있을 것이다. '직용의 변'에서도 본 것처럼 지식인과 민중의 연대감정이 민중의 주도 하에 격렬히 분출된 것이 이 '개독의 변'이었다. 폭정을 눈앞에 두고 시민들 사이에 어떤 형태로든 사회변혁의 불가피성이 느껴졌다는 것은 확실하다.

민변과 소농민의 항조

　도시에서의 민변民變과 병행하여 농촌, 특히 강남 델타평야를 중심으로 한 화중·화남 각지에서는 '항조'抗租로 불리는 소작투쟁이 격화하였다. 그것은 '노변'奴變이라 불리는 노예의 신분해방투쟁과 함께 '항조노변'抗租奴變으로 병칭되기도 하며, '민변'과 함께 명말·청초(=16~17세기)의 특징

적인 역사현상으로 주목된다. 이것은 모두 상품생산의 발전을 배경으로
한 명말 동란기의 체제적 동요를 보여주는 현상으로, 통일적으로 이해해
야 할 것이다.

전호佃戶가 지주에게 전조佃租(소작료) 납부를 거부하거나 감액減額을 요
구한 항조 현상은 사실 전조가 출현하면서 함께 나타났다. 그렇지만 이
시대의 항조는 이전 시기에 보이지 않았던 특징이 보인다.

이미 서술했듯이, 명대에는 지주·전호관계가 국초 이래 존속하였고
특히 가장 선진 경제지대인 강남지대에서는 17세기 초 "전田을 가지고
있는 자는 10명 중 1명에 지나지 않고, 소작인이 된 자는 10명 중 9명이나
된다"라고 할 정도로 지주·전호관계가 일반화되어 있었을 뿐 아니라
"오늘은 소작료를 내고, 내일은 빚을 얻으려는 자가 있다"라고 할 만큼
전호들은 고액의 소작료에 허덕였다. 따라서 강남을 중심으로 하여 각지
에 소작쟁의가 빈발한 것은 당연한 일이었다. 1596년(만력 24) 무렵 호주
부湖州府 수수현秀水縣에서는 다음과 같은 풍조가 널리 유포되고 있었음이
보고되었다.

즉 그 이전에는 없었던 일인데 이 곳의 소작농은 상등미上等米를 부상富商
이 경영하는 미전米典(전당포)에 잡히고 나머지 중·하등미를 소작료로
냈으며, 풍작 때도 흉작이라 하여 소작료의 납입을 미루거나 납부하지
않는 구실로 삼았다. 또 그들은 집단을 조직하여 지주에게 소작료를 내지
않기로 협정을 맺는 등 지주에 반항하는 조직과 체제를 일상적으로 만들었
다고 전하고 있다.

이 같은 정황은 다른 지방에서도 공통적으로 보이는데, 위 보고서에서
이야기하듯이 이 시대의 항조의 특징을 다음과 같이 지적할 수 있다.

명말의 항조 = 소작쟁의의 특징

첫째로 항조가 수확의 풍흉에 좌우되는 자연발생적·우발적·기아적인 행동이 아니라 일상적이었다는 점, 둘째로 전호가 개인적으로 지주와 대결한 것이 아니라 집단을 이루어 조직적인 반항을 했다는 점, 셋째로 전호는 전당 잡힌 쌀을 되찾기 위해 당연히 부업으로 상품생산에 종사하고 그 이익을 충당했음에 틀림없는데, 이것이 항조운동에 새로운 내용과 성격을 부여하고 그 격화를 한층 촉진시켰다는 점 등이다.

결국 이 시기 항조운동은 이미 설명한 면업綿業과 견업絹業 등에 종사하는 상품생산자인 전호佃戶와 이에 대항한 상인·고리대·지주에 의한 수탈강화, 다시 말하면 생산력의 상품생산적 발전을 근거로 한 전호와 그러한 생산력의 상승으로 가능해진 상인·고리대·지주의 수탈강화를 둘러싸고 벌어진 농민투쟁이었고, 전조佃租의 액수만을 따지는 통상적인 소작쟁의는 아니었던 것이다. 보다 상세히 설명하면, 화폐경제에 말려들어 자가 생산한 상품을 판매하고 원료를 구입할 때는 물론이고 전당잡힌 자기의 생산물을 찾을 때도 상인·고리대·지주가 정한 일방적인 가격에 따를 수밖에 없는 상황에 놓이게 된 전호가 문제로 삼았던 것은 이미 전조의 액수가 아니었다. 그리고 이러한 조건 하에서 항조운동은 당연히 경제사회 속에서 관련을 갖는 다른 조건, 예컨대 쌀을 포함한 상품의 가격체계에 대한 투쟁으로서의 성격을 띠게 된다. 때문에 상품생산을 둘러싼 생산과 유통에 기초하여 각지에서 널리 일어난 항조는 "사람이면 누구나 가지고 있는 인정과 같다"라고 한 것처럼 일상적이고 지속적이며 또 조직적인 투쟁이 될 수밖에 없었던 것이다.

1638년(숭정 11) 10월, 소주 오현吳縣에서 일어난 항조투쟁에는 30여 개 촌村의 농민이 참가하였다. 이들은 전조佃租를 납부하지 않을 것이며,

만약 전조를 징수하려 하면 배를 침몰시키고 지주를 살해할 것을 선서하고는 무기를 들고 종과 큰 북을 두드리며 지주집을 습격했다고 한다. 이렇게 싸움은 격렬하였지만, 개개의 투쟁은 지주와 그들의 호소를 받아들인 정부권력의 개입과 탄압 앞에서 거의가 전호 측이 패배하는 것으로 끝났다.

그러나 여기에 참가한 전호가 단순한 농민이 아닌 농촌수공업의 담당자거나 상품생산자로서, 이러한 점이 항조의 본연의 형태와 행동에 일정한 작용을 하였다는 사실을 부정할 수 없다. 이 시기 항조운동은 이상과 같은 새로운 내용과 성격을 갖는 것이어서 종래의 항조와는 엄히 구별되어야 하며, 새로운 시대의 도래를 예감케 하는 역사적인 투쟁이었다.

정치적·군사적·재정적 여러 모순에 더하여 명제국은 상품생산의 발전이 낳은 새로운 모순 등, 당시의 다양한 모순들에 둘러싸여 그 기반이 크게 흔들리게 되었다.

3. 여진인의 흥기

아이신기요로 누르하치의 만주정복

일찍이 일본인이 사용한 '만주'滿洲라는 지명은 청대 이후의 용어로, 현재 중국에서는 '동북'東北으로 불리며 명대에는 '요동'遼東이라는 호칭이 사용되었다. 이 지방은 수렵민인 여진족의 거주지역이고, 그들은 12세기에 금金 왕조를 세워 중국의 일부를 영유하기도 하였다. 하지만 원제국이 일어나자 그 지배를 받고, 명제국이 성립하여 이 지방에서 몽골세력을 몰아낸 후에는 그대로 명조의 통치 하에 놓이게 되었다.

여진인의 모습

성조成祖가 이시하亦失哈를 파견하여 누르칸도사奴兒干都司를 설치하였다는 것은 이미 서술했는데, 이 곳에 대한 명제국의 지배는 정통 연간(1436~49) 이후 현저히 쇠퇴하고 개원開原·철령鐵嶺 이남으로 후퇴하게 된다.

이러한 상황에 대한 명 조정의 대처방법은 교묘한 분할통치정책이었다. 당시 여진은 3부로 나뉘어져 있었는데, 명조는 남방=장백長白산맥의 여진을 건주여진建州女眞, 북방=송화강松花江 유역의 여진을 해서여진海西女眞, 동방 멀리 흑룡강黑龍江 하류에서 연해주沿海州 일대에 거주하는 여진을 야인여진野人女眞으로 불러 각각 구별하였다. 그리고 이들 여진인 집단을 소부족으로 분열시켜 그 지역에 위衛와 소所를 두어 추장酋長에게 도독都督이나 지휘사指揮使라는 이름뿐인 관직을 제수하고, 사여賜與나 교역交易의 특전을 부여해서 연결시켜 두는 방책을 취하였다. 이들을 보통 '기미위'羈縻衛라고 하는데 그 수는 300 이상에 달하였다.

그들은 공물貢物을 가지고 북경에 입조하는 한편, 정해진 관소關所의 시장에서 말·인삼·모피를 중국 물산과 교역하는 것을 허가받았다. 누르하치는 이 기미위의 하나인 건주좌위建州左衛에서 태어났다.

건주여진 출신으로 여진부족을 통일하고 후금後金을 세운 청 태조 누르하치

　아이신기요로 누르하치愛新覺羅 努爾哈赤(1559~1626), 후의 청 태조는 건주여진의 한 부족의 추장 가문에서 태어났다. 1583년(만력 11) 25세 때, 무순관撫順關 밖의 흥경興京 부근에서 독립하여 인근 여러 부족을 통합하고, 거의 30여 년간에 걸쳐 만주지역 대부분을 정복하는 데 성공하였다. 그 동안에 도요토미 히데요시의 조선출병(1592~98)으로 요동에 주둔하고 있던 명군明軍이 조선에 출동한 것은 누르하치에게는 다행스러운 일이었다. 히데요시의 출병은 그가 짐작도 못한 것으로 동아시아 정국에 큰 충격을 주었다.

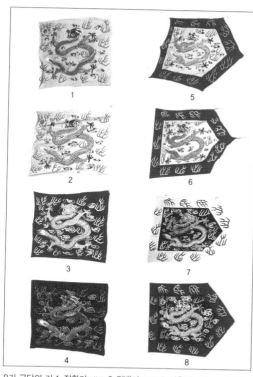

8기 군단의 기 1.정황기正黃旗 2.정백기正白旗 3.정홍기正紅旗 4.정남기正
藍旗 5.양황기鑲黃旗 6.양백기鑲白旗 7.양홍기鑲紅旗 8.양남기鑲藍旗

누르하치의 정복사업을 성공으로 이끈 군사력은 '팔기제'八旗制로 불리는 독자적인 병제로 유지되었다. 팔기제는 1601년(만력 29)에 누르하치가 창설했다고 하는데, 국민개병國民皆兵에 의한 여진의 독자적인 병제다. 팔기는 군단의 기旗에 새겨진 색으로, 황黃·홍紅·백白·남藍의 4색에 여기에 테두리를 두른 양황鑲黃·양홍鑲紅·양백鑲白·양남鑲藍의 4색을 더한 것이다.

팔기제에 의한 군대편성은 장정 약 300명을 니루牛彔라 명명하여 일부를 병정兵丁으로 하고 나머지는 여정餘丁으로 농경에 종사시켰다. 이를 기초로 5개의 니루를 합하여 잘란甲喇, 5개의 잘란을 합하여 구사固山로 하였다. 구사는 '기'旗라고도 불러 1기는 장정 약 7,500명으로 구성되고, 8기는 약 6만 명의 장정으로 조직되었다. 팔기제는 군사조직임과 동시에 행정조직·사회조직이기도 하였으며, 후에는 한인팔기漢人八旗와 몽골팔기蒙古八旗도 편성되었다. 이들에 속한 기인旗人에게는 여러 종류의 특권이 부여되었고, 이들은 청조 지배체제의 중핵을 형성하였다.

후금 누르하치의 명국 압박

만주의 거의 전역을 정복한 후인 1616년(만력 44) 정월 누르하치는 칸위汗位에 올라 국호를 '후금'後金이라 하고, 연호는 '천명'天命이라 하였다. 후금이라는 국호는 일찍이 여진족이 세운 금金제국의 뒤를 잇는다는 의지의 표명이었다. 결국 이 행위는 명제국에 대한 독립선언이기도 했던 것이다. 중국문화와의 관계를 끊고 고유문화를 지키기 위해 만주문자도 제정하였다. 이 무렵 누르하치는 여진인 사이에서 문수보살의 화신으로 존숭되었다고 한다. 이와 관련하여 부언하면 만주滿洲라는 호칭은 이 문수文殊에서 나온 것이다.

누르하치는 자립한 이래 명조에 대해 공손한 태도를 취하였기 때문에 명조도 그에게 거의 경계심을 가지지 않았다. 그런데 사태가 여기에 이르게 되자 점차 누르하치가 우려해야 할 존재라는 것을 깨달았다. 후금군과 명군의 충돌은 피할 수 없게 되었다.

누르하치는 선제공격을 결의하여 1618년(천명 3, 만력 46)에 '칠대한'七大恨이라는 7개 조로 된 명 측의 죄상을 들어 전쟁을 선포하고, 명군의 근거지인 무순성撫順城을 공격하여 탈취에 성공하였다. 생각지도 못한 패배에 놀란 명조는 다음 해 3월 십 수만의 대군을 보내어 누르하치의 본거지인 흥경興京을 공격했지만, 도리어 무순 부근의 사르후薩爾滸 전투에서 섬멸당하였다. 이 때 조선은 이전에 원조를 해준 은혜에 보답하기 위해 일단의 군대를 파견하여 명군과 공동작전을 폈지만 조선군은 싸우지도 못한 채 누르하치의 군문에 항복했다.

사르후 일전은 후금국에게나, 명제국에게나 모두 전 만주의 귀추를 결정하고 천하를 판가름하는 대회전이었다. 이 결전에서 대승을 거둔 누르하치는 이후 향하는 곳마다 적이 없는 형세로 개원開原을 탈취하고 철령鐵嶺을 함락하여 명제국의 방위선을 돌파하는 동시에 해서여진의 에호葉赫 부족을 토벌하여 요하 이동의 전역을 수중에 넣었다.

명조는 사태의 중대성을 깨닫고 명장으로 평판이 높은 웅정필熊廷弼을 기용하여 요동전선遼東戰線을 통솔케 하였다. 그는 패잔부대를 재편하고 보루堡壘를 견고히 하여 방위를 강화하였기 때문에 위세를 떨치던 누르하치의 공세도 잠시 멈출 수밖에 없었다. 그런데 웅정필이 곧 정부 내부의 당쟁에 휘말려 면직되었다. 누르하치는 이 틈을 타 심양瀋陽과 요양遼陽을 점령하였다. 이 때문에 요하 동쪽에 간신히 버티고 있던 명군은 요하 서쪽으로 물러나게 되었다. 이에 누르하치는 요양으로 도읍을 옮기고, 1625년(천명 10, 천계 5) 다시 심양(이전에는 봉천奉天)으로 천도하였다. 이 때부터 심양은 성경盛京으로 개칭되었다.

이렇게 명제국의 옛 영토를 탈취하자 지식인을 포함한 다수의 한인漢人이 그 지배 하에 들어왔다. 이들이 한인팔기漢人八旗의 원류를 이루었고, 이들의 힘으로 후금국의 농업생산이 한층 발전하게 되었다. 더욱이 중국으로부터 상품과 문화도 유입되어 그 정치적·경제적 기초는 점차로 안정되어 갔다.

대청국을 칭하고 북경에 입성한 후금

이보다 앞서, 누르하치는 요하를 건너 광녕성廣寧城을 점령하고 요충지인 산해관山海關에 육박한 적이 있었는데, 재차 기용된 웅정필에게 패퇴당하였다. 1626년 정월을 기해 누르하치는 두 번째 총공격에 나섰지만, 산해관 앞에 위치한 영원성寧遠城(지금의 금현錦縣 부근)에서 수장守將 원숭환袁崇煥의 필사적인 방어로 또다시 물러나야 했다. 이 때 처음으로 전장에 모습을 드러내 위력을 발휘한 것이 선교사들의 지도로 만들어진 대포였

만리장성의 동쪽 기점인 산해관. 오른쪽의 천하제일관天下第一關이라는 현판이 눈에 띈다.

다. 이 새로운 병기 앞에 여진의 기병군단은 크나큰 손실을 입고 패퇴하지 않을 수 없었다. 누르하치로서는 25세 때 군사를 일으킨 이래 40년 만에 처음 경험한 패전이었다. 이 패전에 의기소침해진 그는 같은 해 8월 68세로 세상을 떠났다.

누르하치에게는 15명의 아들이 있었는데 여덟째 아들인 홍타이지皇太極 Hong Taiji가 뒤를 잇고 연호를 '천총'天聰으로 고쳤다. 수레 칸, 즉 후의 청조 제2대 태종太宗(재위 1626~43)이다.

태종은 아버지 누르하치에 뒤지지 않는 영걸이었다. 그는 즉위 후 명제국에 본격적으로 공세를 가하기에 앞서 먼저 배후의 근심거리인 조선을 정벌하였다. 이어서 수비가 견고한 산해관으로의 침공을 피하여 군대를 내몽골로 내보내, 몽골부족인 차하르察哈爾 부의 장長인 릭단 칸을 친정하여 북방으로부터 중국본토를 공격하는 길을 열었다.

이렇게 만주와 내몽골을 통합하고 조선을 종속시킨 태종은, 1636년 4월 제위에 올라 숭덕崇德으로 개원改元하고 국호도 '대청국'大淸國으로 고쳤다. 마침내 중국 전토를 지배하고 청조로 불리게 되는 만주정권이 여기에

252

후금後金이라는 국호를 청淸으로 고치고 명조를 정복하려 했으나 입관入關 1년 전에 급사한 태종 홍타이지

서 그 명칭을 확립한 것인데, 이는 동시에 여진사회의 전통적인 부족제가 무너지고 칸의 지위가 다른 부족장 위에 군림하는 전제군주체제로의 일보를 내디뎠음을 의미한다.

북방으로부터 중국 본토로 진출할 길을 확보한 태종은 1629년(천총 3, 숭정 2) 친히 대군을 이끌고 출진하여 북경성을 공격 포위하는 동시에 부근의 여러 성을 점령하고 돌아왔다. 또 청조를 건국한 후인 1638년과 1642년에도 별장을 파견하여 하북·산동의 두 성을 침공하였다. 그러나 산해관의 방비가 견고하여 이를 돌파 정면공격을 가하는 계획은 결국 성공하지 못했다.

그런데 재력을 자랑하는 대명제국과 끊임없이 전투를 계속하기란 청국에게 결코 이로운 것이 아니었다. 명국과의 오랜 교전으로 인삼 등 무역수입을 잃게 된데다, 대국을 상대로 한 대규모 군대를 양성하기 위한 재정부담은 태종의 두통거리였다. 이에 국내 경제건설에 최대의 노력을 경주하였다. 중국 본토에 대한 침공은 이를 위한 인구·자재·자금을 약탈하는 데 목적을 둔 것이었다고 할 수 있다. 한편 산해관을 중심으로 한 명군의 방위선은 태종의 계략과 실력으로도 격파되지 않았다. 평화교섭도 시도되었지만 그것역시 뜻대로 되지 않았다.

태종은 이 딜레마에 고민하면서 교착상태를 타개할 구체적인 방책도 없이 1643년 8월 성경盛京에서 급사했다. 그런데 다음 해 3월, 명제국이 농민반란이라는 내부 붕괴로 멸망하여 중국 전토를 통치할 수 있는 뜻밖의 좋은 기회를 맞이하게 되었다. 태종을 이은 6세의 어린 황제 세조世祖(복림福臨 Fulin, 재위 1643~61)는 숙부인 섭정왕攝政王 도르곤多爾袞, Dorgon(1612~50)의 도움을 받아 "명조를 타도한 적을 정벌한다"라는 명분을 내걸고, 명군의 투항부대를 거느리고 같은 해 5월 부조父祖(태조와 태종)가 열망했지만 이루지 못했던 북경에 들어와 자금성紫禁城의 주인이 되었다.

4. 이자성의 난

병사도 참가한 기아농민의 반란

제위에 오른 명 의종懿宗은 정치 일신을 목표로 유럽에서 전래되어 온 신지식에 능통한 기독교도인 서광계徐光啓를 대학사로 임명하여 기울어 가는 국운을 만회하고자 했다. 그러나 서광계가 죽고 사태는 마음먹은 대로 호전되지 않았다. 제국의 쇠운은 이미 개인적인 노력으로는 어찌해 볼 수 없는 데까지 진전되어 있었던 것이다. 초조해진 소년황제는 재위 18년 동안 각신閣臣 50명을 교체하여 효과적인 정책을 기대할 수가 없었다. 동림·반동림의 당쟁도 그치지 않았다.

특히 파멸적인 재정의 재건은 이미 불가능하였다. 만력 중기 이래로 여진족의 추장 누르하치의 흥기로 요동 방면의 정세가 급박하게 전개되자 군사비를 염출하기 위해 증세에 증세를 거듭하였는데, 이를 폐지할 수 없었을 뿐더러 오히려 내외의 소란을 진압하기 위해 다시 새로운 증세를 단행해야 하는 상태였다. 여진과의 전쟁은 더욱 격렬해지고 국내 각지에 서도 반란이 잇달아 일어났기 때문이다.

1627년, 즉 의종이 즉위한 해에 섬서 연안延安 지방을 중심으로 대기근이 발생하였고, 부곡현府谷縣에 살고 있던 왕가윤王嘉胤이 폭동을 일으키자 증 세에 허덕이며 극심한 피폐 상태에서 기아에 신음하고 있던 농민이 일제히 봉기하였다. 이 일이 시발이 되어 곧바로 섬서 전역에 걸쳐 대규모 반란이 일어났다. 북변 방위를 위해 이 지방에 주둔하고 있던 군대 가운데서도 급료의 체불과 횡령, 물가폭등으로 인한 생활불안 등으로 반란에 참가하 는 병사들이 나타났다. 게다가 토벌에 나선 군대는 헛되이 전비만 낭비했 을 뿐 전과를 거두지 못하였고, 도망병은 반란군에 가담하여 이를 지휘하기까지 하였다. 양심 있는 지방관은 정황을 상세히 설명하며 북경정부에 구제를 호소했지만 정치적 해결은 얻지 못했다. 명조 정부는 사태 해결 능력을 이미 잃었던 것이다.

이렇게 발생한 반란의 수령들 가운데에서 가장 유력한 자는 연안延安에서 태어난 이자성과 장헌충이었다.

이자성 군단의 성장

명말 농민반란의 지도자 이자성李自成

이자성李自成(1606~45)은 연안부延安府 미지현米脂縣 사람이다. 그 집안은 꽤 유복해서 이갑제里甲制 하의 이장호里長戶였다고 한다. 즉 이 지방에서는 자산가였다고 생각되는데 도망한 이내里內 인호人戶의 부역을 연대책임으로 부담하게 되자 몰락하여 부득이 역졸驛卒(역부驛夫)이 되었다. 그런데 재정을 정리하는 중에 역전驛傳이 폐지되자 일자리를 잃고 감숙甘肅으로 가서 군대에 들어갔고, 모반을 일으켜 반란에 투신하게 되었던 것이다.

이러한 이자성의 내력은 이갑제의 기초인 농민이 명조 치하에서 겪을 수밖에 없는 운명을 상징하는 것이었다. 또 같은 연안 사람인 장헌충張獻忠(1605~46)도 반농반상半農半商 집안의 자식이었는데, 집안이 몰락하자 병

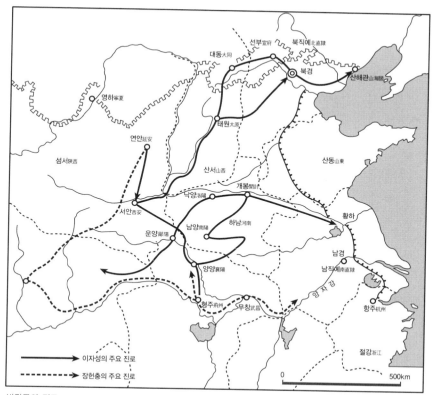

선부宣府 북직예北直隸 대동大同 북경 산해관山海關
영하寧夏 태원太原
연안延安 섬서陝西 산서山西 개봉開封 산동山東
낙양洛陽 황하
서안西安 남양南陽 하남河南
운양鄖陽 남경
양양襄陽 남직예南直隸浙江
형주荊州 무창武昌 양자강 항주杭州
절강浙江

→ 이자성의 주요 진로
⇢ 장헌충의 주요 진로

0   500km

반란군의 진로

사가 되었다가 학대를 받아 반란에 참가한 인물이다.

  1631년(숭정 4)에 이자성은 고영상高迎祥을 두목으로 한 봉기집단에 가담하고, 장헌충은 반란군 가운데 가장 강대한 왕가윤王嘉胤 집단에 합류했다. 왕가윤 군단은 산서에서 하북 방면으로 진출하고, 이자성이 가담한 고영상 군단은 산서에서 하남으로 들어가 기아에 허덕이는 농민을 흡수하여 전력을 확장하였다. 이러는 동안 이자성은 독립군단을 조직하면서 호북에서 사천으로 전전하였다.

  명 조정은 홍승주洪承疇를 총사령관으로 하여 국경수비를 맡고 있던 병력을 제외한 전군을 동원하여 반격하였다. 이 때문에 농민군 일부는 궤멸당하고 고영상도 포로로 잡혀 북경으로 압송되어 참수되었다.

이렇게 일진일퇴를 거듭하던 중에 이자성은 죽은 고영상의 군단을 이끌고 싸웠다. 1640년 9월 정부군의 겹겹으로 에워싼 포위망을 겨우 뚫고 탈출한 이자성은 하남으로 달아나 군단을 재편성하였다. 그 후 하남 출신의 지식인인 이엄李嚴과 우금성牛金星 등의 참가를 계기로, 그 역시 단순히 전쟁에만 능숙했던 농민군의 수령에서 정치적 지도자로 탈피하게 되었다.

이자성은 이엄 등의 권유로 "신분에 관계없이 토지를 균등히 분배하고, 3년간의 징세를 면제한다", "상거래는 공정히 한다"는 등의 정책을 내걸고, 또 "백은白銀을 사사로이 축적하는 것을 금하고, 백성들의 사택에 마음대로 들어가는 것을 금하며, 부녀자를 희롱하는 자는 참수에 처한다"는 군대 규율을 정하였다. 그리고 부하를 상인으로 분장시켜 이들 정책을 농민들에게 선전하였다.

이리하여 이자성 군단은 농민의 압도적인 지지를 얻어 백만의 대세력으로 발전하였다. 균전均田·면세免稅·상거래의 공정은 지주·국가·상인에게 심하게 수탈을 당해 온 농민의 여망이었던 것이다. 봉기한 농민군이 이 같은 정책을 내건 사실 속에서, 명말 사회가 도달한 역사단계와 앞서 서술한 항조운동에 연관된 농민반란의 성격과 질을 엿볼 수 있다. 통상의 기아적 반란이 아니었음은 확실하다.

명 최후의 황제 의종의 자살

1641년(숭정 14) 정월, 이자성은 낙양洛陽을 공략하고 이 지역에 광대한 장원莊園을 소유하여 농민을 압박하고 있던 복왕福王(상순常洵)을 사형에 처했다. 이어 하남에서 정부군을 내쫓고 섬서에서부터 호북과 호남 방면으로까지 점령지역을 확대하였다.

이 무렵이 되면 그들의 전쟁방법은 무력 일변도가 아니라 선전광고나 가요로 정책을 선전하고, 성을 공격할 때도 그에 앞서 미리 정치공작을 행할 정도로 종전에 볼 수 없던 뛰어난 방책을 구사하였다.

1642년(숭정 15) 12월 이자성은 호북의 요충지인 양양襄陽을 점령하였다. 양양은 15세기 이래로 200년간에 걸쳐 유망流亡한 농민들이 정부의 탄압에 항거하며 꿋꿋하게 살아온 지역이다. 그는 이 곳을 양경襄京으로 개칭하고 정부기관을 설치하였으며, 다른 반란군에게도 통합을 호소하여 정권을 획득할 포석으로 삼았다. 이어 1644년(숭정 17) 정월 그는 양양을 버리고 서안西安으로 들어가 이 곳에서 왕을 칭하고, 국호를 '대순'大順, '영창'永昌으로 건원建元하였다. 명조의 제도를 모방하여 관제를 정하고 국가체제를 확립한 것이다. 이후 그는 즉시 행동을 개시하여 북경으로 군대를 진격시켰다.

이자성이 서안西安에서 왕을 칭하고 북경으로 진격을 개시했다는 보고를 접한 명 조정의 놀라움은 비장한 것이었다. 명군의 정예부대는 청군에 대비하여 산해관에 있었고, 북경을 수비하고 있던 것은 고작 유수부대留守部隊에 지나지 않았다. 의종은 자신을 책망하는 조서詔書를 내리고 전국에 걸쳐 근왕군勤王軍을 모집했지만 응하는 자가 없었으며, 아울러 남경으로 천도하려는 데에도 시간이 없었다. 이자성의 대부대는 파죽지세로 산서성을 북상해서 대동大同·선부宣府를 함락시키고 거용관居庸關을 거쳐 북경에 다다랐다.

3월 17일 북경성은 완전히 포위되었다. 총공격에 앞서 이자성은 스파이를 성내에 잠입시켜 관헌을 매수하여 궁정의 움직임을 낱낱이 파악했다. 이 날 의종은 전 각료를 소집하여 국면을 타개할 방책을 협의했지만 누구한 사람 발언하는 자가 없고 단지 눈물만 흘릴 뿐이었는데, 이러한 정보도 정확하게 이자성의 손에 들어갔다.

다음 날 18일에 이자성은 사자를 보내 제위帝位의 양위를 요구했지만 의종은 이를 거부했다. 이로써 명 왕조의 운명은 결정되었다. 최후의 순간을 맞이한 의종은 황자를 성 밖으로 내보낸 뒤 황후와 이별의 잔을 나누었다. 황후는 스스로 목을 매달아 죽고, 의종은 막 15세가 된 황녀를 불러 자기 손으로 그녀의 목을 베었다. "너는 어찌하여 황제의 가문에 태어났느냐!" 이는 가장 사랑하는 딸에게 칼을 들이대면서 의종이 한 말이라고 전해진다. 19일 새벽에 의종은 손수 비상종을 울려 사람들을 소집했지만 달려온 자는 한 사람도 없었다. 하는 수 없이 의종은 자금성 북쪽에 있는 경산景山에 올라 수황정壽皇亭에서 목 매달아 죽었다. 이 때 황제를 따른 자는 태감 왕승은王承恩 단 한 사람이었다. 황제가 입고 있던 옷자락에는 다음과 같은 유조遺詔가 쓰여 있었다.

짐이 즉위한 지 17년, 지금 역적逆賊은 경사로 몰려오고 있다. 짐은 덕이 부족하나 일신一身을 돌보지 않고 노력했음에도 여기에 상천上天의 책망을 받게 되었도다. 모두 여러 신하가 짐을 그르치게 한 것이다. 무슨 면목으로 지하의 조종祖宗을 뵐 것인가. …… 적이 짐의 시신을 자르는 것은 멋대로 해도 좋지만, 다만 백성은 한 사람도 상하지 말 것을. (『명 숭정실록』明崇禎實錄 권17)

이자성 정권의 내부붕괴

전제군주로서 관료와 환관을 부려온 대명제국의 황제도 최후의 순간에는 관료와 환관이 등을 돌렸을 뿐 아니라, 사실이야 어떻든 관념적으로는 백성에게 덕치를 행하며 살아온 황제의 국가도 백성들의 반란으로 멸망의

산해관을 지키던 명조의 장수로 청조가 입관入關하는 데 큰 역할을 한 오삼계吳三桂

때를 맞이하였던 것이다. 전제군주의 비애의 극치라고 할 유조遺詔였다.

이렇게 하여 1644년(숭정 17) 3월 19일 명제국은 277년간의 역사의 막을 내렸다. 창업자가 농민반란에서 입신했던 것과는 반대로 농민반란으로 나라를 잃은 것은 얄궂은 운명이었다. 국가가 멸망하자 내외에서 순절殉節한 자도 적지 않았지만, 대다수의 관료는 옛 명조의 의관차림으로 위엄과 예의를 갖추고 입성入城한 이자성 앞에 엎드렸을 뿐 아니라 송덕頌德의 표表를 바쳐 옛 주인을 타도한 '역적'의 덕을 찬양하였다. 그 중에는 다음과 같은 말이 보인다.

요순堯舜에 비하면 무공이 많고, 탕왕湯王과 무왕武王에 비하면 덕이 미치지 못함을 부끄러워하지 않는다.

즉, 이자성은 중국사를 빛낸 성왕聖王 위에 군림하는 대성왕이라는 것이다. 명제국을 멸망시킨 이자성은 산해관을 지키고 있는 오삼계吳三桂에게 사자를 보내 청국에 대한 공동행동을 제안하였다. 그러나 오삼계는 이 제안에 응하기는커녕 도리어 함께 적을 토벌하면 영토를 할양해 주겠다는 청국에 응하였다. 그 후 오삼계는 청군에 항복하고 여진족의 습속인 변발을 하여 신하의 입장에 설 의사를 표명했다.

한편 이자성 정권은 내부에 몇 가지 문제를 안고 있었는데 북경 입성과 더불어 이들 모순이 일제히 표면화하였다. 특히 지식인들의 파벌투쟁으로 우금성牛金星이 이엄李巖을 살해한 사건이 일어나 새로운 정부의 기초는 쉽게 안정을 찾지 못하였다. 북경이라는 보물의 산과도 같은 대도시에 들어가자, 엄정함을 자랑하던 농민군의 규율도 곧바로 무너졌고 시민과의 사이에 대립이 생겨났다. 또 청군의 침공을 전해들은 지주들은 자위군을 조직하여 각지에서 '반이자성'反李自成 반란을 일으키고 있었다.

이러한 '반이자성'의 연합전선 앞에 이자성의 농민군은 패배하였다. 청군의 지원을 받은 오삼계와 싸워 이자성이 대패한 것이다. 승세를 잡은 오삼계는 청군의 선봉에 서서 북경을 공격하여 성문 가까이 다다랐다. 이자성은 40일 남짓 지낸 자금성에 불을 지르고 금은보화를 수레에 싣고서 섬서지방으로 달아났다.

1644년 5월 2일, 도르곤이 오삼계를 거느리고 북경에 입성하였다. 대청 제국이라는 이름으로 여진족이 중국에 군림하는 날이 온 것이다.

부록 |

명제국 연표

연 표	
1352년(지정 12)	곽자흥郭子興 등이 군사를 일으켜 호주濠州를 함락. 주원장朱元璋, 곽자흥에게 투신.
1353년(지정 13)	장사성張士誠, 고우高郵에 근거하여 오왕吳王을 칭함.
1354년(지정 14)	승상 톡토脫脫, Toghto에게 명하여 장사성을 토벌시킴. 무고로 톡토 실각.
1356년(지정 16)	주원장, 금릉金陵에 근거하여 오국공吳國公을 칭함.
1359년(지정 19)	진우량陳友諒, 강주江州에 근거하여 한왕漢王을 칭함.
1361년(지정 21)	차칸 테무르察罕帖木兒, Chaghan Temur, 산동山東·하남河南을 회복.
1362년(지정 22)	차칸 테무르 암살당함. 아들 쾨쾨 테무르擴廓帖木兒, Kökö Temur 가 군을 통할.
1363년(지정 23)	진우량, 주원장과 파양호鄱陽湖에서 싸우다 패하여 죽음.
1364년(지정 24)	주원장, 오왕吳王을 칭함. 볼로 테무르孛羅帖木兒, Bolo Temur 경사 를 침략하여 황태자를 축출.
1365년(지정 25)	황태자, 쾨쾨 테무르와 함께 볼로 테무르를 토벌하여 이를 죽임.
1367년(지정 27)	오왕 주원장, 소주蘇州에 있는 장사성 대파. 주원장의 장수인 서달徐達 등이 북벌 개시.
1368년(홍무 원년)	주원장, 대명황제大明皇帝(태조 홍무제)에 즉위. 대명제국 성립. 대도大都 함락. 대원제국大元帝國 멸망.
1370년(홍무 3)	아들들을 왕에 봉함. 『원사』元史 완성.
1375년(홍무 8)	'대명보초'大明寶鈔 발행.
1380년(홍무 13)	'호유용胡惟庸의 옥獄' 발생. 연왕燕王을 북평北平에 봉함.
1381년(홍무 14)	이갑제里甲制를 실시. 『부역황책』賦役黃冊 편조編造.
1382년(홍무 15)	마황후馬皇后 사망.
1384년(홍무 17)	『과거조식』科擧條式 발포(다음 해에 제1회 과거실시)
1390년(홍무 23)	'호유용의 옥'의 제2차 추급追及.
1392년(홍무 25)	황태자 표標 죽음. 윤문允炆을 황태손으로 함.
1393년(홍무 26)	'남옥藍玉의 옥獄' 발생.
1397년(홍무 30)	『명률』明律을 수정·공포.
1398년(홍무 31)	태조 죽음. 황태손 건문제建文帝 즉위.
1399년(건문 원년)	연왕燕王의 반란('정난靖難의 변變').

1402년(건문 4)	연왕, 남경南京 함락. 연왕 즉위(성조成祖 영락제永樂帝).
1403년(영락 원년)	북평北平을 북경北京으로 개칭.
1405년(영락 3)	정화鄭和의 제1차 원정. 『영락대전』永樂大典의 편찬을 명함.
1406년(영락 4)	안남安南 출병. 활불活佛 데싱쇼구파 De bshing cegs pa 초빙.
1407년(영락 5)	정화의 제2차 원정. 교지포정사交趾布政使를 설치.
1409년(영락 7)	정화의 제3차 원정. 안남 제2차 출병.
1410년(영락 8)	성조成祖, 제1차 막북친정漠北親征.
1411년(영락 9)	이시하亦失哈, 누르칸도사奴兒干都司 설치.
1413년(영락 11)	정화의 제4차 원정. 안남으로의 제3차 출병.
1414년(영락 12)	제2차 막북 친정.
1417년(영락 15)	정화의 제5차 원정.
1420년(영락 18)	당새아唐賽兒의 반란. 북경으로 천도.
1421년(영락 19)	정화의 제6차 원정.
1422년(영락 20)	제3차 막북 친정.
1423년(영락 21)	제4차 막북 친정.
1424년(영락 22)	제5차 막북 친정. 성조, 유목천楡木川의 막영幕營에서 죽음. 인종仁宗 홍희제洪熙帝 즉위.
1425년(홍희 원년)	인종 죽음. 선종宣宗 선덕제宣德帝 즉위.
1426년(선덕 원년)	한왕漢王 고후高煦의 반란.
1431년(선덕 6)	정화의 제7차 원정.
1433년(선덕 8)	이시하, 재차 누르칸도사로 향함. 강남江南에서 금화은金花銀 징수 시작. 면포綿布에 의한 대납代納을 인정.
1435년(선덕 10)	선종 죽음. 영종英宗 정통제正統帝 즉위.
1442년(정통 7)	에센也先, 북경을 공격. 호부戶部에 태창은고太倉銀庫(은의 저장 창고)를 세움.
1444년(정통 9)	복건福建·절강浙江의 은산銀山 개설.
1446년(정통 11)	복건에 '광도鑛盜의 난' 발생.
1448년(정통 13)	복건에 '등무칠鄧戊七의 반란' 발생.
1449년(정통 14)	'토목보土木堡의 변' 발생. 경종景宗 경태제景泰帝 즉위.
1450년(경종 원년)	영종英宗, 에센으로부터 돌아옴.
1457년(천순 원년)	'탈문奪門의 변' 발생. 영종英宗 복벽復辟. 우겸于謙 처형.

1464년(천순 8)	영종 죽음. 헌종憲宗 성화제成化帝 즉위. '형양荊襄의 난' 발생.
1470년(성화 6)	재차 '형양의 난' 발생.
1474년(성화 10)	장성長城 구축과 보수를 시작.
1487년(성화 23)	헌종 죽음. 효종孝宗 홍치제弘治帝 즉위.
1489년(홍치 2)	우겸于謙의 명예 회복. '충민'忠愍이라는 시호 내림.
1502년(홍치 15)	『대명회전』大明會典 완성.
1505년(홍치 18)	효종 죽음. 무종武宗 정덕제正德帝 즉위.
1508년(정덕 3)	왕수인王守仁(양명陽明), 용장龍場에서 돈오. 양명학陽明學 성립.
1510년(정덕 5)	안화왕安化王 치번寘鐇, 반란을 일으킴. 유근劉瑾의 주살誅殺. 직예直隷에서 '유육劉六·유칠劉七의 반란' 발생.
1519년(정덕 14)	영왕寧王 신호宸濠, 반란. 왕수인王守仁, 영왕을 포로로 잡음.
1521년(정덕 16)	무종 죽음. 세종世宗 가정제嘉靖帝 즉위. '대례大禮의 의議' 발생.
1529년(가정 8)	왕수인 죽음.
1533년(가정 12)	대동大同 병졸兵卒들이 반란을 일으킴.
1540년(가정 19)	이 무렵부터 '일조편법'一條鞭法이 시행되기 시작.
1547년(가정 26)	주환朱紈, 장주漳州 월항月港에서 왜구를 토벌.
1550년(가정 29)	알탄俺答 칸, 북경을 공격('경술庚戌의 변變').
1557년(가정 36)	호종헌胡宗憲, 왜구의 수령 왕직王直을 꾀어 살해하여 왜구가 종식되는 방향으로 흘러감.
1562년(가정 41)	엄숭嚴嵩 실각.
1563년(가정 42)	『주해도편』籌海圖編 완성. 이 무렵 유대유俞大猷·척계광戚繼光 등이 복건에서 왜구의 주력을 격파.
1566년(가정 45)	세종 죽음. 목종 융경제隆慶帝 즉위.
1568년(융경 원년)	장거정張居正, 대학사大學士가 됨. 해금정책海禁政策 해제.
1569년(융경 3)	해서海瑞, 순무巡撫가 되어 강남지주江南地主를 탄압.
1570년(융경 4)	알탄과의 화의성립. 이 무렵 『서유기』西遊記 완성.
1571년(융경 5)	알탄을 '순의왕'順義王에 봉하고 마시馬市 설치.
1572년(융경 6)	목종穆宗 죽음. 신종 만력제萬曆帝 즉위.

1578년(만력 6)	장거정, 전국적으로 장량丈量 시행. 『본초강목』本草綱目 완성.
1582년(만력 10)	장거정 죽음.
1592년(만력 20)	보바이 반란. 도요토미 히데요시豊臣秀吉, 조선침략壬辰倭亂. 『직지산법통종』直指算法統宗 완성.
1595년(만력 23)	'건문'建文 연호 부활.
1597년(만력 25)	도요토미 히데요시 재차 조선침략(정유재란). 자금성에 화재. 양응룡楊應龍의 반란.
1599년(만력 27)	『삼태만용정종』三台萬用正宗 간행.
1601년(만력 29)	소주蘇州에서 '직용織傭의 변' 발생. 마테오 리치利瑪竇 Matteo Ricci, 북경에서 신종神宗 알현. 누르하치 팔기제 설치.
1602년(만력 30)	『곤여만국전도』坤輿萬國全圖 간행.
1603년(만력 31)	마닐라 화교 1차 학살.
1615년(만력 43)	'정격挺擊의 안案' 발생.
1616년(만력 44)	누르하치 칸위汗位에 즉위(천명 원년)
1619년(만력 47)	사르후薩爾滸 전투. 누르하치, 명군明軍 격파.
1620년(태창 원년)	신종神宗 죽음. 광종光宗 태창제泰昌帝 즉위. '홍환紅丸의 안案' 발생. 광종光宗 죽음. '이궁移宮의 안案' 발생. 희종熹宗 천계제天啓帝 즉위.
1621년(태창 2)	누르하치, 심양瀋陽 함락.
1625년(천계 5)	천하의 서원을 철폐. 동림당인東林黨人의 성명을 게시. 누르하치 심양에 도읍(천명 10년).
1626년(천계 6)	소주蘇州에서 '개독開讀의 변變' 발생. 누르하치 죽음. 홍타이시皇太極 즉위. 희종熹宗 죽음. 의종懿宗 숭정제崇禎帝 즉위.
1627년(천계 7)	위충현魏忠賢 주살. '명말明末의 난亂'이 시작됨. 홍타이시, 조선을 공격.
1631년(숭정 4)	이자성李自成, 반란에 투신. 반란의 규모 확대되기 시작.
1633년(숭정 6)	서광계徐光啓 죽음.
1636년(숭정 9)	청淸의 국호를 세움(숭덕 원년). 조선, 청에 복속.
1637년(숭정 10)	『천공개물』天工開物 완성.
1639년(숭정 12)	『농정전서』農政全書 간행. 마닐라 화교 2차 학살.
1641년(숭정 14)	이자성, 복왕福王을 낙양洛陽에서 죽임.

1642년(숭정 15)	이자성, 양양襄陽 점령.
1643년(숭정 16)	홍타이시 죽음. 복림福臨 즉위(순치제順治帝).
1644년(숭정 17)	이자성, 서안西安에 대순국大順國 세움. 북경을 함락하여 대명제국 멸망. 숭정제崇禎帝 자살. 이자성, 오삼계吳三桂 등에게 산해관山海關 전투에서 패배. 도르곤多爾袞, 청군清軍을 이끌고 북경에 입성.

옮긴이 후기

  명 왕조가 존립하였던 14세기 중반부터 17세기 중반까지는 동아시아에 크고 작은 변동이 발생한 시대였다. 또한 이 시대는 전통문화가 형성된 시기기도 하며 동아시아 질서체제가 정비된 시기기도 하다.

  일개 포의의 신분에서 출발한 주원장(후의 명 태조 홍무제)은 몽골이 지배하는 원조元朝를 타도하고 새 왕조를 건설하였다. 중국 역사학계에서는 명태조明太祖 홍무제洪武帝를 '민족해방투쟁'의 영웅으로 평가하는 경향이 강했다. 그러나 홍무제의 이적夷狄에 대한 증오를 표명하는 '민족주의'적인 성격은 의외로 희박하였다. 홍무제는 정치면에서는 송대 이래 중국에 확립된 군주독재체제를 계승하였다.

  홍무제의 아들로 조카를 물리치고 황제가 된 영락제永樂帝는 경제 중심도시인 남경南京에서 정치 중심지인 북경北京으로의 천도를 감행한다. 우리가 현재 북경을 관광할 때 대하는 자금성紫禁城은 이 때 건설된 것이다. 영락제는 환관宦官인 정화鄭和를 일곱 차례(실제는 여섯 차례)에 걸쳐 동아시아는 물론 동아프리카 해안에까지 파견하여 새로운 조공질서朝貢秩序 체제를 구축하였다. 정화의 원정은 16세기의 대항해시대보다 1세기 앞서 행해졌다는 데 그 의의를 찾을 수 있다.

그러나 중기 이후가 되면 명조 최대의 현안이었던 몽골방비로 인한 군사비의 증대로 세금을 현물주의現物主義에서 은銀으로 납부케 하는 근세적인 재정정책이 실시되었다. 이 시기의 또 다른 특징 중 하나로 중국 관료나 상인들의 축재를 들 수 있다. 북변으로의 군량조달에 깊이 연관을 맺은 산서상인山西商人과 안휘상인安徽商人이 등장하여 대자본을 형성하고 해외에도 상업네트워크를 형성하였다. 반면 빈곤한 농촌은 생계를 유지하기 위해 부업으로 수공업을 경영하였다. 농촌수공업과 상품생산의 급속한 발전은 화폐경제를 농촌지역까지 침투시켰고, 세역稅役의 은납화銀納化를 촉진시켰다. 유럽 자본주의의 기초가 농촌수공업에 있다고 보는 학자의 유력한 견해도 있어, 중국사 연구자들은 면업의 발달로 인한 강남지역의 농촌수공업의 발전을 자본주의 발전의 맹아라는 측면에서 중국을 인식하고 연구하였다.

그런데 명조가 저물어가기 시작하는 가정기嘉靖期(1522~1566)에 북로남왜北虜南倭, 즉 북방에서는 몽골족이 변경지대를 소란케 하고, 남방에서는 중국인이 중심이 된 후기왜구後期倭寇가 발호하는 사건이 벌어졌다. 북방에서는 생활고를 견디지 못한 한인漢人들이 장성을 넘어 몽골지역으로 들어가는 자가 늘어났다. 그들은 몽골 칸의 비호 아래 토지를 개간하고 한인거주지인 판승板升이라는 도시를 건설하였다. 반면 남방의 왜구의 활동은 일본은의 중국 유입을 둘러싸고 벌어진 국제상업의 활성화와 관련을 맺고 있다. 당시 페루 포토시 은산銀山에서 채굴된 신대륙의 은도 필리핀을 통해 중국에 유입되었다. 이러한 현상에 따른 지역적·계층적 긴장이라는 변종의 파동은 중국 지방사회까지 급속히 충격을 전달하게 된다.

중국은 비교적 평화롭고 안정된 환경 하에서 인구도 서서히 증가하여 농업생산량을 증가시켜 가고 있었다. 유럽인들의 신대륙 발견으로 16세기에 이르면 감자·옥수수 같은 신 작물에 대한 지식이 중국에 전해졌다. 사상적으로는 종래의 상하관계가 무너지고 본래의 공동선共同善을 지향한 다고 하는 양명학陽明學이 사회의 변화 속에서 출현하였다.

명 후반기가 되면 해외무역 면에서 중요한 변화를 맞이하게 된다. 즉 조공무역에서 사무역私貿易의 인정으로 명 초의 해금정책海禁政策이 해금되 자 중국인이 동남아시아 전역으로 이주하기 시작하였다. 여기에 포르투갈 인을 위시한 서구인이 중국에 도래하기 시작하였다. 특히 이 시기 동아시 아 역사상에 거대한 역류가 분출하였다. 즉 임란 이후 일본정권의 교체, 조선 원정으로 인해 명조는 재정 궁핍에 처하게 된다. 이 틈을 타 신흥세력 인 여진족의 누르하치(후의 청태조淸太祖)가 등장하여 명조를 무너뜨리고 청조를 세우는 기틀을 다진다. 이와 같이 중국 역사상 명대는 근세에서 근대로 이행하는 변동기에 위치해 있다고 해도 좋을 것이다.

근세의 중요한 시기의 한 획을 그을 수 있는 명대에 대해 국내에서는 일찍부터 관심을 갖고 연구가 진행되어 왔으나, 1980년 초부터 명청사연 구회明淸史研究會가 발족되어 본격적으로 명청사明淸史를 연구하기 시작하였 다. 그 결과 명대의 정치, 사회, 경제, 제도 그리고 중국 사회의 지배층이라 고도 할 수 있는 신사紳士의 토지소유나 신사지배, 신사의 향촌에서의 여론 형성 역할 등의 문제에 많은 성과를 거두었다. 다양한 개성을 지니고 상호간에 영향력을 끼치고 있는 중국의 지역을 통해 명대사를 파악하고 이해하려는 시도가 활발하게 진행된 것이다.

그런데 현재 국내의 중국사 연구자 수가 증가하고 연구논문이 많이 축적되었음에도 불구하고 대학생이나 일반인이 참고할 만한 명대에 관한 개설서가 적은 것도 사실이다. 물론 최근 중국이나 일본에서 간행된 중국 사 개설서의 번역서가 조금씩 출판되고 있기는 하다. 그리고 점차적으로

우리나라 학계의 연구자들에 의한 개설서도 나오고는 있으나 아직 소량에
그치고 있다. 그런 가운데서도 명대사에 관한 개설서는 전무한 실정이다.
이에 전북대 사회교육학부의 송정수宋正洙 교수님과 함께 일본에서 간행된
서적 가운데 동양사학계에서 평판이 높은 고단샤講談社에서 발행한『중국
의 역사中國の歷史』시리즈 중 제6권 원元·명明편 중에서 데라다 다카노부寺
田隆信 선생님이 기술한 명조明朝 부분만 번역하기로 결정하였다. 이 책은
1974년 초간初刊된 이래 24년이 지난 1998년 고단샤 학술문고講談社學術文庫
로 재간되었다. 저자는 후기에서 그 사이 학문의 진보가 있었고, 비슷한
서적이 출간되었음에도 불구하고, 재간에서는 오식誤植을 정정하고 문장
을 약간 고쳤지만 내용에 대해서는 거의 손을 대지 않았다고 서술하였다.
그 이유로 원조元朝 부분을 저술한 오다기 마쓰오愛宕松男 선생의 의향도
있었지만 개정할 부분이 그렇게 많지 않았기 때문이라는 점을 들었다.
저자의 자부심처럼 이 책은 출판 당시부터 학문적으로 높은 평가를 받아
왔다. 다만 이 책은 일본인을 대상으로 쓰여졌기 때문에 중국을 서술하면
서 군데군데 일본에 관련된 부분을 서술하고 있다. 옮긴이는 한국 관련
부분을 보충하고 싶은 욕망이 있었지만 원문 번역에 충실한다는 본연의
자세로 돌아가 생략하기로 한 점, 독자들의 양해를 구하고자 한다.

　저자인 데라다 다카노부 선생님의 역저力著인『산서상인 연구』山西商人の
研究는 일본은 물론 중국에서도 번역 출간되었다. 저자는 옮긴이의 일본
도호쿠 대학東北大學 유학시절의 지도교수였던 관계로 이 책의 한국어 번역
출간을 흔쾌히 허락해 주셨다. 그러면서도 야마가타 대학山形大學에 재직중
인 도호쿠 대학 출신의 명대사 전공자 아라미야 마나부新宮學 선생님을
통해 정확하게 번역하여 출간할 것을 전해 왔다. 데라다 선생님하고는
6년간『옹정주비유지』雍正硃批諭旨를 강독하였는데, 강독 준비가 어찌나 힘

이 들었던지 밤을 새우기 일쑤였다. 선생님이 연구실을 나서며 문을 잠그고 슬리퍼를 끄는 소리가 들리면 대학원생들 모두 머리를 숙이고 숨을 들이마셔 강의실은 고요한 침묵에 휩싸일 정도였다. 폭풍이 오기 전의 고요함이라고 할까? 동양사를 전공하는 학생이 한문을 해독할 줄 모르면 논문을 쓰지 못한다는 신념을 가지고 계셔 지도는 매우 엄격하셨다. 강독 준비와 발표 때문에 긴장 속에서 생활하며 한문 해독력을 키워 나갔던 그 시절의 기억은 여전히 새롭다. 언젠가 선생님은 명대사 연구는 몽골과의 북방 문제와 소금을 다루면 된다고 단언하신 적이 있다. 그것이 인연이 되어서인지 옮긴이도 명대의 군사제도와 경제에 관심을 갖고 연구에 전념하고 있다.

인문학 서적이 간행되어도 잘 읽히지 않는 어려운 여건 속에서 오일주 사장님의 적극적인 배려와 편집부의 세심한 교정이라는 은혜를 입었다. 진심으로 감사드린다. 또한 이 번역서의 출간에 모교인 동국대학교로부터 2006년도 저서·번역 연구비를 지원받은 점도 명기하고자 한다.

2006년 8월 만해관 연구실에서

서인범

찾아보기

ㄱ

개독開讀의 변變   233, 240
개중법開中法   208
건주여진建州女眞   245
경세치용經世致用의 학學   222
경술庚戌의 변變   146
경운연례은京運年例銀   147
고계高啓   54
고문사古文辭 운동   215
고헌성顧憲成   231
「곤여만국전도」坤輿萬國全圖   175, 177
공진鞏珍의 『서양번국지』西洋番國志   89
곽자흥郭子興   13
광세鑛稅의 화禍   228
광적鑛賊   114
9변진九邊鎭   121
구복丘福   78
금화은金花銀   112
기령호畸零戶   46
기미위羈縻衛   245

ㄴ

남옥藍玉의 옥獄   49, 51
내각제도內閣制度   103
『농정전서』農政全書   220

ㄷ

다얀칸達延汗   145
대례의大禮議   143
대명보초大明寶鈔   192
『대명회전』大明會典   125
도연道衍   73
도요토미 히데요시豊臣秀吉   164, 167
도요토미 히데요시의 조선출병朝鮮出兵   162
도중문陶仲文   153
동림당東林黨   231
동림서원東林書院   231
동생冬牲   114
등무칠鄧茂七·무팔茂八   114
등무칠의 난   114

ㅁ

마시馬市　147
마테오 리치利瑪竇, Matteo Ricci　172,
　　175, 177
마환馬歡의 『영애승람』瀛涯勝覽　88
막북漠北(고비사막의 북쪽)　77
만력대정벌萬曆三大征伐　161
만리장성　121
문자의 옥　53
민변民變　235

ㅂ

반세反稅투쟁　237
방효유方孝孺　71
백련교白蓮敎　22
백련교 반란　9
병부좌시랑兵部左侍郎 우겸于謙　108
보바이哱拜의 반란　162
『본초강목』本草綱目　220
부적안삽주의附籍安揷主義　119
북로남왜北虜南倭　144
비신費信의 『성사승람』星槎勝覽　88

ㅅ

사귀絲鬼　190
사례감司禮監　106
사르후薩爾滸 전투　248
산서상인山西商人　208
삼안三案　231
상우춘常遇春　31

서계徐階　155, 156, 156
서광계徐光啓　152, 174
서달徐達　30
서하객徐霞客　221
『성세항언』醒世恒言　202
「성유육언」聖諭六言　46
성택진盛澤鎭　201
소항숙 천하족蘇杭熟 天下足　188
손륭孫隆　237
수보首輔　104
시市　201
신안상인新安商人　208

ㅇ

아담 샬湯若望, Adam Schall　173, 176
아룩타이阿魯台　80
아이신기요로 누르하치愛新覺羅 努爾哈赤
　　246
알탄俺答　146, 147
야인여진野人女眞　245
양명학　130
양부楊溥　104
양사기楊士奇　104, 107
양영楊榮　104
양응룡楊應龍의 난　162
양정화楊廷和　143, 153
엄숭嚴嵩　153, 154, 156
에센也先　108
오삼계吳三桂　259
오이라트瓦剌 부　108
오함吳晗　156

왕수인王守仁(양명陽明) 129, 130, 131
왕직王直 209
왕진王振 107, 108
우겸 110
웅정필熊廷弼 248, 249
원적발환주의原籍發還主義 119
위충현魏忠賢 233
유근劉瑾 126
유육劉六·유칠劉七 형제의 반란 127,
  128
유통劉通(유천근劉千斤) 119
이갑제里甲制 46, 183
'이궁의 안'移宮案 230
이자성李自成 253, 256, 259
이탁오李卓吾 214
일조편법一條鞭法 159, 197

_ㅈ

장거정張居正 157, 159
장사성 17
장헌충張獻忠 254
전호佃戶(소작농) 113, 116, 243
정격의 안挺擊案 230
정난靖難의 변變 69
정화鄭和 81
제2의 정난의 변 103
제수이트회耶蘇會 171
제왕분봉諸王分封 제도 53
제왕삭번諸王削藩 67
제태齊泰 67
주순창周順昌 240

주원장 16, 23
지정은地丁銀 제도 200
지주·전호관계 242
직용織傭의 변變 235, 239
진우량陳友諒 16
진쇄 201
진택진震澤鎭 201

_ㅊ

『천공개물』天工開物 220
총갑제總甲制 113
총소갑제總小甲制 114

_ㅋ

쿠빌라이 칸 81

_ㅌ

타타르韃靼 78
탈문奪門의 변變 110
탈정기복奪情起復 160
토목보土木堡 108
토목土木의 변變 108
토지장량土地丈量 158
티무르 Timur 91

_ㅍ

팔기제八旗制 247
팔호八虎 126
표방신사豹房新寺 126
표의票擬 104, 106

푼야스리本雅失里 79
프란시스코 사비에르Francisco Xavier
    172

_ㅎ

한산동韓山童 11
한왕漢王 고후高煦 102
항조抗租 243, 241
항조노변抗租奴變 117, 241
항조투쟁抗租鬪爭 114

해서海瑞 155, 156
해서여진海西女眞 245
형양荊襄의 난 118
호유용胡惟庸 49
호유용의 옥獄 49
홍건적紅巾賊 13
홍환의 안紅丸案 230
환관宦官 97
환관 후현侯顯 90
황자징黃子澄 67
후기왜구後期倭寇 148